山东省现代农业产业技术体系水果创新团队建设专项
基金资助(SDAIT-03-022-13)

山东水果产业经济研究

张吉国　史建民　著

中国农业出版社

前 言

近年来，山东农村和农业经济发生了巨大变化，取得了前所未有的辉煌成就，农林牧渔各业生产全面增长，确保了基本供给，进一步稳固了农业基础地位。2012 年全省农林牧渔业增加值 4 281.7 亿元，比上年增长 7.7%，其中农业增加值 2 329.9 亿元，比上年增长 3.3%。主要农产品生产形势良好，粮食总产 4 511.4 万吨，比上年增长 1.9%，实现了自 2003 年以来连续第十个丰收年，创下山东粮食生产史上产量最高纪录。

作为山东农业的重要组成部分，山东水果产业也得到了迅速的发展。2012 年山东省园林水果栽培面积为 596.3 千公顷，总产量为 1 523.8 万吨，分别占全国园林水果栽培总面积和总产量的 4.9%和 10.1%，其中苹果的栽培面积和产量分别为 279.6 千公顷和 871.0 万吨，占全省园林水果栽培面积和产量的 46.9%和 57.2%。瓜果播种面积为 277.2 千公顷，总产量为 1 400.7 万吨，分别占全国瓜果播种面积和产量的 11.5%和 15.6%，其中西瓜播种面积和产量分别为 205.7 千公顷和 1105.1 万吨，占全省瓜果播种面积和产量的 74.2%和 78.9%。水果总产值达 826.7 亿元，比上年增长 19.0%，占全省农业产值的 21.0%，仅次于粮食和蔬菜而居第 3 位，经济效益显著。园林水果单产达到 25.6 吨/公顷，瓜果单产达到 50.5 吨/公顷，均为历史最高水平。山东水果产业的快速发展，对推动农业产业结构调整，促进农村经济发展，增加农民收入发挥了重要作用。

20 世纪 90 年代后期以来，我国农业发展进入了一个崭新的阶段，主要农产品供给由过去的长期短缺变为总量大体平衡、丰年有余。山东水果产业发展的目标、条件与环境发生了很大变化，山东水果产业发展面临着不少困难和压力。因此，在前人研究的基础上，以多学科视角，综合运用多种研究方法，从生产供给、区域布局、成本与收益、流通与价格、对外贸易与竞争力等方面对山东水果产业发展问题做系统的经济学分析，考察其发展现状，探索其发展规律，剖析其发展中存在的主要问题，提出促进山东水果产业可持续发展的政策框架，具有重要的意义。依据本研究成果，山东省政府有关部门（如农业厅、商务厅等）可以更好地掌握山东省水果产业的发展状况，对出台科学的产业政策具有重要的参考价值；依据本研究成果，山东省水果生产、加工、外贸企业能够准确把握山东水果产业发展状况，从而能够更好地面向国内外市场进行生产和经营。

由于受研究者精力及能力所限，对山东水果产业某些方面的研究还是初步的，有些方面则未涉猎。比如水果需求、水果产业行为与绩效评价、水果产业中的竞争与合作等问题都值得进行深入广泛的研究。同时，在研究中也明显感觉到统计资料的匮乏，这限制了对山东水果产业进行更深入的经济分析，以至于在某些问题上不能进行定量分析，而不得不使用全国性的资料或只能进行定性分析。

本研究成果受“山东省现代农业产业技术体系水果创新团队建设专项基金”(SDAIT-03-022-13) 资助。作为产业经济岗位专家，史建民教授构建了研究的总体框架和基本思路，提供了水果产业经济分析基本数据库，并对研究过程进行了细致的指导。研究过程中，参阅了诸多学者的文献资料，得到了山东省商务厅、农业厅和许多企业的大力支持，张健如老师、郑燕、赵婷、陈睿潇和李京栋等研究生协助进行了调研、资料整理和数据处理，在此一并表示感谢。

目录

1　山东水果产业经济地位与发展环境

1.1　山东水果产业在全国的地位

1.1.1　产品生产能力

从生产规模来看，山东省一直是中国水果[①]生产大省，无论是栽培面积还是产量都位居前列，2012 年山东省园林水果栽培面积和产量分别达到 596.3 千公顷和 1 523.8 万吨，产量居全国首位。瓜果播种面积和产量分别达到 277.2 千公顷和 1 400.7 万吨，仅次于河南，位居全国第二。

1990—1999 年，山东园林水果栽培面积占全国比重平均为 11.3%，产量占全国比重平均为 15.6%，其中 1992 年栽培面积占到 13.1%，1996 年产量占到 18.1%。进入 21 世纪后，随着产业结构调整，山东省园林水果栽培面积和产量占全国的比重有所下降，2000—2012 年，山东园林水果栽培面积占全国比重平均为 6.8%，2012 年为 4.9%，产量占全国比重平均为 12.7%，2012 年为 10.1%。1990—2012 年，山东苹果栽培面积占全国比重平均为 19.3%，产量占全国比重平均为 30.0%；梨栽培面积占全国比重平均为 6.5%，产量占全国比重平均为 10.8%；葡萄栽培面积占全国比重平均为 11.8%，年产量占全国比重平均为 13.1%。从单位面积产量来看，山东水果单产水平远高于全国平均水平，1990—2012 年，山东水果单产平均为全国的 1.7 倍，其中 2012 年为 2.1 倍。苹果年均单产为全国的 1.6 倍，其中 2012 年为 1.8 倍，梨年均单产为全国的 1.7 倍，其中 2012 年为 1.8 倍，葡萄年均单产为全国的 1.2 倍，其中 2012 年为 1.8 倍，如表 1-1。

---

① 本书中的水果包括园林水果（如苹果、梨、柑橘、葡萄、香蕉、杏、桃、梅、荔枝、龙眼等）和瓜果（如西瓜、甜瓜、哈密瓜、木瓜、草莓等）。

表 1-1　1990—2012 年山东园林水果栽培面积、产量、单产占全国比重

单位：%

年份	果园面积比	苹果园面积比	梨园面积比	葡萄园面积比	水果产量比	苹果产量比	梨产量比	葡萄产量比	水果单产比	苹果单产比	梨单产比	葡萄单产比
1990	12.4	25.5	8.0	15.4	13.1	33.2	13.4	16.2	106.2	130.2	168.1	105.3
1991	11.5	24.8	7.2	13.6	12.9	35.8	13.8	14.4	112.2	144.5	192.2	106.0
1992	13.1	28.0	8.7	24.6	15.2	35.9	15.2	12.6	116.5	128.3	175.8	51.3
1993	12.2	25.4	7.2	12.1	16.7	36.6	14.7	13.9	135.9	144.0	204.6	114.8
1994	11.7	22.6	7.6	10.7	16.9	36.5	15.0	11.8	144.3	161.4	196.9	110.1
1995	11.5	22.5	9.4	10.1	17.0	35.9	13.6	11.7	147.5	159.4	145.1	116.3
1996	11.2	22.2	9.7	10.4	18.1	35.5	13.0	11.2	161.2	160.0	134.2	107.9
1997	10.3	21.8	8.4	11.1	15.5	32.4	12.1	10.6	149.9	148.7	143.7	96.0
1998	9.6	21.2	6.8	11.9	15.4	30.8	9.8	11.4	160.3	144.9	144.1	96.1
1999	9.0	20.4	7.5	13.1	14.8	30.9	11.1	13.4	163.4	151.4	147.3	102.4
2000	8.7	19.9	6.4	15.1	15.5	31.7	10.8	14.5	178.9	159.1	169.4	95.9
2001	8.2	19.2	6.1	14.9	14.7	30.8	10.9	16.8	177.7	160.0	178.1	113.0
2002	8.3	19.0	6.2	13.9	12.4	26.0	8.9	14.3	150.2	136.5	144.9	102.7
2003	8.4	18.8	7.0	15.7	14.0	29.0	10.0	14.7	166.2	154.2	143.8	93.9
2004	7.7	18.1	6.5	12.3	13.8	28.3	9.4	15.0	177.8	155.8	143.8	121.8
2005	7.7	18.1	6.3	11.4	13.6	28.0	9.4	14.3	177.7	154.4	149.1	125.8
2006	6.9	16.4	5.5	10.1	13.1	26.6	9.2	13.5	191.1	162.4	168.0	133.6
2007	6.3	15.5	5.1	10.1	12.7	26.0	9.1	13.7	201.3	167.4	177.3	135.7
2008	5.6	13.9	4.5	8.1	12.3	25.6	8.8	12.7	220.5	184.4	193.6	155.5
2009	5.3	13.2	4.2	7.7	11.6	24.3	8.2	11.8	218.2	184.4	194.2	153.3
2010	5.0	12.4	4.0	6.5	11.2	24.0	7.4	11.2	222.2	194.2	184.7	171.8
2011	5.0	12.7	4.0	6.0	10.6	23.3	7.8	10.9	211.2	183.5	192.5	181.1
2012	4.9	12.5	3.9	5.6	10.1	22.6	7.0	10.0	205.4	180.6	178.7	176.8

数据来源：《中国农村统计年鉴》、《山东农村统计年鉴》。

2002—2012 年山东瓜果播种面积和产量占全国瓜果播种面积和产量的比重总体都表现出下降态势，年平均占比分别为 12.3%和 17.1%。山东西瓜产量占全国比重总体上表现出下降态势，年平均比重为 17.5%，甜瓜产量占全国比重表现出上升态势，年平均占比为 14.6%。山东瓜果单位面积产量高于全国平均水平，2012 年山东瓜果单位面积产量是全国平均水平的 1.4 倍，如表 1-2。

表 1-2　2002—2012 年山东瓜果播种面积、产量、单产占全国比重

单位：%

年份	瓜果播种面积比	瓜果产量比	西瓜产量比	甜瓜产量比	瓜果单产比
2002	13.2	18.1	19.1	11.7	136.9
2003	14.1	21.0	22.1	14.7	149.2
2004	14.0	19.0	19.4	15.2	136.5
2005	13.2	18.5	18.9	16.5	139.6
2006	11.9	16.7	16.4	15.7	140.2
2007	11.6	15.9	15.9	14.5	137.1
2008	11.4	15.4	15.9	12.2	134.9
2009	11.8	16.1	16.1	14.7	136.5
2010	11.7	15.9	15.9	14.9	135.1
2011	11.4	15.7	15.7	15.5	137.1
2012	11.5	16.3	15.6	15.8	136.0

数据来源：《中国农村统计年鉴》、《山东农村统计年鉴》。

1.1.2　产值贡献

从产值来看，山东水果产值对全国水果产值形成有重要贡献。2003—2012 年山东水果产值稳步增长，从 2003 年的 215.3 亿元增加到 2012 年的 870.3 亿元，10 年间山东水果产值年均占全国的 13.5%。2012 年山东苹果和梨产值分别达到 271.9 亿元和 37.0 亿元，2009—2012 年山东苹果产值占全国的比重平均为 23.1%，山东梨产值占全国的比重平均为 8.3%。尽管山东水果产值对全国水果产值形成有重要贡献，但山东水果产值占全国水果产值的比重有降低的态势，如表 1－3。

表 1－3　2003—2012 年山东水果产值占全国比重

单位：亿元，%

年份	全国水果产值	山东水果产值	山东水果产值占全国比重	全国苹果产值	山东苹果产值	山东苹果产值占全国比重	全国梨产值	山东梨产值	山东梨产值占全国比重
2003	1 572	215.3	13.7						
2004	1 769	250.9	14.2						
2005	2 088	300.4	14.4						
2006	2 390	337.2	14.1						
2007	2 797	411.6	14.7						
2008	3 176	451.3	14.2						
2009	3 755	507.2	13.5	612.8	161.2	26.3	236.9	22.0	9.3
2010	4 729	580.9	12.3	781.4	185.2	23.7	305.2	24.7	8.1
2011	6 037	697.3	11.6	1103.5	228.1	20.7	384.0	29.3	7.6
2012	6 929	870.3	12.6	1265.2	271.9	21.5	457.0	37.0	8.1

注：水果产值是指水果坚果（含果用瓜）产值。

数据来源：《中国农村统计年鉴》、《山东统计年鉴》。

1.1.3　出口创汇

从出口贸易看，山东一直是中国最重要的水果出口省份。中国加入世界贸易组织后，水果产业发挥比较优势，克服贸易壁垒，实现水果出口数量和出口金额的持续增长。山东水果出口数量从 2002 年的 23.1 万吨增加到 2010 年的 81.5 万吨。尽管 2011 年山东省水果出口数量稍有下降，但该年山东省水果出口数量占全国水果出口数量比重上升到 27.8%，2002—2011 年出口数量占全国比重平均为 25.3%，其中 2007 年占比最高为 29.2%。山东水果出口金额从 2002 年的 1.095 亿美元增加到 2011 年的 9 亿美元，2002—2011 年出口金额占全国比重平均为 30.9%，其中 2007 年占比最高为 36.0%，如表 1－4。

表 1-4 2002—2011 年山东水果产品出口占全国比重

单位：万吨，百万美元，%

年份	全国水果出口数量	山东水果出口数量	山东水果出口数量占全国比重	全国水果出口金额	山东水果出口金额	山东水果出口金额占全国比重
2002	112.5	23.1	20.5	463.8	109.5	23.6
2003	145.9	33.5	23.0	604.3	172.8	28.6
2004	174.9	43.7	25.0	771.5	238.2	30.9
2005	200.2	48.3	24.1	905.1	276.7	30.6
2006	198.3	53.1	26.8	1097.8	372.0	33.9
2007	240.7	70.3	29.2	1378.1	495.7	36.0
2008	285.1	73.1	25.6	1822.0	604.4	33.2
2009	330.0	78.2	23.7	2162.2	630.7	29.2
2010	300.0	81.5	27.1	2411.2	755.0	31.3
2011	289.0	80.4	27.8	2838.7	900.0	31.7

注：水果产品指鲜、干水果及坚果。

数据来源：《中国农村统计年鉴》、《中国农业年鉴》。

1.2 山东水果产业在山东农业中的地位

水果产业是山东重要的传统高效特色产业，竞争优势强，综合效益好。作为山东农业的重要组成部分，山东水果产业经过 20 世纪 80 年代以来的发展，已经颇具规模，在增加产品供给、提供加工原料、提高产值贡献、吸纳农村劳动力、增加农民收入和出口创汇等方面发挥着重要作用。

1.2.1 水果供给不断增长，越来越好地满足了消费需求

20 世纪 80 年代以来，山东水果产量稳步增长，生产率不断提高，产品供给充足，很好地满足了人们对水果产品的需求。2012 年山东园林水果产量达到 1 523.8 万吨，瓜果产量 1 400.7 万吨，苹果和西瓜产量分别为 871.0 万吨和 1 105.1 万吨，均为历史最高水平。2006—2012 年，山东省农村居民水果和瓜类人均消费量总体呈现出递增趋势，水果消费量从 2006 年的 16.8 千克/人增加到 2012 年的 25.3 千克/人，瓜类消费量从 2006 年的 10.9 千克/人提高到

2012年的13.5千克/人，如表1-5。

表1-5 2006—2012年山东水果供给能力和农村居民消费

年份	园林水果产量（万吨）	瓜果产量（万吨）	苹果产量（万吨）	西瓜产量（万吨）	农村居民水果消费量（千克/人）	农村居民瓜类消费量（千克/人）
2006	1 258.8	1 254.6	693.1	1 016.1	16.8	10.9
2007	1 333.9	1 207.3	724.9	987.6	18.1	10.1
2008	1 395.9	1 216.7	763.2	996.3	17.9	10.5
2009	1 419.1	1 309.2	771.1	1 045.3	17.7	12.3
2010	1 438.9	1 354.9	798.8	1 085.3	17.6	14.2
2011	1 488.5	1 362.3	837.9	1079.8	20.7	12.8
2012	1 523.8	1 400.7	871.0	1 105.1	25.3	13.5

数据来源：《山东统计年鉴》。

1.2.2 作为重要原料，有力地促进了农产品加工制造业的发展

水果除可鲜食外，还可被加工成果干、果脯、果酒、果汁等产品，为消费者提供种类更多的消费品，满足消费需求。水果作为原料，为促进农产品加工制造业的发展发挥了重要作用。近年来，山东省农产品加工制造业迅速崛起，就果蔬加工业来看，2011年山东规模果蔬加工企业个数为642个，果蔬加工从业人员16.1万人，果蔬加工产值为879.6亿元，是2007年的1.57倍，占山东省农副产品加工总产值的12.6%，如表1-6。

表1-6 2007—2011年山东省规模果蔬加工业发展指标

年份	果蔬加工企业个数（个）	果蔬加工从业人数（万人）	果蔬加工总产值（亿元）	农副产品加工总产值（亿元）	果蔬加工产值占农副食品加工产值比重（%）
2007	697	13.0	560.1	3 681.7	15.2
2008	694	13.0	589.5	3 948.2	14.9
2009	748	10.2	659.2	5 501.9	12.0
2010	850	16.0	818.0	5 935.2	13.8
2011	642	16.1	879.6	6 974.2	12.6

数据来源：《中国乡镇企业及农产品加工业年鉴》。

1.2.3 水果产值不断增加，对农业产值有越来越重要的贡献

2003—2012年，山东水果产值逐年增长，年增长率保持在10%～20%左

右，2012 年最高达到 24.8%。从水果产值占农业产值比重看，2003—2012 年山东水果产值占农业产值的比重呈现增长态势，2012 年达到 22.0%。这表明山东水果产业是山东农业的重要组成部分，水果生产对增加农业产值有越来越重要的贡献，如表 1-7。

表 1-7　2003—2012 年山东水果产值占农业产值比重

单位：亿元，%

年份	山东农业产值	山东水果产值	山东水果产值年增长率	水果产值占农业产值比重
2003	1 599.3	215.3	—	13.5
2004	1 891.7	250.9	16.5	13.3
2005	2 034.0	300.4	19.7	14.8
2006	2 283.3	337.2	12.3	14.8
2007	2 604.1	411.6	22.1	15.8
2008	2 895.7	451.3	9.6	15.6
2009	3 224.0	507.2	12.4	15.7
2010	3 670.1	580.9	14.5	15.8
2011	3 843.6	697.3	20.0	18.1
2012	3 960.6	870.3	24.8	22.0

注：水果产值是指水果坚果（含果用瓜）产值。

资料来源：《中国农村统计年鉴》。

1.2.4　水果生产经济效益好，在农民收入中占有越来越重要的地位

研究表明，水果种植有着比粮食生产更高的收益率，水果生产对增加农民收入起着重要作用。随着水果生产发展，山东农村居民人均出售水果金额不断增长，从 2003 年的 103.9 元/人增长到 2011 年的 275.1 元/人。水果出售金额占农村家庭经营现金收入比重维持在 4.0%～5.5%，年平均为 4.8%。在所有出售的水果中，苹果出售金额所占比重是最大的，2004 年曾达到 62.0%。这表明山东水果生产在增加农民收入方面占有重要地位，苹果是给农民带来最大收益的水果，如表 1-8。

表 1-8　2003—2011 年山东农村居民人均出售水果金额及占比

单位：元，%

年份	农村人均家庭经营现金收入	农村居民人均出售水果金额	人均出售水果金额占家庭经营现金收入比重	农村居民人均出售苹果金额	人均出售苹果金额占出售水果金额比重
2003	2 597.0	103.9	4.0	55.2	53.1
2004	2 939.7	132.0	4.5	81.9	62.0
2005	3 415.5	155.7	4.6	63.8	41.0
2006	3 651.8	164.3	4.5	72.7	44.2
2007	4 109.9	210.8	5.1	87.6	41.6
2008	4 574.4	253.2	5.5	85.4	33.7
2009	4 977.8	251.0	5.0	104.5	41.6
2010	5 486.8	295.3	5.4	114.8	38.9
2011	6 627.0	275.1	4.2	115.4	42.0

注：水果产值是指水果坚果（含果用瓜）产值。

数据来源：《山东农村统计年鉴》。

1.2.5　水果产业对吸纳农村劳动力、拉动就业起着重要作用

山东水果产业是山东农业的重要组成，在吸纳农村劳动力、拉动农村就业方面起着重要作用。2003—2011 年，山东水果种植业从业人数年平均值为153.2 万人，占第一产业就业人员比重平均为 6.51%，如表 1-9。

表 1-9　2003—2011 年山东水果种植业从业人数

单位：亿元，%，万人

年份	农牧渔业总产值	水果总产值	水果总产值占农牧渔业总产值比重	人均出售水果金额占家庭经营现金收入比重	水果种植从业人数占第一产业从业人数比重	第一产业从业人数	水果种植从业人数
2003	2 902.5	215.3	7.4	4.0	5.7	2 638.3	150.7
2004	3 453.9	250.9	7.3	4.5	5.9	2 542.1	149.5
2005	3 741.8	300.4	8.0	4.6	6.3	2 350.3	147.8
2006	4 058.6	337.2	8.3	4.5	6.4	2 328.0	149.0
2007	4 766.2	411.6	8.6	5.1	6.9	2 265.2	155.9
2008	5 613.0	451.3	8.0	5.5	6.8	2 313.5	157.1
2009	6 003.1	507.2	8.5	5.0	6.8	2 297.4	155.1

（续）

年份	农牧渔业总产值	水果总产值	水果总产值占农牧渔业总产值比重	人均出售水果金额占家庭经营现金收入比重	水果种植从业人数占第一产业从业人数比重	第一产业从业人数	水果种植从业人数
2010	6 650.9	580.9	8.7	5.4	7.1	2 273.1	163.7
2011	7 409.8	697.3	9.4	4.2	6.8	2 211.6	149.9

注：第一产业从业人数来自《山东统计年鉴》。水果种植从业人数占第一产业从业人数比重为水果产值占农林牧渔业总产值的比重与人均出售水果金额占人均家庭经营现金收入比重的简单平均数。

1.2.6 水果产品比较优势明显，在山东农产品贸易中占重要地位

水果一直是山东重要的出口农产品。中国加入世界贸易组织后，山东水果出口金额持续增长。2002—2011 年，山东水果出口金额从 1.095 亿美元增长到 9 亿美元，年均增长率为 26.4%。同期，山东水果出口金额占山东农产品出口总值的比重平均为 5.3%，其中 2009 年占比达到了 6.5%，如表 1-10。可见，山东水果出口在山东农产品出口贸易中占有重要地位。

表 1-10 2002—2011 年山东水果产品出口数量及金额

单位：百万美元，%

年份	山东农产品出口总值	山东水果出口金额	水果占农产品出口比重
2002	2 461.7	109.5	4.4
2003	2 945.8	172.8	5.9
2004	5 583.8	238.2	4.3
2005	6 898.2	276.7	4.0
2006	8 091.6	372.0	4.6
2007	9 237.5	495.7	5.4
2008	9 966.4	604.4	6.1
2009	9 760.7	630.7	6.5
2010	12 702.0	755.0	5.9
2011	15 370.7	900.0	5.9

注：水果产品指鲜、干水果及坚果。

数据来源：《中国农业年鉴》、《中国农村统计年鉴》。

1.3 水果产业发展的宏观经济环境

1.3.1 我国经济社会发展和综合国力正向新台阶迈进

当前，国际金融危机影响深远，世界经济增长速度减缓，全球需求结构出现明显变化，围绕市场、资源、人才、技术、标准等的竞争更加激烈，气候变化以及能源资源安全、粮食安全等全球性问题更加突出，各种形式的保护主义抬头，我国发展的外部环境更趋复杂。但是和平、发展与合作仍是时代潮流，世界多极化、经济全球化深入发展，世界经济政治格局出现新变化，科技创新孕育新突破，国际环境总体上有利于我国和平发展。①

从国内看，改革开放以来我国第二、三产业增加值不断增加，在国内生产总值中所占比重也越来越大，工业化水平越来越高。同时，乡村人口比重不断下降，城镇人口比重不断增加，城镇化水平不断提升，人均国内生产总值也持续增加。2012 年，我国国内生产总值达到 51.9 万亿元人民币，人均国内生产总值达到 38 420 元人民币，第二、三产业增加值分别达到 23.5 万亿元人民币和 23.1 万亿元人民币，工业化水平达到 89.9%，乡村人口比重下降到 47.73%，城镇化水平达到 52.57%，如图 1-1②。

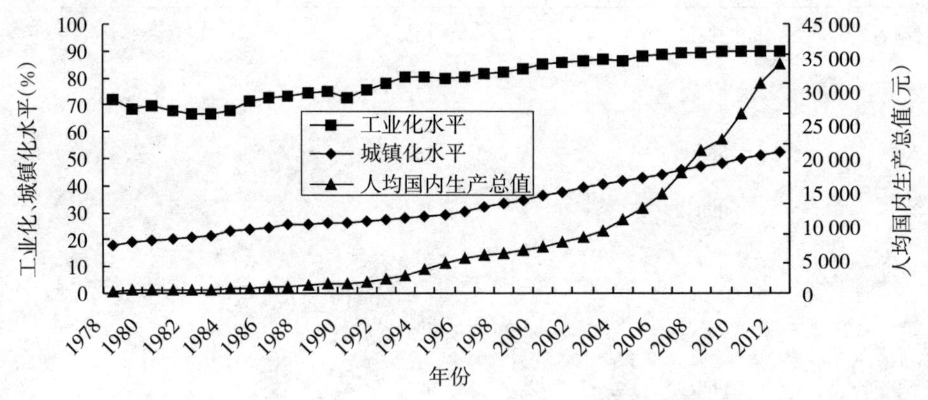

图 1-1 1978—2012 年中国工业化水平、城镇化水平及人均国内生产总值

可以说，尽管我国发展中不平衡、不协调、不可持续问题依然突出，但是

① 参见：《中华人民共和国国民经济和社会发展第十二个五年规划纲要》。

② 数据来源：《中国统计年鉴》。

随着我国工业化、信息化、城镇化、市场化、国际化的深入发展，经济结构转型加快，市场需求潜力巨大，资金供给充裕，科技和教育整体水平提升，劳动力素质改善，基础设施日益完善，体制活力显著增强，政府宏观调控和应对复杂局面能力明显提高，社会大局保持稳定。因此我国经济社会和综合国力一定会再上新台阶。①

1.3.2 农业稳定发展，在国民经济中占有重要地位，也对保障世界农业发展起着重要作用

从国内来看，我国是农业大国，农业经济在国民经济中始终占有重要地位。从农产品供给来看，1978—2012 年我国农业稳定发展，农产品产量不断增加，粮食产量从 1978 年的 30 476.5 万吨增加到 2012 年的 58 958.0 万吨。同时期，棉花产量从 216.7 万吨增加到 683.6 万吨，油料产量从 521.8 万吨增加到 3 436.8 万吨，茶叶产量从 26.8 万吨增加到 179.0 万吨，其余农产品产量也大幅增长，如表 1-11。

表 1-11 1978—2012 中国主要农产品产量

单位：万吨

年份	粮食	棉花	油料	麻类	甘蔗	甜菜	烟叶	蚕茧	茶叶	水果
1978	30 476.5	216.7	521.8	135.1	2 111.6	270.2	124.2	22.8	26.8	657.0
1980	32 055.5	270.7	769.1	143.6	2 280.7	630.5	84.5	32.6	30.4	679.3
1985	37 910.8	414.7	1 578.4	444.8	5 154.9	891.9	242.5	37.1	43.2	1 163.9
1990	44 624.3	450.8	1 613.2	109.7	5 762.0	1 452.5	262.7	53.4	54.0	1 874.4
1995	46 661.8	476.8	2 250.3	89.7	6 541.7	1 398.4	231.4	80.0	58.9	4 214.6
2000	46 217.5	441.7	2 954.8	52.9	6 828.0	807.3	255.2	54.8	68.3	6 225.1
2005	48 402.2	571.4	3 077.1	110.5	8 663.8	788.1	268.3	78.0	93.5	16 120.1
2006	49 804.2	753.3	2 640.3	89.1	9 709.2	750.8	245.6	88.2	102.8	17 102.0
2007	50 160.3	762.4	2 568.7	72.8	11 295.1	893.1	239.5	94.7	116.5	18 136.3
2008	52 870.9	749.2	2 952.8	62.5	12 415.2	1 004.4	283.8	90.9	125.8	19 220.2
2009	53 082.1	637.7	3 154.3	38.8	11 558.7	717.9	306.6	83.2	135.9	20 395.5
2010	54 647.7	596.1	3 230.1	31.7	11 078.9	929.6	300.4	87.3	147.5	21 401.4
2011	57 120.8	658.9	3 306.8	29.6	11 443.4	1 073.1	313.2	91.6	162.3	22 768.2
2012	58 958.0	683.6	3 436.8	26.1	12 311.4	1 174.0	340.7	90.6	179.0	24 056.8

数据来源：《中国统计年鉴》。

① 参见：《中华人民共和国国民经济和社会发展第十二个五年规划纲要》。

农产品产量的持续增长，更好地满足了居民消费需求，更多地为工业提供了原料。从产值来看，1978—2012 年我国第一产业增加值持续增加，从 1978 年的 1 027.5 亿元增加到 2012 年的 52 373.6 亿元，占国内生产总值比重年平均为 20.4%，为国民经济的发展做出了重要贡献，如图 1-2①。

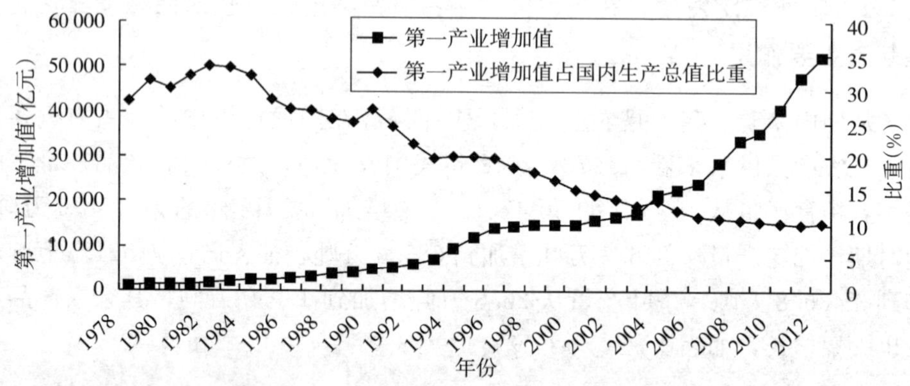

图 1-2　1978-2012 年中国第一产业增加值及占国内生产总值的比重

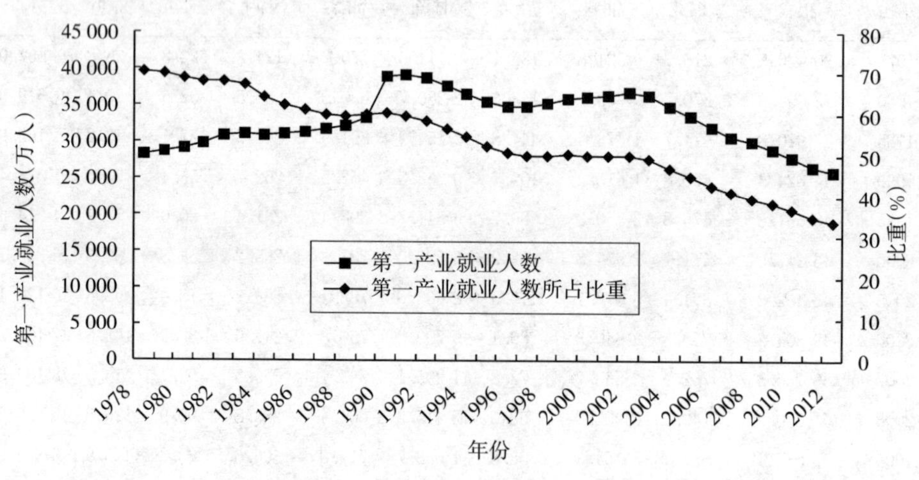

图 1-3　1978-2012 年中国第一产业就业人数及所占比重

从吸纳劳动力能力来看，1978 年我国第一产业就业人数为 28 318 万人，2012 年为 25 773 万人，占全国就业总人数比重年平均为 53.6%。尽

① 数据来源：《中国统计年鉴》。

管近年来第一产业就业人数及其在全国就业总人数中所占比重有所下降，但农业在解决劳动力就业上仍发挥了重要作用，如图 1-3①。

同时，第一产业的发展给农村居民家庭带来了更多的收入，提高了农村居民的生活水平，优化了消费结构。从家庭人均收入看，1978 年农村居民家庭人均纯收入为 133.6 元，此后持续增长，2012 年达到 7 916.6 元，收入水平大大提高了。从家庭支出结构上看，1978 年农村居民收入的 2/3 用于食物支出，恩格尔系数为 67.7%，此后随着收入水平的提高，用于食物支出所占的比重不断缩小，2012 年恩格尔系数为 39.3%，农村居民消费结构不断优化，如图 1-4②。

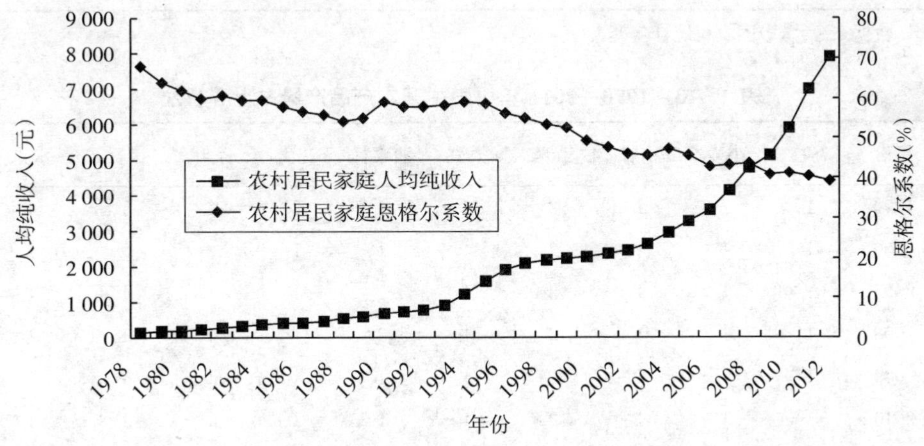

图 1-4　1978—2012 年中国农村居民家庭人均纯收入及恩格尔系数

从国际上来看，我国农业是世界农业的重要组成部分，对推动世界农业发展做出了重要贡献。中国的主要农产品在世界农业中占有相当重要的位次，1990—2011 年中国谷物、玉米、油菜籽、水果产量各占世界产量的 20%左右，小麦产量占世界小麦产量 16%左右，稻谷、茶叶、肉类产量各占世界产量的 30%左右，花生占世界产量的 40%左右，如表 1-12、表 1-13。

①②数据来源：《中国统计年鉴》。

表 1-12 1990—2011 年中国主要农产品产量占世界比重

单位：%

年份	谷物	小麦	稻谷	玉米	大豆	油菜籽	花生	茶叶	肉类	水果
1990	20.7	16.6	37.0	20.1	10.2	28.5	27.9	22.3	16.9	5.9
2000	19.8	17.0	31.7	17.9	9.6	28.8	41.8	23.8	26.6	13.6
2005	18.9	15.6	28.7	19.6	7.6	26.1	37.5	26.3	27.4	17.0
2008	19.0	16.5	28.1	20.1	6.7	20.9	38.1	32.8	26.7	18.6
2009	19.4	16.8	28.7	20.0	6.7	22.1	40.5	34.8	27.5	19.5
2010	20.5	17.7	29.4	21.0	6.6	22.2	41.7	32.5	27.6	20.1
2011	20.1	16.7	28.0	21.8	6.8	21.5	41.7	35.1	27.2	21.2

数据来源：《中国农村统计年鉴》。

表 1-13 1990—2011 年中国主要农产品产量占世界位次

年份	谷物	小麦	稻谷	玉米	大豆	油菜籽	花生	茶叶	肉类	水果
1990	1	2	1	2	3	1	2	2	1	4
2000	1	1	1	2	4	1	1	2	1	1
2005	1	1	1	2	4	1	1	1	1	1
2008	1	1	1	2	4	2	1	1	1	1
2009	1	1	1	2	4	1	1	1	1	1
2010	1	1	1	2	4	1	1	1	1	1
2011	1	1	1	2	4	2	1	1	1	1

数据来源：《中国农村统计年鉴》。

1.3.3 山东农村经济发展良好，经济社会发展进入一个新的时期

山东是农业大省，山东农业是中国农业的重要组成部分，随着中国农业整体持续稳定发展，山东农业也得到了持续迅速发展，在产品供给、产值贡献、就业拉动、原料提供等方面发挥了重要作用。

从农产品供给上看，1978—2012 年山东省主要农产品产量稳定增长，2012 年粮食产量达到 4 511.4 万吨，实现了自 2003 年以来连续第十个丰收年，在山东粮食生产史上产量再创新高。同年，油料产量 351.0 万吨，肉类产量 764.2 万吨，禽蛋产量 402.4 万吨，奶类产量 294.1 万吨，水产品产量 841.9 万吨，园林水果产量 1 523.8 万吨，蔬菜产量 9 386.0 万吨，如表 1-14。

表 1-14 1978—2012 年山东省主要农产品产量

单位：万吨

年份	粮食	油料	肉类	禽蛋	奶类	水产品	园林水果	蔬菜
1978	2 288.0	95.9	60.8	22.5	6.8	74.0	151.6	713.7
1980	2 384.0	143.0	90.1	25.6	6.8	62.0	151.5	674.8
1985	3 137.7	267.9	128.6	72.5	13.3	81.4	212.8	1 045.6
1990	3 570.0	212.1	221.6	124.3	22.5	167.8	246.3	1 401.2
1995	4 245.0	315.0	394.4	247.2	37.0	344.0	717.7	3 694.8
2000	3 837.7	356.9	500.0	301.0	62.7	630.6	966.6	7 256.8
2005	3 917.4	363.9	657.8	363.2	196.7	664.9	1 201.4	8 607.0
2008	4 260.5	340.6	660.3	365.6	254.9	730.3	1 395.9	8 635.0
2009	4 316.3	334.5	684.1	377.7	258.2	753.6	1 419.1	8 937.2
2010	4 335.7	342.2	704.4	384.8	271.6	783.4	1 438.9	9 030.7
2011	4 426.3	341.0	711.1	401.6	279.0	813.8	1 488.5	9 180.9
2012	4 511.4	351.0	764.2	402.4	294.1	841.9	1 523.8	9 386.0

数据来源：《中国农村统计年鉴》。

2012 年，山东省年末乡村就业人数达到 3 470.0 万人，农牧渔业总产值达到 7 945.8 亿元，增加值为 4 281.7 亿元。农民收入水平不断提高，生活水平不断改善，农民人均纯收入达到 9 446.4 元，人均生活消费支出 6 776.1 元，为历史最高水平，如表 1-15。

表 1-15 2000—2012 年山东农村经济部分指标

年份	年末乡村从业人员（万人）	农牧渔业总产值（亿元）	农牧渔业增加值（亿元）	农民人均纯收入（元）	农民人均生活消费支出（元）
2000	3 617.1	2 294.3	1 268.6	2 659.2	1 770.8
2001	3 589.9	2 454.0	1 359.0	2 804.5	1 905.0
2002	3 578.3	2 526.1	1 390.0	2 954.0	1 997.8
2003	3 590.8	2 902.5	1 509.0	3 150.5	2 133.2
2004	3 587.7	3 453.9	1 811.2	3 507.4	2 389.3
2005	3 563.9	3 471.8	1 963.5	3 930.6	2 735.8
2006	3 535.0	4 058.6	2 138.9	4 368.3	3 143.8
2007	3 515.9	4 766.2	2 509.1	4 985.3	3 621.6
2008	3 507.5	5 613.0	3 002.6	5 641.4	4 077.1

（续）

年份	年末乡村从业人员（万人）	农牧渔业总产值（亿元）	农牧渔业增加值（亿元）	农民人均纯收入（元）	农民人均生活消费支出（元）
2009	3 490.8	6 003.1	3 226.6	6 118.8	4 417.2
2010	3 474.5	6 650.9	3 588.3	6 990.3	4 807.2
2011	3 471.2	7 409.8	3 973.8	8 342.1	5 900.6
2012	3 470.0	7 945.8	4 281.7	9 446.4	6 776.1

数据来源：《山东统计年鉴》。

随着山东农业和各产业的迅速发展，山东经济社会进入了一个新的发展时期。2012 年全省地区生产总值达到 50 013.2 亿元，人均地区生产总值提高到 51 768 元，地方财政收入达到 4 059.4 亿元，进出口总额 2 455.4 亿美元，经济综合实力大幅提升。教育、科技、文化、卫生、体育事业全面发展，覆盖城乡的社会保障和救助体系趋于完善，保障水平不断提高。城镇化和工业化水平进一步提高，2012 年山东城镇人口数达到 4 021 万人，占全省人口总数的 41.97%，第二、三产业增加值合计 45 731.5 亿元，占全省地区生产总值的 91.4%，如图 1-5①。城镇居民人均可支配收入、农民人均纯收入分别达到

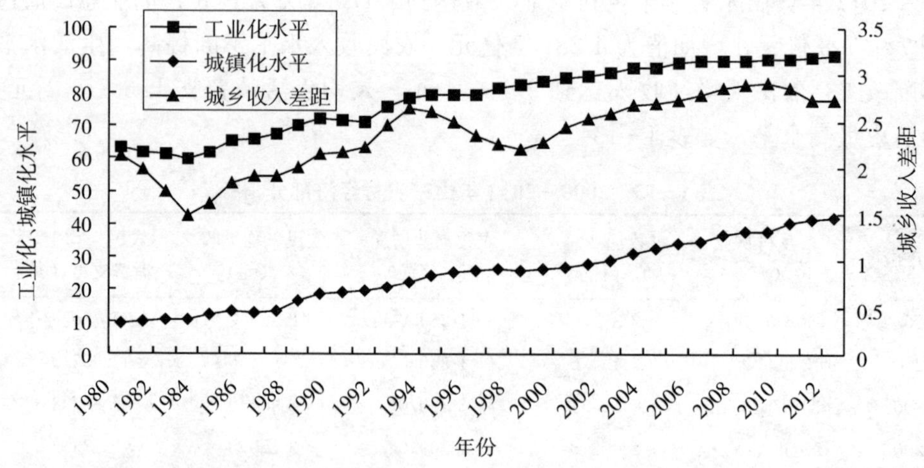

图 1-5　1980—2012 年山东省工业化水平、城镇化水平及城乡收入差距

① 数据来源：《山东统计年鉴》。

25 755元和9 446元，城乡收入差距开始缩小，2012年城乡收入差距为2.73倍（以农村收入为1），广大人民群众更多地享受到改革发展的成果，统筹城乡发展取得丰硕成果。

1.4　水果产业发展的政策环境

在农业发展的新时期，我国从理论和实践上创新了强化农业发展基础的政策，保证了农业的基础地位和稳定发展。

1.4.1　新时期强化农业发展基础政策的理论创新

在理论创新方面，提出了把解决好“三农”问题作为全党工作重中之重的战略思想，作出了“两个趋向”的重要论断和我国总体上已进入以工促农、以城带乡发展阶段的重大判断，制定了工业反哺农业、城市支持农村和“多予少取放活”的基本方针，明确了走中国特色农业现代化道路的基本方向、建设社会主义新农村的战略任务、加快形成城乡经济社会发展一体化新格局的根本要求。这些重大理论创新成果，是对新形势下“三农”所具基础地位、所处历史方位的深刻认识，是对社会主义建设规律的准确把握，是中国特色社会主义理论体系的重要组成部分。

1.4.2　新时期强化农业发展基础政策的实践创新

在实践创新方面，推动公共财政覆盖农村，大幅度增加“三农”投入；推动城乡公平税赋，取消农业税、屠宰税、牧业税、农业特产税；推动工农业协调发展，实行粮食直补、良种补贴、农机具购置补贴、农资综合补贴和粮食最低收购价制度；推动城乡基本公共服务均等化，实行农村免费义务教育，建立新型农村合作医疗制度和农村最低生活保障制度，启动新型农村社会养老保险试点；推动城乡基础设施一体化，大规模开展农村饮水安全、农村电网、农村公路、农村沼气、危房改造建设；推动城乡平等就业进程，建立城乡统一的劳动力市场，加强农民工权益保护，逐步取消有条件的农民进城落户限制。同时，保障农民享有更多更切实的民主权利，加快修订相关法律法规。

这些重大实践创新成果，有力地推动了农村经济社会发展，促进了农民平等参与现代化进程、共享改革发展成果，农业农村发展进入一个新时期。

1.5 水果产业发展的保障条件

1.5.1 财政支农的力度加大，为水果产业发展提供了资金保障

为巩固农业的基础地位和促进整个国民经济的协调稳定发展，政府通过财政投入、农业税收、财政补贴等政策手段，实现对农业的指导、鼓励、帮助和管理。20世纪80年代以来，国家财政对农业的支出总体呈现增长态势，从1981年的110.2亿元增加到2012年的11 973.9亿元，年平均增长率为16.3%。山东省财政一直注重对农业的投入，2012年山东财政用于农业支出为673.8亿元，比上年增长19.5%，1981—2012年山东财政用于农业支出年增长率平均为20.0%，如图1-6①。巨额的财政支农资金为农业的发展提供了有力的支撑。2004年以来，围绕中央1号文件的主题，在促进农民增加收入、提高农业综合生产能力、推进社会主义新农村建设、发展现代农业、加强农业基础设施建设等方面，一系列强农惠农的财政政策陆续实施。这些财政政策总体上可分为两类，即以“少取”为特征的税收政策和以“多予”为特征的支出政策。其中，以“四减免”为主的税收政策成功地实现了全面取消农业税、切实减轻农民负担的目标，以“四补贴”为主的支出政策则有效地增加了农民收入，促进了粮食生产，改善了农业生产条件。同时，通过支持“六小工程”、“两免一补”、“三奖一补”、新型农村合作医疗和农村劳动力转移培训阳光工程等惠农政策，促进了农村基础设施建设和农村社会事业发展。

1.5.2 农业生产条件不断改善，集约化经营程度不断提高

我国一直重视农业生产条件的改善和集约化经营问题，农村改革尤其是进入20世纪90年代以来，我国农业生产条件不断改善，向土地的投入不断增加，集约化经营程度明显提高。2012年，我国农用机械总动力达到10 255.9亿瓦，大中型拖拉机485.2万台，小型拖拉机1 797.2万台，联合收获机127.9万台，农村用电量7 508.5亿千瓦时，有效灌溉面积63 036.4千公顷，化肥使用量5 838.8万吨，地膜使用量131.1万吨，农药使用量180.6万吨，如表1-16。由粗放经营向集约经营转化，是农业生产发展的客观规律。农业

① 数据来源：《中国统计年鉴》、《山东统计年鉴》。自2007年开始采用新的政府收支分类科目，2007年以后的用于农业的支出是指用于农林水事务的支出，包括农业支出、林业支出、水利支出、扶贫支出、农业综合开发支出等。

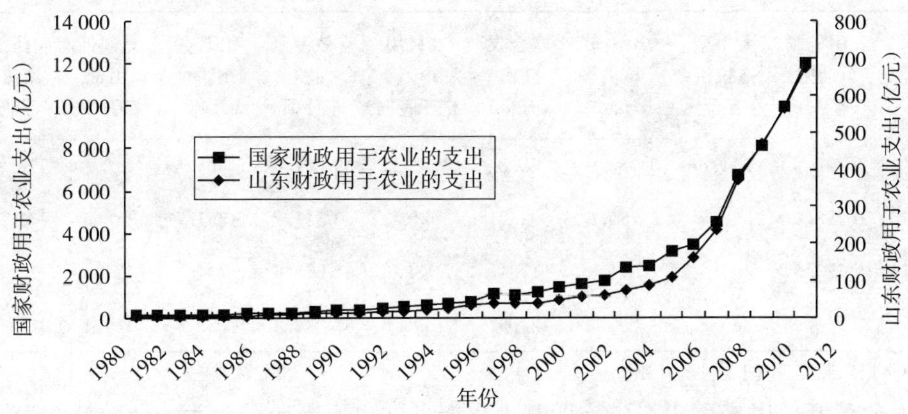

图 1-6　1982—2012 年中国及山东财政用于农业的支出

集约化是发展现代农业、繁荣农村经济的必由之路。

表 1-16　1994—2012 年中国农业生产条件

年份	农用机械总动力（亿瓦）	大中型拖拉机（万台）	小型拖拉机（万台）	联合收获机（万台）	农村用电量（亿千瓦时）	有效灌溉面积（千公顷）	化肥使用量（万吨）	地膜使用量（万吨）	农药使用量（万吨）
1994	3 380.3	69.3	823.7	6.4	1 473.9	48 759.1	3 317.9	42.6	97.9
1995	3 611.8	67.2	864.6	7.5	1 655.7	49 281.6	3 593.7	47.0	108.7
1996	3 854.7	67.1	918.9	9.6	1 812.7	50 381.6	3 827.9	56.2	114.1
1997	4 201.6	68.9	1 048.5	14.1	1 980.1	51 238.5	3 980.7	62.6	119.5
1998	4 520.8	72.5	1 122.1	18.3	2 042.2	52 295.6	4 083.7	67.3	123.2
1999	4 899.6	78.4	1 200.3	22.6	2 173.4	53 158.4	4 124.3	69.4	132.2
2000	5 257.4	97.5	1 264.4	26.3	2 421.3	53 820.3	4 146.4	72.2	128.0
2001	5 517.2	83.0	1 305.1	28.3	2 610.8	54 249.4	4 253.8	78.1	127.5
2002	5 793.0	91.2	1 339.4	31.0	2 993.4	54 354.9	4 339.4	84.0	131.2
2003	6 038.7	98.1	1 377.7	36.5	3 432.9	54 014.2	4 411.6	85.5	132.5
2004	6 402.8	111.9	1 454.9	41.1	3933.0	54 478.4	4 636.6	93.1	138.6
2005	6 839.8	139.6	1 526.9	48.0	4 375.7	55 029.3	4 766.2	95.9	146.0
2006	7 252.2	171.8	1 567.9	56.6	4 895.8	55 750.5	4 927.7	100.8	153.7
2007	7 659.0	206.3	1 619.1	63.4	5 509.9	56 518.3	5 107.8	105.6	162.3
2008	8 219. 0	299.5	1 722.4	74.3	5 713.2	58 471.7	5 239.0	110.6	167.2

（续）

年份	农用机械总动力（亿瓦）	大中型拖拉机（万台）	小型拖拉机（万台）	联合收获机（万台）	农村用电量（亿千瓦时）	有效灌溉面积（千公顷）	化肥使用量（万吨）	地膜使用量（万吨）	农药使用量（万吨）
2009	8 749.6	351.6	1 750.9	85.8	6 104.4	59 261.4	5 404.4	112.8	170.9
2010	9 278.0	392.2	1 785.8	99.2	6 632.3	60 347.7	5 561.7	118.4	175.8
2011	9 773.5	440.6	1 811.3	111.4	7 139.6	61 681.6	5 704.2	124.5	178.7
2012	10 255.9	485.2	1 797.2	127.9	7 508.5	63 036.4	5 838.8	131.1	180.6

数据来源：《中国农村统计年鉴》。

改革开放以来，山东省农业基本生产条件也不断改善，为农业的持续稳定发展提供了重要保障。农业机械总动力不断增加，机械化作业水平不断提高，农村电气化水平逐年提高，用电量越来越大，农业抵御自然灾害的能力不断增强，有效灌溉面积越来越大。2012 年山东省农业机械总动力达到 12 419.9 万千瓦，大中型拖拉机 47.7 万台，小型拖拉机 203.0 万台，联合收获机 21.5 万台，农村用电量 465.8 亿千瓦时，有效灌溉面积 505.8 万公顷，化肥使用量 476.3 万吨，地膜使用量 13.7 万吨，农药使用量 16.2 万吨，如表 1 - 17。

表 1 - 17　1994—2012 年山东省农业生产条件

年份	农用机械总动力（亿瓦）	大中型拖拉机（万台）	小型拖拉机（万台）	联合收获机（万台）	农村用电量（亿千瓦时）	有效灌溉面积（千公顷）	化肥使用量（万吨）	地膜使用量（万吨）	农药使用量（万吨）
1994	3 756.4	103.1	641.9	2.9	132.3	4 642.0	326.6	5.6	10.1
1995	4 016.5	100.9	668.4	4.2	147.3	4 662.0	326.3	6.6	11.3
1996	4 308.9	102.6	716.7	7.9	158.7	4 693.0	373.3	6.9	12.4
1997	4 763.6	106.3	850.2	17.7	169.5	4 737.0	386.7	7.5	13.8
1998	5 228.3	113.5	987.3	28.2	168.2	4 780.0	406.5	7.7	13.5
1999	6 096.6	129.7	1 246.1	42.4	183.7	4 805.5	419.3	8.6	19.9
2000	7 025.2	140.5	1 442.7	51.6	200.3	4 824.9	423.2	9.3	14.0
2001	7 689.6	157.9	1 553.8	55.7	214.0	4 836.1	428.6	10.4	14.5
2002	8 155.6	172.9	1 577.3	62.0	238.3	4 797.4	433.9	12.6	16.4
2003	8 336.7	188.6	1 641.6	68.7	272.2	4 760.8	432.7	12.7	17.1
2004	8 751.9	211.8	1 760.1	73.0	304.1	4 766.8	451.0	14.3	15.4
2005	9 199.3	227.9	1 827.3	81.6	346.5	4 790.0	467.6	14.4	15.6

（续）

年份	农用机械总动力（亿瓦）	大中型拖拉机（万台）	小型拖拉机（万台）	联合收获机（万台）	农村用电量（亿千瓦时）	有效灌溉面积（千公顷）	化肥使用量（万吨）	地膜使用量（万吨）	农药使用量（万吨）
2006	9 555.3	251.6	1 839.7	97.2	376.2	4 818.2	489.8	14.5	17.1
2007	9 917.8	288.4	1 931.0	110.5	408.2	4 836.8	500.3	15.1	16.6
2008	10 345.0	365.5	2 003.0	131.5	400.0	4 866.7	476.3	14.8	17.3
2009	11 080.7	399.3	1 968.3	158.3	415.2	4 896.9	472.9	13.8	16.9
2010	11 629.0	425.7	2 016.7	180.7	439.0	4 955.3	475.3	13.9	16.5
2011	12 098.3	454.3	2 017.9	201.0	456.5	4 986.9	473.6	13.9	16.5
2012	12 419.9	476.9	2 029.7	214.9	465.8	5 058.1	476.3	13.7	16.2

数据来源：《中国农村统计年鉴》。

2 山东园林水果供给

2.1 中国园林水果生产发展

水果营养丰富，是人们生活中不可缺少的食品，具有重要营养价值和医疗价值。成熟的果实中含有糖、酸、维生素、矿物质等营养物质，果实中的纤维素和果胶可使肠胃舒畅，通便排毒，预防血管硬化。蛋白质、脂肪、有机酸、酶及各种色素还可预防人体内致癌物质的产生。《内经·素问》中记载："五谷为养、五果为助、五畜为益、五菜为充"，"肾宜桃，心宜李，肺宜杏，脾宜栗"。科学研究证明，一个人每年至少食用 70 千克的水果才能满足身体健康的需要。水果生产是农业生产的重要组成部分，自古以来就是农村经济收入的重要来源。《史记》有"蜀汉江陵千树橘"、"其人皆与千户侯"等记载，现代水果生产同样给果农带来很好的经济收益。水果果实可以制成果干、果汁、果酒、罐头等，叶片、树皮可以提炼鞣酸或燃料，木材为国防工业、建筑行业提供优良材料。水果的种植还有助于涵养水源、净化空气，美化生活，改善生态环境。可以说，水果生产对于补充食品供给、提高农民收入、增加出口创汇、提供工业原料、改善生态环境都起着重要的作用，水果产业在国民经济中占有重要地位。

中国位于北纬 4°至 53°31′，东经 73°40′至 135°5′之间，幅员辽阔，地跨寒、温、热三个气候带，自然条件多样而优越，水果资源十分丰富，栽培历史悠久。苹果、梨、葡萄、桃、柑橘等是我国的主栽果树，绵苹果、白梨、砂梨、秋子梨、桃都原产于我国。约在 6000 年前，中国人民就开始了农业活动，在江苏吴江县发现了新石器时代遗址中的果实、果核。商代已出现栽培果树、蔬菜的园圃，西周至春秋时期园圃已相当普遍，《诗经·魏风》中有"园中有桃，其实之殽"的记载。《诗经·周南》有"南有樛木，葛藟累之"的歌吟，而"葛藟"就是一种野生葡萄。《庄子》记载："三王五帝之礼义法度，其犹柤、梨、柚也，其味相反，而皆可入口也"。《魏书》记载："真定御梨，大如拳，甘如蜜，脆如菱"。《尔雅》记载了冬桃、杏等 30 多种果树及其优良品种。秦、汉之际有了商品性的果树栽培，还出现了一些果品贸易的集散地。先秦时期栽培的水果主要有核果类的桃、李、梅、杏和常绿果树中的柑橘等。到了汉代，南方原产的荔枝、枇杷、龙眼、香蕉等也有了栽培。汉武帝时张骞出使西域开通了与西方的陆上交通，一些原产新疆和国外的水果，如绵苹果、葡萄、石榴等被陆续引进栽培于中原一带。晋朝郭义恭著《广志》中说："西方例多柰，家家收切曝干为脯，数十百斛为蓄积，谓之频婆粮"。中国在长期的生产实践中积累了水果的繁殖、栽培和加工等方面的丰富经验。《西京杂记》中已有关于桃的品种、繁殖和栽培技术等方面的记载。当时已知"正月二月中，翻斧斑驳椎之，则饶子"，即类似现代的环状剥皮技术，来促使多结果。贾思勰的《齐民要术》有关于柰和林檎的详细阐述，柰就是现在的苹果，林檎即沙果。南北朝时期大部分果树采用分株、压条和扦插方法繁殖，这一时期嫁接繁殖技术也已达到相当高的水平，可称为1400多年前古代农业技术发展上的一大成就。北魏《齐民要术》中将选种的经验概括为"常选好味者，留栽之"，说明当时选种已成为果树栽培的重要环节。唐代末年，又进一步认识到嫁接亲和力取决于砧木与接穗间的亲缘关系，宋、元之际，枝接有多种多样的操作方法，此外还出现了芽接。宋代《橘录》指出修剪是"删其繁枝之不能华（花）实者"，目的在于"以通风日，以长新枝"。明清时代中国已选育出许多著名的水果品种，如莱阳茌梨、砀山酥梨、肥城佛桃、上海水蜜桃、温州蜜柑等。西洋水果（苹果、梨、樱桃等）在中国栽培的历史较短，欧洲苹果和梨约在1870年由国外引入。中国引入的水果品种，在新中国成立前各地栽培面积很小，产量也低，新中国成立后才开始大规模发展。所以，西洋水果在我国有200多年的栽培历史。①

新中国成立后，在"果树上山下滩，不与粮棉油争地"和"决不放松粮食生产，积极发展多种经营"的方针政策指导下，水果生产得到了很大的改善和提高。20世纪70年代的农村改革，在中国农村确立了家庭承包经营为主的生产责任制，在生产管理上由单一的指令性计划改为指导性计划，农民的生产积极性空前高涨，农业生产得到了快速恢复和发展。尤其是通过水果流通体制的改革，推动了水果生产基地建设，加速了生产管理技术水平的提高，优化了水果生产格局，中国水果生产供应能力得到了很大提升。近年来，党中央、国务院高度重视农业、农村和农民问题，提出了包括全面免征农业税在内的一系列惠农政策，以科学发展观统领全局，注重提升水果产业的综合竞争力，促进了整个产业的稳定与可持续发展。

① 辛树帜．我国果树历史的研究［M］．北京：农业出版社，1962.

2.1.1 水果栽培面积和产量变动

中国果园面积从1978年起总体呈现稳定增长态势，期间出现了两个高速发展阶段和一个稳定增长阶段，第一个高速发展阶段是从1985年到1989年，果园面积从273.6万公顷发展到537.2万公顷，年均增长65.9万公顷，年均增长率为18.4%，其中1986年比1985年增长34.2%。第二个高速发展阶段是从1991到1996年，果园面积从531.8万公顷发展到855.3万公顷，年均增长64.7万公顷，年均增长率为10.0%。稳定增长阶段是从1999年到2012年，果园面积稳定增长，年均增长26.7万公顷，年均增长率为2.6%。这些变动表明，中国水果生产已开始由注重面积扩张转入注重结构调整、单产提高和质量改善的阶段。从产业政策导向来看，国家已不再对扩大果园面积采用激励措施，而是将侧重点转移到提高质量、优化结构、强化产后等方面，因此今后全国果园面积将进入一个动态平衡、良性发展的轨道。1978年以来，中国园林水果产量逐年稳定增长，1985年突破千万吨，达到1163.9万吨，1991年突破2 000万吨，达到2 176.1万吨，1993年突破3 000万吨，达到3 011.2万吨，1999年突破6 000万吨，达到6 237.6万吨。2012年中国园林水果产量达到15 104.4万吨，如图2-1①。

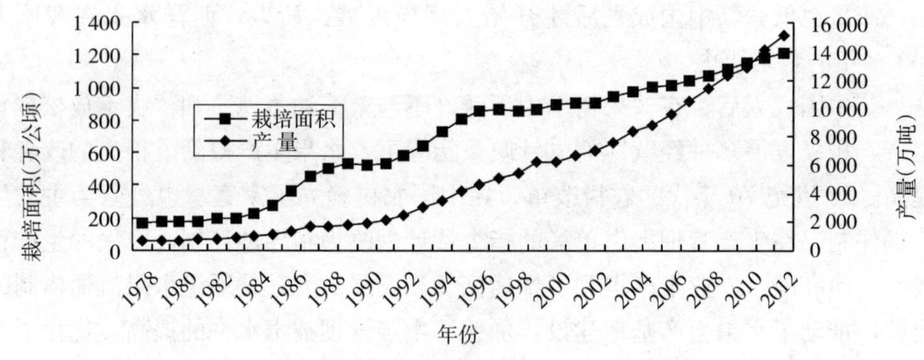

图2-1 1978—2012年中国果园面积和园林水果产量

2.1.2 苹果栽培面积和产量变动

中国是世界上最大的苹果生产国和消费国，在世界苹果产业中占有举足轻

① 数据来源：《中国农村统计年鉴》。

重的地位。苹果是中国第一大水果，也是优势农产品之一，已经成为主产区农村经济的支柱产业，在推进农业结构调整、增加农民收入以及促进出口创汇等方面发挥着重要作用。1978 年以来，中国苹果栽培面积出现了两个快速增长期：一个是 1985—1989 年，这一阶段中国苹果栽培面积从 86.5 万公顷上升到 169.0 万公顷；另一个是 1991—1996 年，苹果栽培面积从 166.2 万公顷上升到 298.7 万公顷。尤其是第二个阶段，苹果产业飞速发展，栽培面积平均以每年新增 26.5 万公顷的速度增长，平均年增长 12.4%。从 1997 年开始，中国苹果生产进入调整阶段，非适宜区和适宜区内的非适宜品种以及管理技术落后、长期不结果的果园面积持续减少，苹果栽培面积从 1997 年年末的 283.8 万公顷减少到 2004 年的 187.7 万公顷。近几年苹果栽培面积逐渐恢复，2012 年达到 223.1 万公顷，如图 2-2①。这种波动与国家的农业产业结构调整政策、苹果产业发展政策以及苹果市场价格变动、国际市场需求变动密切相关。

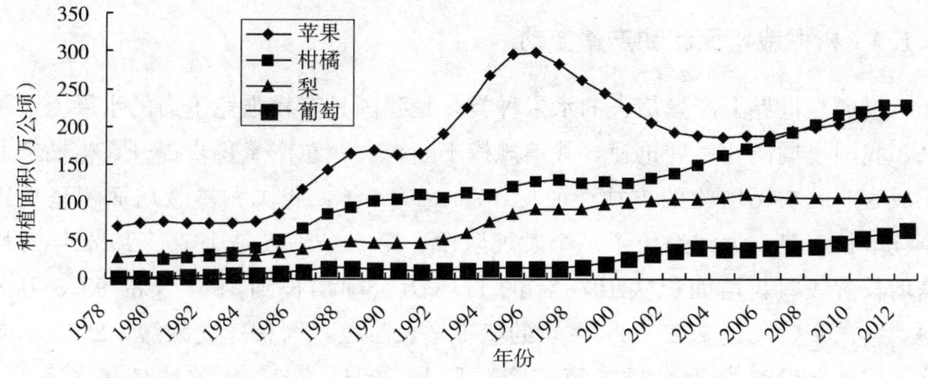

图 2-2 1978—2012 年中国主要水果栽培面积

20 世纪 90 年代以来，随着苹果幼园陆续投产和生产水平不断提高，中国苹果总产量以每年 200 万～300 万吨的速度递增，1995 年比 1994 年增加 200 多万吨，增长 25.9%；1996 年比 1995 年增加 300 万吨，增长 21.7%。因旱灾，1997 年比 1996 年只增长了 1.0%，但 1998 年又有较大幅度增长。从 2000 年开始连续 3 年，由于栽培面积下降，苹果总产量下滑，到 2002 年下降到 1 924.1 万吨。2003 年中国苹果产量又恢复到 2 110.2 万吨的水平，此后一直持续增长，2012 年达到 3 849.1 万吨，为历史最高水平，如图 2-3②。

①②数据来源：《中国农村统计年鉴》。

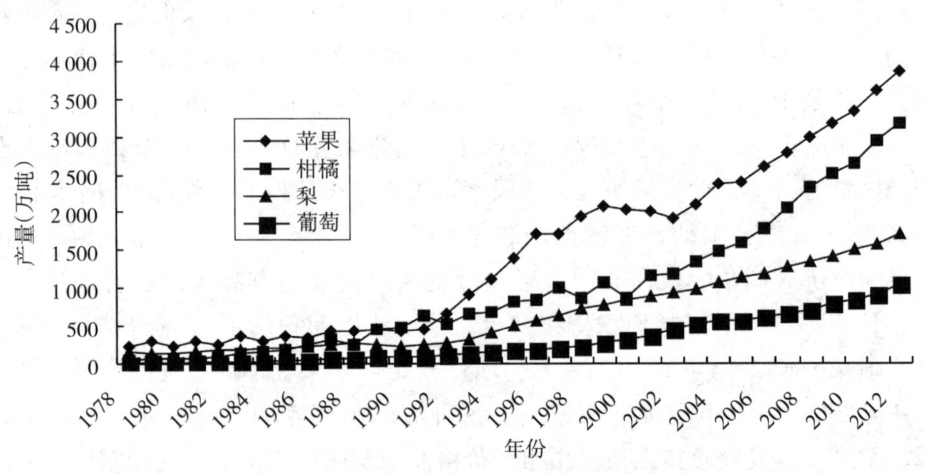

图 2-3　1978-2012 年中国主要水果产量

2.1.3　柑橘栽培面积和产量变动

柑橘是世界上产量最大的水果种类，是我国具有较强竞争力的水果。近年来，我国柑橘产业发展迅速，栽培规模不断扩大，总产量稳步提升，柑橘产业正成为产区农民增收的支柱产业。1978—2012 年，我国柑橘栽培面积呈现出持续增长态势，大致经历了三个发展阶段。第一个阶段是 1978—1988 年的快速增长阶段，栽培面积从 1978 年的 17.8 万公顷增长到 1988 年的 95.5 万公顷。第二个阶段是 1989—2000 年的稳步增长阶段，增长速度减缓，2000 年栽培面积达到 127.2 万公顷。第三个阶段是 2001—2012 年的快速增长阶段，2012 年我国柑橘栽培面积达历史最高水平 230.6 万公顷，如图 2-2。从产量上看，我国柑橘产量总体呈现出增长态势，2012 年达到 3 167.8 万吨，为历史最高水平，如图 2-3。

2.1.4　梨栽培面积和产量变动

我国是梨的重要起源地之一，是世界第一产梨大国。梨是我国仅次于苹果、柑橘的第三大水果。我国梨栽培范围较广，除海南省、港澳地区外其余各省（自治区、直辖市）均有栽培。我国梨产量约占世界总产量的 2/3，出口量约占世界总出口量的 1/6，中国梨在世界梨产业发展中有举足轻重的位置。新中国成立后特别是改革开放以来，我国梨产业得到了迅速发展。我国梨产业发展大体分为三个阶段。第一阶段：新中国成立初期至改革开放前的起步发展阶段。梨树栽培面积、产量由 1952 年的 10 万公顷、40 万吨发展到 1978 年的 28 万公顷、150 多万吨，梨单产由每公顷 4.0 吨提高到 5.4 吨。第二阶段：1979—2000 年的快速发展阶段。梨树栽培面积突破 100 万公顷，梨产量突破 840 万吨，分别比 1979 年增长了 2.4 倍和 4.8 倍，单产由 1979 年的每公顷 4.8 吨提高到 2000 年的 8.3 吨。第三阶段：2001 年至今的稳定发展阶段。梨树栽培面积增长速度减缓甚至略有下降，2012 年为 108.9 万公顷，产量大幅度增长，达到 1 707.3 万吨，如图 2-2、图 2-3。我国梨产业发展的前两个阶段基本是以扩大面积提高总产为主的外延式扩张，生产经营管理比较粗放；第三阶段开始走向以提高单产、优化区域布局为主的内涵式发展之路，果品质量明显提高。总体上说，我国梨产业现正处于由粗放经营向集约经营转变的过程中，但地区间发展不平衡，差异较大。

2.1.5　葡萄栽培面积和产量变动

我国葡萄栽培历史悠久，改革开放后我国葡萄产业迅速发展，在栽培面积、产量、品种、栽培方式以及果品质量上都有了很大的提升与突破。1978—2012 年中国葡萄栽培面积和产量表现出总体增长的发展态势，2012 年栽培面积为 66.6 万公顷，产量为 1 054.3 万吨，呈现出良好的发展势头，如图 2-2、图 2-3。

2.1.6　水果单位面积产量的变动

由于新品种的引进以及生产技术水平的提高，中国苹果单产水平逐年增加，这是总产量增长的主要原因。1991 年平均每公顷产量 2.7 吨，1996 年猛增为 5.7 吨，2012 年中国苹果单产已达 17.3 吨/公顷。随着投入的增加和先进生产技术的普及推广，中国苹果单产将进一步提高。柑橘单产水平和梨单产水平自 20 世纪 90 年代以来稳步提高，2012 年中国柑橘单产达到 13.7 吨/公顷，梨单产达到 15.7 吨/公顷。葡萄单产在 1999—2002 年间出现下滑，此后保持增长态势，2012 年为 15.8 吨/公顷，如图 2-4①。

2.2　山东园林水果生产的历史演变

山东地处黄河下游，位于北纬 34°20′～38°30′，东经 114°45′～122°45′之

① 数据来源：《中国农村统计年鉴》。

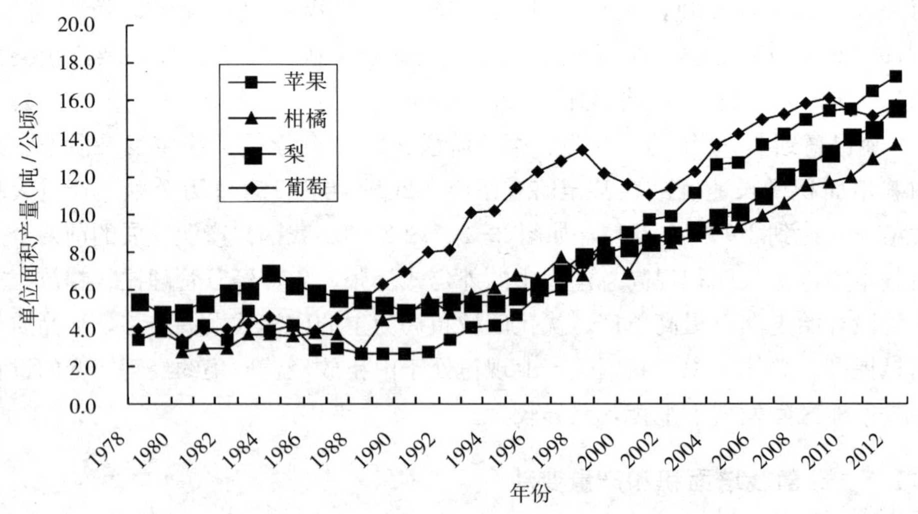

图 2-4　1978—2012 年中国主要水果单位面积产量

间，土地面积 15.3 万平方公里，其中耕地不足一半（占 47.4%）。山东地形复杂，沙、平、山、丘皆有，其中山地、丘陵占近 1/2。土壤类型较多，主要有棕、褐、潮、砂和盐土五大类。山东属暖温带季风气候，光照充足（年日照 2 300～2 900 小时，年总辐射 48.7～543.4 千焦/厘米^2）、热量丰富（年均气温 11～14℃，≥0℃积温 4 200～5 000℃）、无霜期长（180～220 天）、雨量适宜（年降水量 550～950 毫米），综合生态很适于北方各种落叶果树生长结果，具有特定的区位优势。

2.2.1　水果栽培面积、产量和单位面积产量变动

20 世纪 80 年代以来，山东水果栽培面积经历了一个近 20 年的总体上升期和随后的下降调整期。1980 年山东水果栽培面积为 254.6 千公顷，1989 年达到 669.2 千公顷，1996 年达到最高栽培面积 962.2 千公顷。随后进入生产调整期，2012 年山东水果栽培面积为 596.3 千公顷，比 1996 年减少了 38.0%。与水果栽培面积先增加再减少的变动趋势不同，1980—2012 年间山东园林水果产量总体保持上升态势，2012 年达到历史最高水平 1 523.8 万吨。水果总产量的稳定上升，主要得益于品种改进和栽培管理技术水平的不断提升，这表现在水果单产的不断提高上。除个别年份由于气候原因导致减产外，山东水果单位面积产量保持持续上升的态势，2012 年水果单位面积产量为

25.6吨/公顷，为历史最高水平，如图2-5①。

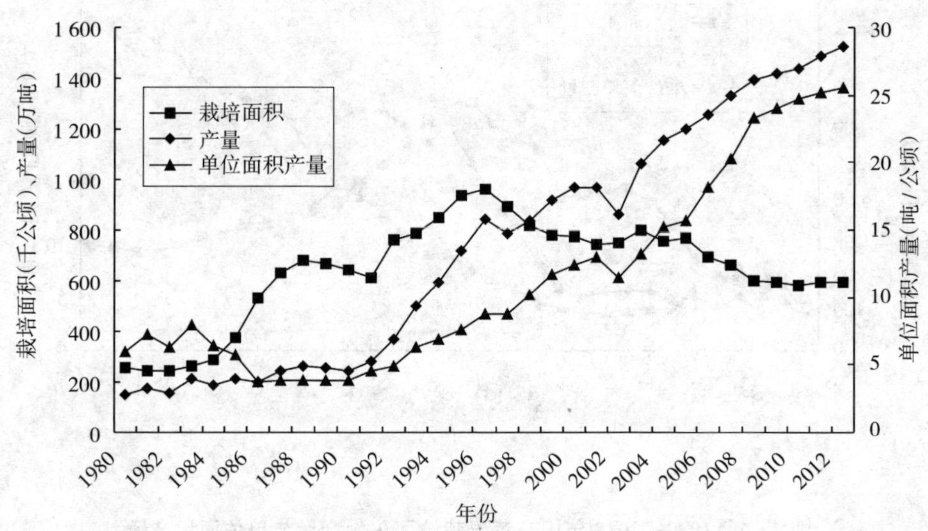

图2-5　1980—2012年山东园林水果栽培面积、产量与单位面积产量

2.2.2　苹果栽培面积、产量和单位面积产量变动

1980—2012年山东苹果栽培面积、产量以及单位面积产量表现出与水果整体栽培面积、产量以及单位面积非常相似的变动态势。这表明，苹果是山东水果重要的组成部分。1980—1996年，山东苹果栽培面积总体表现出增加的态势，1980年为188.9千公顷，1996年栽培面积达到了历史最高值663.3千公顷，此后栽培面积持续减少，2010年减少到264.6千公顷，比1996年减少了60.1%，相当于20世纪80年代的水平，2011—2012年有所恢复。山东苹果产量和单位面积产量总体保持上升趋势，其中苹果产量由于受栽培面积和单产同时增长的影响而在1992—1996年实现了高速增长。2012年山东苹果产量和单位面积产量达到历史最高值，分别为871.0万吨和31.2吨/公顷，如图2-6②。

2.2.3　其他水果栽培面积、产量和单位面积产量变动

1980—2012年，山东梨、葡萄、桃的栽培面积经历了先增加后减少的变

①② 数据来源：《山东统计年鉴》。

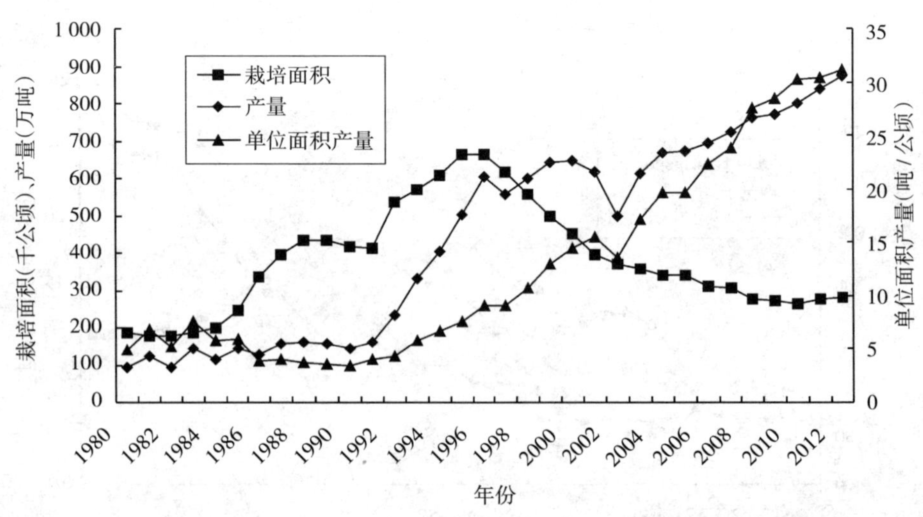

图 2-6　1980—2012 年山东苹果栽培面积、产量与单位面积产量

动过程，1996 年梨的栽培面积为历史最高水平 90.3 千公顷，2012 年减少到 42.5 千公顷；2003 年葡萄栽培面积为历史最高水平 65.9 千公顷，2011 年减少到 35.8 千公顷，2012 年略有恢复；进入 21 世纪桃的栽培面积有了显著增加，2005 年达到最高水平 126.6 千公顷，2012 年为 100.2 千公顷。由于 2009 年以来梨栽培面积减少幅度较大，导致梨产量水平出现下滑。葡萄和桃的产量总体保持上升态势。梨和葡萄的单位面积产量持续提高，2012 年均达到历史最高水平 28.0 吨/公顷。桃的单位面积产量 2012 年为 23.8 吨/公顷，如图 2-7、图 2-8 和图 2-9①。

2.3　山东园林水果生产发展的新形势

2.3.1　有着良好的发展环境和前景

从产业政策看，水果属于重要农产品，属于重点支持的产业；从水果生产收益率看，在农作物中有较大优势；从市场需求看，水果国内需求总量日益增大，而且水果是我国具有较强国际竞争力的传统大宗农产品，国际市场需求旺盛。这就决定了山东水果生产规模将持续稳定增长。今后山东水果生产将呈现

① 数据来源：《山东统计年鉴》。

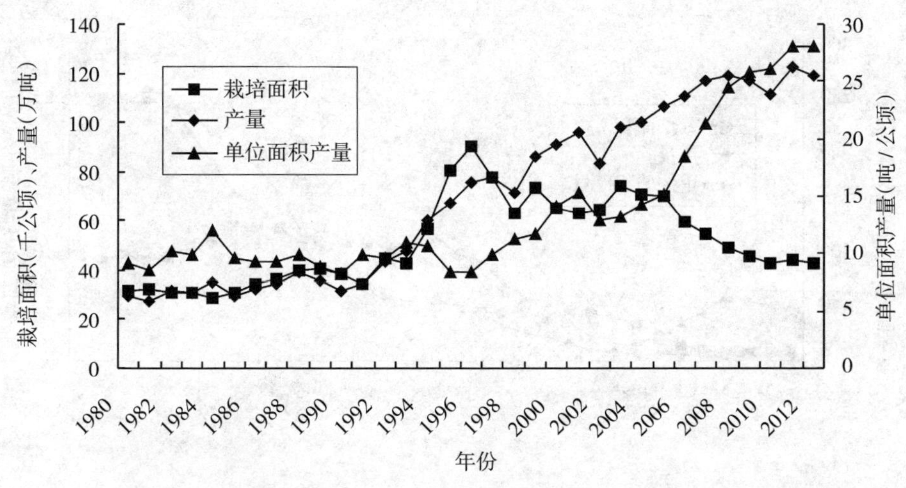

图 2-7 1980—2012 年山东梨栽培面积、产量与单位面积产量

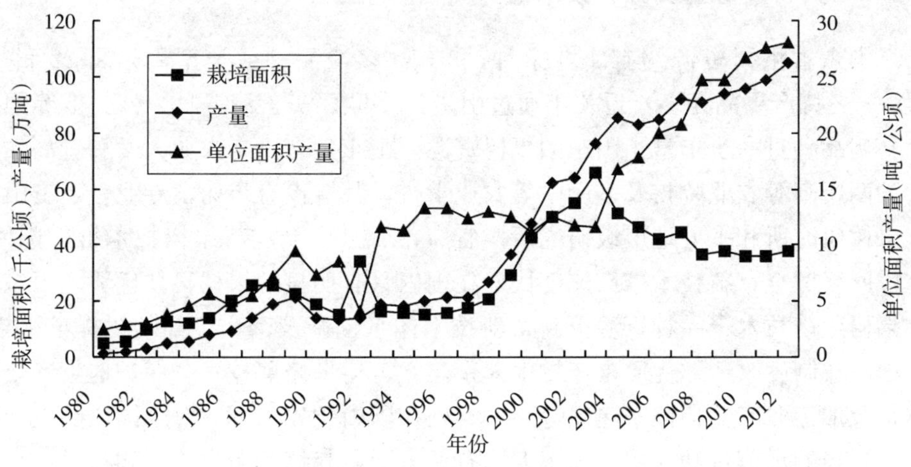

图 2-8 1980—2012 年山东葡萄栽培面积、产量与单位面积产量

五个突出特点：一是水果总量的增加将从依靠扩大面积转向主要依靠提高单产来实现；二是单产的提高将由过去依靠物质投入为主向主要依靠科技进步方向发展；三是水果生产将从鲜食为主向食用、加工兼用方向转变；四是水果生产趋于由单一或少项技术、单一学科或领域的应用向多种技术、多学科的集成配套的产业化方向转变，向省工省力节约成本的机械化、省肥节水技术方向发展；五是水果的种植更加区域化、规范化、标准化。

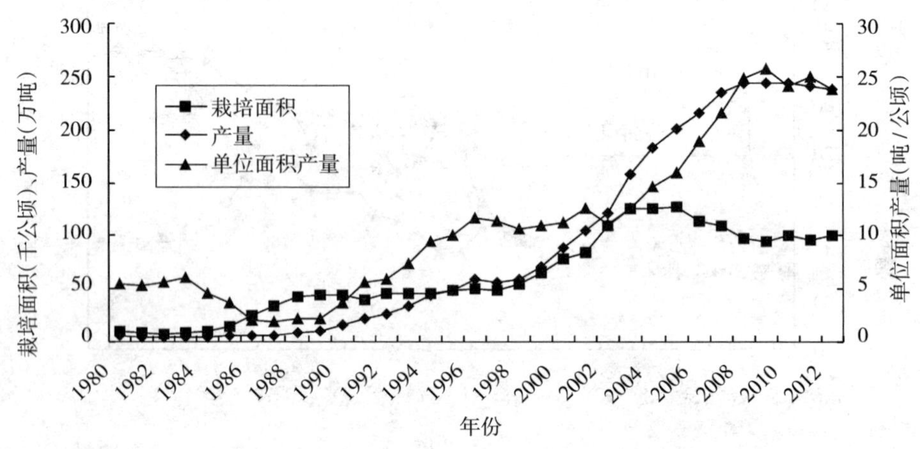

图 2-9　1980—2012 年山东桃栽培面积、产量与单位面积产量

2.3.2　具有良好的资源和技术优势

山东省果树资源约有 100 余种，3 000 多个品种或类型，分属 22 科 46 属①，名特产果品尤多，近几年通过引进许多欧、美、澳、日、韩、俄等国大批新优品种进一步丰富了山东的果树资源。山东省有山东农业大学和青岛农业大学两所高等农业院校及多所中等农业学校，其皆设有果树学专业，还有山东省果树研究所和多处地市级研究所，省、市、县、乡均有果树技术推广部门，推广网络健全，新技术推广速度快，在国内具有明显的果树科技优势。山东省的果树生产技术（品种资源更新，新技术体系创新及落实，如幼树提早结果、土壤耕作制度改造、优质丰产技术体系建立、树形修剪技术、保护地生产技术体系及加工业产业化体系建立等）一直处在国内领先水平，对全国果品生产起到了积极的示范带动作用。山东人民有从事园艺栽培的历史传统和技术，与其他产区相比，山东果农技术素质相对较高，易于接受新技术，容易在山东开展果树新技术推广，实现产业化带动作用。

2.3.3　形成了明显的产业化和效益优势

山东水果栽培面积大、总产量高、规模化速度快、新品种基地不断扩大，龙头企业带动作用强，水果加工业发展迅速，加工设备不断更新，技术不断提

① 张毅，孙清荣，赵峰．山东果树种质资源种类［C］．果蔬加工技术与产业化国际研讨会论文集．北京：中国科学技术出版社，2001．

高，拥有多家大型现代化浓缩汁加工厂，有力地促进了山东省水果业向产业化方向的发展。2012 年，山东水果总产值达 870.3 亿元，占全省农业产值的 22.0%，其中苹果产值 271.9 亿元，占全省农业产值的 6.9%，梨产值 37.0 亿元，经济效益较为显著。

2.3.4 水果产品市场供求与价格发生了较大变化

由于水果产量的持续增加，山东水果已由短缺紧俏供应阶段跨入了充足供应阶段，某些大宗水果供大于求，出现了相对过剩、价格大幅下降的现象。果品供应由果树树种、品种的量比结构失衡，某些大宗果品统治市场的严重单一局面开始进入了调整树种品种结构、果品构成优化升级，初步呈现出多树种、多品种、多季节供应的绚丽繁华局面。果品流通由普通大路货为主、高档优质果比例过低的局面逐步进入了以生产优质果为主、以优质果品占领市场的激烈竞争局面。

2.3.5 生产布局缺乏宏观科学规划，品种结构有待进一步优化

尽管山东园林水果发展具有以上优势和良好环境，但总体来看，山东水果产业布局还缺乏统一有效的规划，区域果业结构雷同，地方名、特、优果品优势不突出，还没有很好地形成区域特色果业。从树种、品种结构上看，山东水果生产中，苹果、梨所占比例偏高，主栽品种单一，晚熟品种所占比例大，早、中、晚熟比例失调，造成产期集中，果品采后市场销售压力大。同时鲜食与加工品种比例不协调，主栽品种都是鲜食品种，适于加工的品种很少，致使水果加工企业缺少稳定的优质原料，加工产品的数量和质量难以适应市场的要求。此外，山东水果质量总体较差，优质高档果率不高，大部分果品停留在低价水平，导致生产与市场脱节。

2.4 山东园林水果生产可持续发展的政策与措施①

2.4.1 科学规划生产布局

山东水果生产要根据生态环境、资源条件等，科学制定发展规划，形成一批布局合理、特色鲜明的产业带和优势产区。要重点建设胶东半岛和沂蒙山区

① 参见：《山东省人民政府关于实施蔬菜等五大产业振兴规划的指导意见》（鲁政发（2010）81 号）.

两大苹果优势区域，争取栽植面积达到 30 万公顷，产量 900 万吨，分别占到全省的 75%和 82%；重点建设鲁西北、胶东、鲁中南三大梨集中产区，争取栽植面积和产量均占全省的 60%以上；重点建设泰沂山区桃产业带，争取面积和产量均占全省 80%以上。

2.4.2 鼓励新建果园，努力改造老劣果园

通过建设一批矮砧集约栽培模式的现代高效示范园，带动全省每年新建果园 3 万公顷以上，争取“十二五”期间在山区丘陵地新建 20 万公顷果园。同时要加快老果园升级改造步伐，开展密植园改造和老果园更新试点示范，力争用 5 年时间改造密植园 10 万公顷，更新老龄低效果园 6 万公顷。争取到 2015 年，全省水果栽培面积恢复到 80 万公顷左右，总产量达到 2 000 万吨，其中苹果 40 万公顷以上，产量 1 100 万吨以上；外省销售量和出口量达到总产量的 75%以上；水果产业年产值达到 800 亿元，农民人均纯收入增加 400 元。

2.4.3 发展优质水果，做精特色水果，优化树种品种结构

要大力发展以苹果为重点的大宗水果，以大樱桃、冬枣为重点的特色水果，加强对莱阳梨、肥城桃、青州蜜桃、峄城石榴、乐陵金丝小枣、大泽山葡萄、曹州耿饼等地方名优特产的品牌保护和开发力度，提升品质，扩大知名度。在水果的品种结构方面，要进一步调整和优化果品结构。在适当稳定苹果这一主导品种的同时，适当增加桃、杏、梨等水果品种的面积和生产量，增强水果的市场适应能力；适当增加非鲜食即加工用水果的面积和产量。在苹果内部结构上，在稳定红富士品种的同时，适当恢复和发展一些其他特色品种。

2.4.4 构建现代生产和科技支撑体系，提高水果质量

山东水果生产要以科技为支撑，以发展优质、高效、生态的现代果业为目标，大力推广优良品种和矮化栽培、沃土养根、节水灌溉、配方施肥、简化修剪、绿色控害等关键技术，逐步实现水果标准化生产，使苹果、梨、桃等大宗水果优质果率达到 70%以上。完善良种繁育体系，重点支持科研推广单位、良种繁育场进行新品种培育，适时适量引进国内外优良品种及无毒种苗，力争 2015 年优质苗木生产供应能力达到 2 000 万株以上。创新推广机制，以标准化示范园为平台、以龙头企业和专业合作组织为载体、以信息网络为渠道，逐步实现向新品种、新技术、新成果的转化。

2.4.5　努力改善基础设施条件

除积极争取国家良种苗木繁育、标准果园创建等项目投资外，还要适当增加农业综合开发、农田水利等项目资金对水果产业的投入，重点支持果园水电路渠等基础设施建设。各级地方资金要重点支持水果标准化生产以及病虫害防治等项目建设。

2.4.6　提升产业化水平

将水果生产和加工、流通、营销等连接起来，形成一条完整的产业链，以产业化水平的提高带动水果生产的发展。加大对果品贮藏保鲜和加工龙头企业的扶持力度，提高技术装备水平，加强科研攻关与技术创新，尽快形成一批具有自主知识产权的关键技术与品牌，增强市场竞争力与辐射带动能力，推动产业升级。以产后商品化处理为重点，建设一批加工能力强、生产工艺先进的龙头企业，完善一批设施配套、功能齐全的果品批发市场。支持龙头企业和农民专业合作组织开展无公害农产品、绿色食品、有机食品及地理标志产品的认证工作。鼓励和扶持龙头企业、农民合作组织、生产经营大户等创立自己的品牌。到2015年，力争培育7～8个国内知名品牌、3～4个国际品牌。

3 山东园林水果生产布局

区域化布局是现代农业的基本特征之一。我国发展现代农业必须突破人均资源紧缺、生产规模狭小、组织化程度不高的制约瓶颈。适应形势的发展变化，立足资源禀赋，遵循农产品产业带发展规律，优化区域布局，形成优势产业带，对于促进中国特色农业现代化建设、优化资源配置和保障农产品基本供给、发挥比较优势、增强农产品竞争力具有重要意义。

3.1 国家关于农产品区域布局优化及产业带发展的政策

国家一直重视农产品区域布局优化和优势产业带建设，提出“要加快实施优势农产品区域布局规划，充分发挥各地的比较优势，继续调整农业区域布局”。“农产品市场和加工布局、技术推广和质量安全检验等服务体系的建设，都要着眼和有利于促进优势产业带的形成”①。“要坚持立足国内实现粮食基本自给的方针，以市场需求为导向，改善品种结构，优化区域布局，着力提高单产，努力保持粮食供求总量大体平衡”②。“要通过结构优化增收，继续搞好农产品优势区域布局规划和建设，支持优质农产品生产和特色农业发展，推进农产品精深加工”。③ 强调要“加快实施新一轮优势农产品区域布局规划”。“搞好产业布局规划，科学确定区域农业发展重点，形成优势突出和特色鲜明的产业带，引导加工、流通、储运设施建设向优势产区聚集。采取有力措施支持发展油料生产，提高食用植物油自给水平。鼓励和支持优势产区集中发展棉花、糖料、马铃薯等大宗产品，推进蔬菜、水果、茶叶、花卉等园艺产品集约化、设施化生产，因地制宜发展特色产业和乡村旅游业”④。

为应对加入世贸组织的挑战、深化农业结构战略性调整，农业部于2003年编制完成并启动实施了《优势农产品区域布局规划（2003—2007年）》（以

---

① 参见：《中共中央 国务院关于促进农民增加收入若干政策的意见》。

② 参见：《中共中央 国务院关于进一步加强农村工作提高农业综合生产能力若干政策的意见》。

③ 参见：《中共中央 国务院关于切实加强农业基础建设进一步促进农业发展农民增收的若干意见》。

④ 参见：《中共中央 国务院关于2009年促进农业稳定发展农民持续增收的若干意见》。

下简称《规则》)。《规划》实施后，优势农产品区域化生产格局初步形成，但受多种因素影响，《规划》的引导功能尚未充分展现，区域布局仍不尽合理，基础设施薄弱、社会化服务相对滞后、产业化组织化水平不高、扶持政策尚不完善等问题依然突出。2008 年 9 月《全国优势农产品区域布局规划（2008—2015 年)》由农业部发布并实施。这份规划对未来 8 年优化我国农业区域布局的指导思想、总体目标、发展重点和政策措施进行了总体部署，提出遵循自然规律和经济规律，按照“因地制宜、突出优势、强化基础、壮大产业”的总体思路，明确优势产品和优势区域发展定位与主攻方向，推动产品空间集聚和产业升级整合，促进农业发展方式转变，形成更加科学合理的农业生产力布局，加速农产品产业带发展进程，力争经过 8 年努力使优势农产品区域布局更加优化，优势农产品质量、效益和竞争力明显提高，优势区域对保障农产品基本供给、促进农民增收的能力进一步增强。到 2015 年，重点培育 16 个关系国计民生、具有重要战略地位、对农民增收带动作用明显的优势农产品，形成一批国内外有一定影响的优势农产品产业带，建设一大批高产、优质、高效、生态、安全的优势农产品生产重点县，形成一批规模化、标准化、设施化、品牌化的现代农业产业示范区。通过区域布局的优化，推动优势农产品产业带建设在区域农业功能、农产品基本供给能力、农产品质量安全、资源高效利用、现代农业产业体系构建等方面得到强化。

3.2 中国园林水果生产布局

我国省级行政区划一直在调整，到 1996 年年底，全国共有 31 个省级行政区域（包括 3 个直辖市、23 个省、5 个自治区）。1997 年 3 月，撤销四川省管辖的重庆市，设立重庆直辖市。结合数据的可获得性，本部分主要分析 1997 年以来的我国水果产业的区域发展问题。

3.2.1 总体布局

中国各个省市都生产水果，2012 年果园面积超过 1 000 千公顷的地区有陕西、广东河北和新疆，分别为 1 160.2 千公顷、1 100.2 千公顷、1 051.8 千公顷和 1 015.2 千公顷，栽培面积之和占全国的 35.6%。果园面积居第 5 和第 6 位的是广西和四川，分别为 997.2 千公顷和 608.2 千公顷，这六个省份果园面积之和占全国的 48.9%。2012 年，园林水果产量超过 800 万吨的地区有山东、陕西、河北、广东、广西和河南，产量分别为 1 523.8 万吨、1 437.7 万吨、

1 286.0 万吨、1 279.1 万吨、1 030.9 万吨和 870.4 万吨，其产量之和占全国 49.2%，如表 3-1。

表 3-1　2012 年中国水果主产区果园面积和产量

单位：千公顷，%，万吨

地区	果园面积	占全国比重	地区	产量	占全国比重
全国	12 139.9	100.0	全国	15 104.4	100.0
陕西	1 160.2	9.6	山东	1 523.8	10.1
广东	1 100.2	9.1	陕西	1 437.7	9.5
河北	1 051.8	8.7	河北	1 286.0	8.5
新疆	1 015.2	8.4	广东	1 279.1	8.5
广西	997.2	8.2	广西	1 030.9	6.8
四川	608.2	5.0	河南	870.4	5.8

数据来源：《中国农村统计年鉴》。

从产业集中度上来看，1997—2012 年果园面积前 6 位的省市水果栽培面积集中度在 0.49～0.55 之间变动，平均值为 0.51，产量前 6 位的省市水果产量集中度在 0.49～0.56 之间变动，平均值为 0.53，如表 3-2。

表 3-2　1997—2012 年中国园林水果栽培面积和产量前 6 位产业集中度

单位：万公顷，万吨

年份	全国面积	前 6 位面积	面积 CR_6	全国产量	前 6 位产量	产量 CR_6
1997	864.8	468.9	0.54	5 089.3	2 734.0	0.54
1998	853.5	469.3	0.55	5 452.9	3 021.0	0.55
1999	866.7	473.7	0.55	6 237.6	3 479.6	0.56
2000	893.2	481.6	0.54	6 225.1	3 506.0	0.56
2001	904.3	484.3	0.54	6 629.2	3 628.6	0.55
2002	909.8	476.8	0.52	6 952.0	3 709.1	0.53
2003	943.7	491.5	0.52	7 551.5	4 100.5	0.54
2004	976.8	503.0	0.51	8 394.1	4 589.6	0.55
2005	1003.5	511.3	0.51	8 835.5	4 844.7	0.55
2006	1012.3	507.6	0.50	9 599.2	5 207.4	0.54
2007	1 047.1	514.3	0.49	10 520.4	5 595.0	0.53
2008	1 073.4	526.8	0.49	11 338.9	5 875.4	0.52

（续）

年份	全国面积	前6位面积	面积 CR_6	全国产量	前6位产量	产量 CR_6
2009	1 114.0	547.7	0.49	12 246.4	6 266.0	0.51
2010	1 154.4	574.3	0.50	12 865.2	6 555.6	0.51
2011	1 183.1	581.8	0.49	14 083.3	7 008.8	0.50
2012	1 214.0	593.3	0.49	15 104.4	7 427.9	0.49

数据来源：《中国农村统计年鉴》。

3.2.2 苹果生产布局

中国有着适宜苹果树生长发育的得天独厚的地理、土壤和气候条件，是理想的苹果生产地。中国已形成四大苹果主产区：一是渤海湾产区，包括辽宁、山东、河北等省，是苹果的老产区；二是西北黄土高原产区，包括陕西、甘肃、山西等省，近年来栽培面积增长迅速；三是黄河故道和秦岭北麓产区，包括豫东、鲁西南、苏北和皖北；四是西南冷凉高地产区。长期以来苹果在中国水果产业中一直占据优势地位，1996 年栽培面积曾经占全国果树栽培面积的 1/3 以上。后来在市场调节和政府引导下，果树种植结构发生了较大调整，柑橘、桃、葡萄、荔枝等水果栽培面积大幅度上升，苹果栽培面积逐年下降。中国加入世界贸易组织后，苹果作为具有较强国际竞争力的优势农产品之一，在农业产业结构调整、增加农民收入、促进地方经济发展中发挥着越来越重要的作用。

2002 年农业部制定了苹果优势区域发展规划，把渤海湾产区和西北黄土高原产区作为中国苹果发展的优势区域重点建设，以形成苹果生产的核心区域及产业带，充分发挥区域比较优势，提高苹果产业整体水平。确定的重点区域包括山东省胶东半岛、泰沂山区、陕西省渭北地区、山西省晋中、晋南地区、河南省三门峡地区、甘肃省陇东地区、辽宁省辽西、辽南地区及河北省秦皇岛地区①。

目前，中国苹果主要有七大主产省，2012 年按栽培面积排序依次是陕西、甘肃、山东、河北、河南、山西和辽宁，苹果栽培面积分别为 645.2 千公顷、283.9 千公顷、279.6 千公顷、235.7 千公顷、178.8 千公顷、150.7 千公顷和 139.0 千公顷，栽培面积之和占全国的 85.7%。2012 年苹果产量超过 200 万

① 农业部种植业管理司．中国苹果产业发展报告（1995—2005）［M］．北京：中国农业出版社，2007.

吨的地区有陕西、山东、河南、山西、河北、辽宁和甘肃，产量分别为 965.1 万吨、871.0 万吨、436.7 万吨、375.2 万吨、311.5 万吨、263.4 万吨和 248.8 万吨，其产量之和占全国苹果产量的 90.2%，如表 3-3。

表 3-3　2012 年中国苹果主产区栽培面积与产量

单位：千公顷，%，万吨

地区	栽培面积	占全国比重	地区	占全国产量	比重
全国	2 231.3	100.0	全国	3 849.1	100.0
陕西	645.2	28.9	陕西	965.1	25.1
甘肃	283.9	12.7	山东	871.0	22.6
山东	279.6	12.5	河南	436.7	11.3
河北	235.7	10.6	山西	375.2	9.7
河南	178.8	8.0	河北	311.5	8.1
山西	150.7	6.8	辽宁	263.4	6.8
辽宁	139.0	6.2	甘肃	248.8	6.5

数据来源：《中国农村统计年鉴》。

从产业集中度变动上来看，1997—2012 年苹果栽培面积前 7 位的省市面积集中度在 0.85～0.88 之间变动，平均值为 0.86，产量前 7 位的省市苹果产量集中度在 0.88～0.91 之间变动，平均值为 0.90，这表明苹果产业生产集中度很高，年度间变动不大。如表 3-4。

表 3-4　1997—2012 年中国苹果栽培面积和产量前 7 位产业集中度

单位：千公顷，万吨

年份	全国面积	前 7 位面积	面积 CR_7	全国产量	前 7 位产量	产量 CR_7
1997	2 838.3	2 424.4	0.85	1 721.9	1 521.5	0.88
1998	2 621.5	2 248.5	0.86	1 948.1	1 738.2	0.89
1999	2 439.1	2 085.3	0.85	2 080.2	1 862.3	0.90
2000	2 254.1	1 915.8	0.85	2 043.1	1 811.4	0.89
2001	2 066.2	1 761.2	0.85	2 001.5	1 785.4	0.89
2002	1 938.3	1 648.4	0.85	1 924.1	1 699.7	0.88
2003	1 990.4	1 636.4	0.86	2 110.2	1 897.2	0.90
2004	1 876.6	1 621.5	0.86	2 367.5	2 129.8	0.90
2005	1 890.4	1 644.0	0.87	2 401.1	2 148.7	0.89

（续）

年份	全国面积	前7位面积	面积 CR_7	全国产量	前7位产量	产量 CR_7
2006	1 898.9	1 656.6	0.87	2 605.9	2 343.8	0.90
2007	1 961.8	1 721.1	0.88	2 786.0	2 507.9	0.90
2008	1 992.3	1 732.8	0.87	2 984.7	2 702.6	0.91
2009	2 049.1	1 775.2	0.87	3 168.1	2 860.5	0.90
2010	2 139.9	1 841.2	0.86	3 326.3	3 004.1	0.90
2011	2 177.3	1 870.2	0.86	3 598.5	3 254.9	0.90
2012	2 231.3	1 912.9	0.86	3 849.1	3 471.7	0.90

数据来源：《中国农村统计年鉴》。

3.2.3 柑橘生产布局

近年来，我国柑橘生产快速发展，产业整体水平不断提高，柑橘产业布局进一步优化，长江上中游柑橘带、赣南—湘南—桂北柑橘带和浙南—闽西—粤东柑橘带以及一批特色柑橘生产基地（简称“三带一基地”）建设取得了显著成效，柑橘种植规模、单产水平、销售价格和出口量同时增长。

2012年柑橘主产省份的栽培面积比上年略有增长，湖南和江西分别达到400.0千公顷和317.3千公顷，栽培面积超过200千公顷的还有四川、广东、湖北和广西，柑橘栽培面积分别为271.6千公顷、254.7千公顷、243.6千公顷和217.1千公顷，这六个地区柑橘栽培面积占全国的73.9%。从产量上看，湖南柑橘产量达到483.5万吨，居全国首位，接下来是广东、湖北、广西、四川和江西，产量分别为414.5万吨、385.3万吨、384.0万吨、340.8万吨和336.5万吨，这六个地区的柑橘产量之和占全国的73.4%，如表3-5。

表3-5 2012年中国柑橘主产区栽培面积与产量

单位：千公顷，%，万吨

地区	栽培面积	占全国比重	地区	产量	占全国比重
全国	2 306.3	100.0	全国	3 167.8	100.0
湖南	400.0	17.3	湖南	483.5	15.3
江西	317.3	13.8	广东	414.5	13.1
四川	271.6	11.8	湖北	385.3	12.2
广东	254.7	11.0	广西	384.0	12.1

（续）

地区	栽培面积	占全国比重	地区	产量	占全国比重
湖北	243.6	10.6	四川	340.8	10.8
广西	217.1	9.4	江西	336.5	10.6

数据来源：《中国农村统计年鉴》。

从产业集中度变动上来看，1997—2012年柑橘栽培面积前6位的地区面积集中度经历了先下降后上升的变动过程，变动值在0.71～0.75之间，年平均值为0.73，产量前6位的地区柑橘产量集中度也经历了先下降后上升的变动过程，变动值在0.69～0.78之间，年平均值为0.74，如表3-6。

表3-6 1997—2012年中国柑橘栽培面积和产量前6位产业集中度

单位：千公顷，万吨

年份	全国面积	前6位面积	面积 CR_7	全国产量	前6位产量	产量 CR_7
1997	1 309.2	986.2	0.75	1 010.2	792.8	0.78
1998	1 270.4	956.2	0.75	859.0	665.5	0.77
1999	1 282.8	962.7	0.75	1 078.7	842.4	0.78
2000	1 271.8	945.5	0.74	878.3	669.1	0.76
2001	1 323.7	975.6	0.74	1 160.7	899.0	0.77
2002	1 404.5	1 014.7	0.72	1 199.0	933.3	0.78
2003	1 505.7	1 076.5	0.71	1 345.4	1 017.3	0.76
2004	1 627.2	1 170.8	0.72	1 495.8	1 125.6	0.75
2005	1 717.0	1 227.2	0.71	1 591.9	1 159.5	0.73
2006	1 814.6	1 312.4	0.72	1 789.8	1 294.3	0.72
2007	1 941.4	1 414.7	0.73	2 058.3	1 452.1	0.71
2008	2 030.8	1 486.7	0.73	2 331.3	1 613.2	0.69
2009	2 160.3	1 607.9	0.74	2 521.1	1 801.2	0.71
2010	2 211.0	1 642.5	0.74	2 645.2	1 918.3	0.73
2011	2 288.3	1 707.7	0.75	2 944.0	2 161.2	0.73
2012	2 306.3	1 704.3	0.74	3 167.8	2 344.6	0.74

数据来源：《中国农村统计年鉴》。

3.2.4 梨生产布局

中国梨有秋子梨、白梨、砂梨和西洋梨4个种系100多个品种，如秋子梨系统的南果梨、京白梨、花盖等，白梨系统的鸭梨、雪花梨、慈梨、库尔勒香梨、金花等，砂梨系统的苍溪雪梨、云南宝珠梨、黄花梨、中梨1号、翠冠和从日、韩引进的丰水、新高、黄金梨等。近年从欧、美引进的西洋梨如巴梨、康佛伦斯、红安久等品种表现也较好。20世纪90年代以来，一批早中熟品种特别是长江流域早熟品种的推广应用，优化了梨的熟期结构。我国梨栽培范围较广，在长期的自然选择和生产发展过程中，逐渐形成了四大产区：环渤海（辽、冀、京、津、鲁）秋子梨、白梨产区，西部地区（新、甘、陕、滇）白梨产区，黄河故道（豫、皖、苏）白梨、砂梨产区，长江流域（川、渝、鄂、浙）砂梨产区。

2012年，梨栽培面积超过70千公顷的地区有河北、辽宁、四川和新疆，梨园面积分别为194.0千公顷、98.8千公顷、83.3千公顷和70.2千公顷，位居其后的是云南、河南、陕西和贵州。这些地区的栽培面积之和占全国的59.5%。2012年梨产量超过100万吨的地区有河北、辽宁、山东、安徽和河南，产量分别为445.1万吨、154.7万吨、119.1万吨、106.9万吨和104.4万吨，位居其后的是四川、新疆和陕西。这些地区梨产量之和占全国梨产量的70.9%，如表3-7。

表3-7　2012年中国梨主产区栽培面积与产量

单位：千公顷，%，万吨

地区	栽培面积	占全国比重	地区	产量	占全国比重
全国	1 088.6	100.0	全国	1 707.3	100.0
河北	194.0	17.8	河北	445.1	26.1
辽宁	98.8	9.1	辽宁	154.7	9.1
四川	83.3	7.7	山东	119.1	7.0
新疆	70.2	6.4	安徽	106.9	6.3
云南	52.2	4.8	河南	104.4	6.1
河南	52.0	4.8	四川	96.0	5.6
陕西	48.6	4.5	新疆	95.0	5.6
贵州	48.1	4.4	陕西	89.7	5.3

数据来源：《中国农村统计年鉴》。

从产业集中度变动上来看，1997—2012年梨栽培面积前8位的地区面积集中度呈现出缓慢下降态势，从1997年的0.67下降到2012年的0.59，产量集中度从0.77缓慢下降到0.71，说明其他地区梨的栽培面积和产量正在增加，传统优势产区的栽培面积和产量份额有所下降，如表3-8。

表3-8 1997—2012年中国梨栽培面积和产量前8位产业集中度

单位：千公顷，万吨

年份	全国面积	前8位面积	面积 CR_8	全国产量	前8位产量	产量 CR_8
1997	924.0	619.5	0.67	641.5	497.1	0.77
1998	927.8	600.3	0.65	727.5	563.9	0.78
1999	976.7	618.3	0.63	774.2	589.3	0.76
2000	1 014.6	624.7	0.62	841.2	635.9	0.76
2001	1 026.5	620.3	0.60	879.6	657.6	0.75
2002	1042.3	627.6	0.60	930.9	686.6	0.74
2003	1 061.5	644.1	0.61	979.8	720.7	0.74
2004	1 078.6	659.1	0.61	1 064.2	772.3	0.73
2005	1 112.0	682.7	0.61	1 132.4	815.2	0.72
2006	1 087.1	652.7	0.60	1 198.6	865.3	0.72
2007	1 071.3	633.4	0.59	1 289.5	919.1	0.71
2008	1 074.5	631.2	0.59	1 353.8	955.2	0.71
2009	1 074.3	637.7	0.59	1 426.3	1 008.4	0.71
2010	1 063.1	631.7	0.59	1 505.3	1 077.0	0.72
2011	1 085.5	640.5	0.59	1 579.5	1 124.1	0.71
2012	1 088.6	647.2	0.59	1 707.3	1 210.9	0.71

数据来源：《中国农村统计年鉴》。

3.2.5 葡萄生产布局

2012年，葡萄栽培面积较大的地区有新疆、河北、山东、辽宁、陕西、江苏和河南，葡萄园面积分别为143.3千公顷、76.8千公顷、37.5千公顷、35.3千公顷、35.2千公顷、31.2千公顷和29.6千公顷。这些地区的葡萄栽培面积之和占全国的58.4%。葡萄产量较大的地区有新疆、河北、山东、辽宁、浙江、河南和云南，产量分别为209.1万吨、124.2万吨、105.0万吨、76.9万吨、60.6万吨、55.2万吨和54.3万吨。这些地区葡萄产量之和占全国的65.0%，如表3-9。

表 3-9　2012 年中国葡萄主产区栽培面积与产量

单位：千公顷，%，万吨

地区	栽培面积	占全国比重	地区	产量	占全国比重
全国	665.6	100.0	全国	1 054.3	100.0
新疆	143.3	21.5	新疆	209.1	19.8
河北	76.8	11.5	河北	124.2	11.8
山东	37.5	5.6	山东	105.0	10.0
辽宁	35.3	5.3	辽宁	76.9	7.3
陕西	35.2	5.3	浙江	60.6	5.7
江苏	31.2	4.7	河南	55.2	5.2
河南	29.6	4.4	云南	54.3	5.2

数据来源：《中国农村统计年鉴》。

从产业集中度变动上来看，1997—2012 年葡萄栽培面积前 7 位的地区面积集中度呈现出缓慢下降态势，从 1998 年的 0.71 下降到 2012 年的 0.58，产量集中度从 0.78 缓慢下降到 0.65，说明其他地区葡萄的栽培面积和产量正在增加，传统优势产区的栽培面积和产量份额有所下降，如表 3-10。

表 3-10　1997—2012 年中国葡萄栽培面积和产量前 7 位产业集中度

单位：千公顷，万吨

年份	全国面积	前 7 位面积	面积 CR_7	全国产量	前 7 位产量	产量 CR_7
1997	157.9	107.2	0.68	203.3	155.3	0.76
1998	176.4	124.8	0.71	235.8	183.2	0.78
1999	223.2	158.5	0.71	270.8	210.3	0.78
2000	282.9	202.5	0.72	328.2	255.2	0.78
2001	334.4	233.7	0.70	368.0	279.2	0.76
2002	392.3	276.8	0.71	447.9	341.6	0.76
2003	420.8	296.2	0.70	517.6	388.2	0.75
2004	413.5	285.1	0.69	567.5	429.7	0.76
2005	407.9	278.3	0.68	579.4	437.1	0.75
2006	418.7	283.8	0.68	627.1	466.3	0.74
2007	438.4	297.1	0.68	669.7	490.3	0.73
2008	451.2	292.5	0.65	715.1	516.8	0.72

（续）

年份	全国面积	前7位面积	面积 CR_7	全国产量	前7位产量	产量 CR_7
2009	493.4	316.5	0.64	794.1	569.1	0.72
2010	552.0	345.6	0.63	854.9	587.5	0.69
2011	596.9	361.3	0.61	906.7	595.8	0.66
2012	665.6	388.9	0.58	1054.3	685.3	0.65

数据来源：《中国农村统计年鉴》。

3.3 山东园林水果生产布局及产业带

鉴于山东省在20世纪80年代至90年代进行了较大幅度的行政区划调整，由1980年的4个地级市和9个地区调整变更为2000年的17个省辖市。自1992年原属泰安市的莱芜市升为地级市以后，山东省地级市行政区划除了名称变更外未有大的变化，因此本部分主要分析1993年以来的山东省水果产业的区域发展问题。

3.3.1 水果生产总体布局

2012年水果栽培面积居全省前三位的是烟台（157.5千公顷）、临沂（73.7千公顷）和滨州（39.5千公顷），位居其后的是聊城、潍坊、威海、淄博和济南。这些地区水果栽培面积之和占全省水果栽培面积的74.9%。水果产量居全省前三位的是烟台（506.4万吨）、临沂（195.4万吨）和滨州（110.3万吨），位居其后的是淄博、潍坊、威海、青岛和菏泽。这些地区水果产量之和占全省水果产量的81.2%，如表3-11。

表3-11 2012年山东水果主产区栽培面积与产量

单位：千公顷，%，万吨

地区	栽培面积	占全省比重	地区	产量	占全省比重
全省总计	596.3	100.0	全省总计	1 523.8	100.0
烟台市	157.5	26.4	烟台市	506.4	33.2
临沂市	73.7	12.4	临沂市	195.4	12.8
滨州市	39.5	6.6	滨州市	110.3	7.2
聊城市	37.8	6.3	淄博市	108.6	7.1
潍坊市	36.5	6.1	潍坊市	89.5	5.9

（续）

地区	栽培面积	占全省比重	地区	产量	占全省比重
威海市	34.6	5.8	威海市	88.1	5.8
淄博市	34.2	5.7	青岛市	79.9	5.2
济南市	33.0	5.5	菏泽市	59.2	3.9

数据来源：《山东统计年鉴》。

从产业集中度变动来看，尽管1993—1996年山东水果栽培面积不断增加，从1997年起减少，但栽培面积占全省前8位的地区面积集中度变动并不大，在0.70～0.75之间波动，年平均值为0.73。这一方面表明山东水果栽培的集中度比较高，另一方面也表明水果栽培面积调整是全省范围内的调整，各地区调整比例相差不大。从产量上来看，前8位地区的产量集中度在0.76～0.81之间波动，年平均值为0.78，如表3-12。

表3-12　1993—2012年山东水果栽培面积和产量前8位产业集中度

单位：千公顷，万吨

年份	全省面积	前8位面积	面积 CR_8	全省产量	前8位产量	产量 CR_8
1993	787.7	551.6	0.70	501.4	394.7	0.79
1994	852.8	617.4	0.72	592.9	467.9	0.79
1995	935.2	678.5	0.73	717.7	569.4	0.79
1996	962.2	685.3	0.71	843.9	662.3	0.78
1997	891.4	640.9	0.72	786.6	607.9	0.77
1998	819.9	614.0	0.75	839.7	655.8	0.78
1999	782.6	563.3	0.72	920.3	708.5	0.77
2000	775.3	577.3	0.74	966.6	740.7	0.77
2001	745.7	551.0	0.74	971.4	754.2	0.78
2002	752.9	550.0	0.73	864.2	653.3	0.76
2003	797.1	569.7	0.71	1 059.9	810.2	0.76
2004	756.3	569.5	0.75	1 155.6	878.2	0.76
2005	767.9	558.7	0.73	1 201.5	924.1	0.77
2006	694.5	495.7	0.71	1 258.8	981.1	0.78
2007	659.6	479.4	0.73	1 333.9	1 046.1	0.78
2008	599.2	440.3	0.73	1 395.9	1 112.6	0.80

（续）

年份	全省面积	前 8 位面积	面积 CR_8	全省产量	前 8 位产量	产量 CR_8
2009	591.6	437.7	0.74	1 419.1	1 123.7	0.79
2010	581.0	433.4	0.75	1 438.9	1 155.5	0.80
2011	592.0	443.8	0.75	1 488.5	1 206.7	0.81
2012	596.3	446.8	0.75	1 523.8	1 237.4	0.81

数据来源：《山东统计年鉴》。

3.3.2 水果生产种类布局

苹果、梨、葡萄和桃是山东省传统大宗水果。从栽培面积结构来看，1980—2012 年苹果一直是栽培面积最大的水果，年栽培面积占水果栽培面积比重平均为 60.1%，其中 1980—1997 年平均比重为 68.6%，占水果栽培面积的三分之二。从 1998 年开始，比重有所下降，1998—2012 年平均比重为 49.9%，从 2003 年开始稳定在 45%左右，2012 年为 46.9%，接近水果栽培面积的一半。进入 21 世纪，梨、葡萄栽培面积所占比重相对稳定，2000—2012 年，山东梨栽培面积占水果栽培面积比重平均为 8.3%，葡萄栽培面积占水果栽培面积比重平均为 6.5%。同期，桃和其他水果栽培面积所占份额不断增长，高于梨和葡萄所占份额，如图 3-1①。

从产量结构来看，1980—2012 年山东苹果产量占水果总产量的比重平均为 62.2%，1998 年开始由于苹果栽培面积不断减少，产量所占份额出现下降，2003 开始稳定在 56%左右，2012 年为 57.2%。进入 21 世纪，梨、葡萄、桃和其他水果产量占水果产量份额表现出与栽培面积份额相似的变动态势。这表明随着产业结构调整，苹果在山东省一支独大的局面得到改变，生产要素向其他水果产业移动，水果种类结构更加优化，如图 3-2②。

3.3.3 水果产业带

在山东水果产业长期发展过程中，形成了不同产业带。

（1）胶东水果产业带。烟台、威海、青岛等地市盛产苹果、梨、葡萄、甜樱桃、草莓等名优水果。目前已有复发中记、中鲁、张裕、华东等国际著名企业，在水果采后处理、加工、销售等环节中均发挥了重要的龙头带动作用。事实证明，胶东是水果发展的优势区，是全国水果产业化发展最好的区域，占山

①② 数据来源：《山东统计年鉴》。

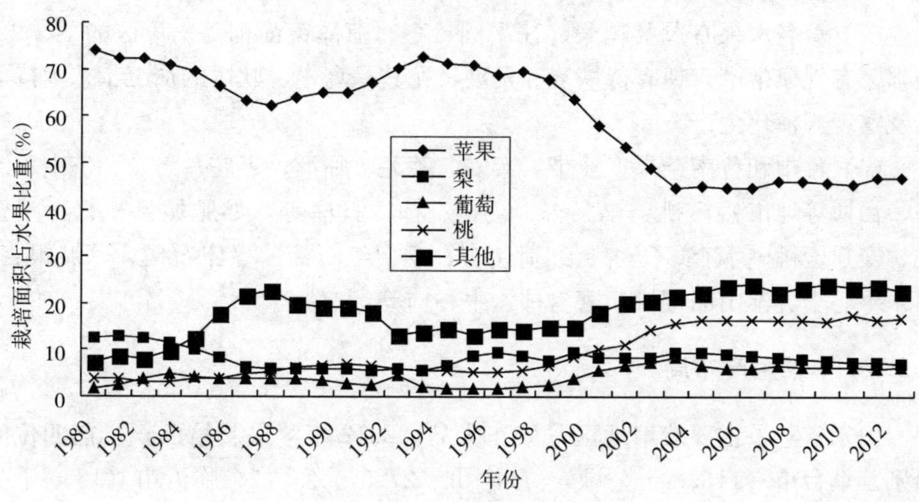

图 3-1 1980—2012 年山东水果栽培面积占比

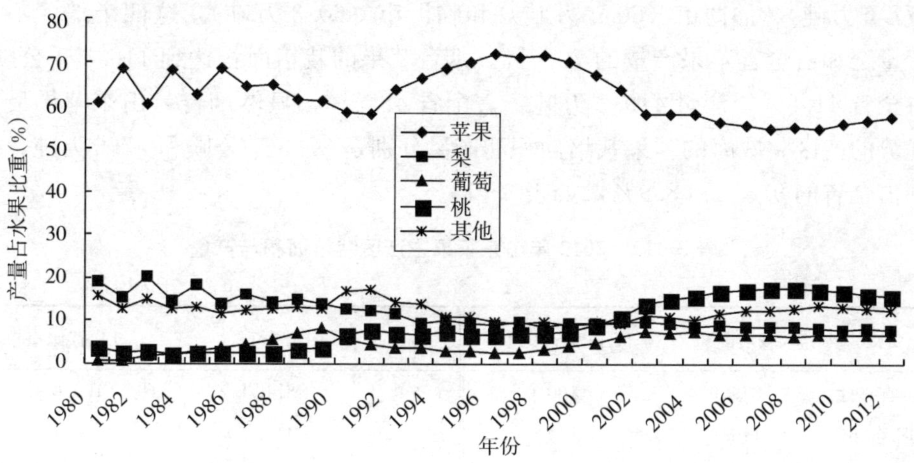

图 3-2 1980—2012 年山东水果产量占比

东水果业的半壁江山。

(2) 鲁北和鲁西北枣、梨产业带。德州、滨州、东营等地市主产枣、梨等水果。现已基本形成以枣的规模化生产和深加工为特色的产业区。阳信鸭梨每年都有一定数量的出口，但总量不大，价格偏低。今后需进一步扩大枣的产业化规模，特别要注重发展枣果采后商品化处理、贮藏和深加工。梨则要改良现有品种，引进和开发利用新品种，提高鲜销梨的商品质量和市场竞争力。

（3）鲁西和鲁西南梨产业带。聊城、菏泽等地市适于梨、枣、柿、李等水果生产。著名水果有冠县鸭梨、茌平圆铃枣、菏泽镜面柿等。该区的梨、枣、柿都曾有规模生产，现有待恢复和发展，尤其是乌枣、耿饼的加工工艺亟待创新及实现规模化生产。

（4）鲁中和鲁南杂果产业带。泰安、莱芜、临沂、枣庄、济宁、济南、潍坊、淄博等地市盛产桃、李、杏、樱桃、柿、石榴等，如肥城佛桃、青州蜜桃、安丘蜜桃、水杏、玉杏、红荷包杏、泰山红石榴、枣庄石榴、郯城银杏、昌乐牛心李、泰山甜樱桃、磨盘柿、牛心柿等。

3.3.4 苹果生产布局

山东省苹果主要栽培地区是胶东半岛。2012 年苹果栽培面积排前四位的分别是烟台市（116.3 千公顷）、威海市（27.5 千公顷）、临沂市（18.6 千公顷）和淄博市（16.7 千公顷），这四个地区苹果栽培面积之和占全省苹果栽培面积的 64.1%。苹果产量排前四位的分别是烟台市（419.3 万吨）、威海市（77.6 万吨）、淄博市（60.4 万吨）和临沂市（60.3 万吨），这四个地区苹果产量之和占全省苹果产量的 70.9%。烟台苹果的栽培面积达到 116.3 千公顷，占全省 41.6%，产量 419.3 万吨，占全省 48.1%，显然烟台是山东苹果最具优势的产区。威海的苹果栽培面积和产量分别是 27.5 千公顷和 77.6 万吨，分别占全省的 9.8%和 8.9%，如表 3-13。

表 3-13 2012 年山东苹果主产区栽培面积与产量

单位：千公顷，%，万吨

地区	栽培面积	占全省比重	地区	产量	占全省比重
全省总计	279.6	100.0	全省总计	871.0	100.0
烟台市	116.3	41.6	烟台市	419.3	48.1
威海市	27.5	9.8	威海市	77.6	8.9
临沂市	18.6	6.7	淄博市	60.4	6.9
淄博市	16.7	6.0	临沂市	60.3	6.9

数据来源：《山东统计年鉴》。

从产业集中度变动来看，1993—2012 年山东苹果栽培面积前 4 位地区的面积集中度呈现出递增态势，从 1993 年的 0.44 增加到 2012 年的 0.64，产量前 4 位地区的产量集中度也呈现出递增态势，从 1993 年的 0.59 增加到 2012 年的 0.71。这说明山东苹果生产正逐步向优势产区集中，苹果生产布局逐渐优化，如表 3-14。

表 3-14 1993—2012 年山东苹果栽培面积和产量前 4 位产业集中度

单位：千公顷，万吨

年份	全省面积	前 4 位面积	面积 CR_4	全省产量	前 4 位产量	产量 CR_4
1993	572.3	251.4	0.44	332.3	196.9	0.59
1994	608.3	279.1	0.46	406.3	246.6	0.61
1995	664.3	307.4	0.46	502.4	312.5	0.62
1996	663.3	295.8	0.45	605.6	372.3	0.61
1997	618.5	288.7	0.47	558.2	323.2	0.58
1998	556.8	257.4	0.46	599.6	346.0	0.58
1999	498.2	232.7	0.47	643.3	364.9	0.57
2000	447.1	218.1	0.49	647.7	360.4	0.56
2001	397.7	203.5	0.51	616.4	359.2	0.58
2002	368.9	184.1	0.50	500.0	270.7	0.54
2003	357.3	181.1	0.51	611.9	361.9	0.59
2004	340.5	188.9	0.55	669.1	398.6	0.60
2005	342.5	174.2	0.51	671.7	414.0	0.62
2006	311.1	178.5	0.57	693.0	447.8	0.65
2007	304.9	175.9	0.58	724.9	477.2	0.66
2008	276.3	167.3	0.61	763.2	516.7	0.68
2009	270.4	162.7	0.60	771.0	520.9	0.68
2010	264.6	164.2	0.62	798.8	557.2	0.70
2011	276.3	177.5	0.64	837.9	586.6	0.70
2012	279.6	179.1	0.64	871.0	617.6	0.71

数据来源：《山东统计年鉴》。

3.3.5 梨生产布局

聊城、烟台、滨州和菏泽是山东省梨的主要产地。2012 年梨栽培面积占全省前四位的分别是聊城市（8.7 千公顷）、烟台市（8.5 千公顷）、滨州市（7.4 千公顷）和菏泽市（3.3 千公顷），这四个地区梨栽培面积总计 27.9 千公顷，占全省的 65.6%。梨产量占全省前四位的分别是滨州市（25.0 万吨）、烟台市（24.7 万吨）、聊城市（17.4 万吨）和菏泽市（13.3 万吨），这四个地区梨产量总计 80.4 万吨，占全省的 67.5%，如表 3-15。

表 3-15　2012 年山东梨主产区栽培面积与产量

单位：千公顷，%，万吨

地区	栽培面积	占全省比重	地区	产量	占全省比重
全省总计	42.5	100.0	全省总计	119.1	100.0
聊 城 市	8.7	20.5	滨 州 市	25.0	21.0
烟 台 市	8.5	20.0	烟 台 市	24.7	20.7
滨 州 市	7.4	17.4	聊 城 市	17.4	14.6
菏 泽 市	3.3	7.8	菏 泽 市	13.3	11.2

数据来源：《山东统计年鉴》。

从产业集中度变动来看，1993—2012 年山东梨栽培面积前 4 位地区的面积集中度在 0.56～0.73 之间变动，变动幅度较大，说明前 4 位地区组成不稳定及面积变动较大。产量前 4 位地区产量集中度在 0.60～0.74 之间变动，经历了先增加后降低再增加的变动过程，如表 3-16。

表 3-16　1993—2012 年山东梨栽培面积和产量前 4 位产业集中度

单位：千公顷，万吨

年份	全省面积	前 4 位面积	面积 CR_4	全省产量	前 4 位产量	产量 CR_4
1993	43.0	27.1	0.63	47.4	32.9	0.69
1994	57.0	37.8	0.66	60.5	42.5	0.70
1995	80.6	58.9	0.73	67.3	46.8	0.70
1996	90.3	64.2	0.71	75.4	54.2	0.72
1997	78.0	55.8	0.72	77.8	57.5	0.74
1998	80.3	58.0	0.72	83.9	62.4	0.74
1999	73.5	52.3	0.71	85.8	63.5	0.74
2000	68.0	43.5	0.64	91.1	58.4	0.64
2001	63.0	40.6	0.64	96.1	62.0	0.65
2002	64.1	39.1	0.61	83.0	53.8	0.65
2003	74.1	42.6	0.57	98.3	61.5	0.63
2004	70.6	42.8	0.61	100.1	60.1	0.60

（续）

年份	全省面积	前 4 位面积	面积 CR_4	全省产量	前 4 位产量	产量 CR_4
2005	69.9	39.4	0.56	106.1	64.3	0.61
2006	59.6	34.5	0.58	110.3	66.9	0.61
2007	54.9	31.5	0.57	117.2	74.2	0.63
2008	48.8	28.8	0.59	119.0	74.8	0.63
2009	45.2	27.6	0.61	116.6	73.1	0.63
2010	42.5	26.4	0.62	111.2	70.6	0.63
2011	43.8	28.4	0.65	122.7	79.3	0.65
2012	42.5	27.9	0.66	119.1	80.4	0.68

数据来源：山东统计年鉴。

3.3.6 葡萄生产布局

烟台是山东葡萄主要产区。2012 年，烟台葡萄栽培面积和产量分别为 15.9 千公顷和 38.6 万吨，为全省首位，远超过其他产区，占全省葡萄栽培面积和产量的 42.4％和 36.8％。葡萄栽培面积和产量位居第 2 位的是淄博，栽培面积和产量分别为 3.9 千公顷和 15.7 万吨，占全省的 10.4％和 15.0％，如表 3－17。

表 3－17　2012 年山东葡萄主产区栽培面积与产量

单位：千公顷，％，万吨

地区	栽培面积	占全省比重	地区	产量	占全省比重
全省总计	37.5	100.0	全省总计	105.0	100.0
烟 台 市	15.9	42.4	烟 台 市	38.6	36.8
淄 博 市	3.9	10.4	淄 博 市	15.7	15.0
青 岛 市	2.9	7.7	临 沂 市	8.7	8.3
聊 城 市	2.6	6.9	青 岛 市	8.4	8.0

数据来源：《山东统计年鉴》。

从产业集中度变动来看，1993—2012 年山东葡萄栽培面积前 4 位地区的面积集中度在 0.55～0.68 之间变动，从 2005 年开始呈现出微弱增长态势，说明山东葡萄栽培区域正在逐步集中。产量前 4 位地区的产量集中度在 0.54～

0.69之间波动，从2005年也表现出微弱增长态势，如表3-18。

表3-18 1993—2012年山东葡萄栽培面积和产量前4位产业集中度

单位：千公顷，万吨

年份	全省面积	前4位面积	面积 CR_4	全省产量	前4位产量	产量 CR_4
1993	16.2	9.5	0.59	18.8	11.7	0.62
1994	16.0	10.0	0.63	18.0	11.9	0.66
1995	15.4	9.2	0.60	20.4	12.9	0.63
1996	16.0	9.8	0.61	21.1	12.8	0.61
1997	17.5	10.2	0.58	21.6	11.6	0.54
1998	20.9	12.7	0.61	26.9	14.9	0.55
1999	29.2	17.9	0.61	36.3	22.2	0.61
2000	36.6	23.4	0.64	47.5	29.2	0.61
2001	49.7	28.1	0.57	61.9	35.9	0.58
2002	54.6	29.9	0.55	64.1	34.7	0.54
2003	65.9	36.7	0.56	76.1	43.1	0.57
2004	50.9	31.0	0.61	85.0	48.6	0.57
2005	46.5	26.7	0.57	83.1	46.2	0.56
2006	42.3	24.7	0.58	84.5	53.0	0.63
2007	44.2	27.8	0.63	91.7	60.0	0.65
2008	36.7	23.8	0.65	90.5	61.3	0.68
2009	37.9	24.1	0.64	93.6	63.2	0.68
2010	35.9	23.8	0.66	95.8	65.8	0.69
2011	35.8	23.8	0.66	98.5	66.9	0.68
2012	37.5	25.3	0.68	105.0	71.4	0.68

数据来源：《山东统计年鉴》。

3.3.7 桃生产布局

临沂、潍坊、淄博和泰安是山东主要的桃产区。2012年桃栽培面积和产量最大的地区是临沂市，栽培面积和产量分别为37.3千公顷和106.8万吨，为全省首位，分别占全省的37.2%和44.8%，远高于其他产区。栽培面积位列第二到第四位的是潍坊市、淄博市和泰安市，栽培面积分别为10.8千公顷、9.1千公顷和7.6千公顷，产量分别为22.9万吨、27.4万吨和18.8万吨，如表3-19。

表 3-19 2012 年山东桃主产区栽培面积与产量

单位：千公顷,%，万吨

地区	栽培面积	占全省比重	地区	产量	占全省比重
全省总计	100.2	100.0	全省总计	238.4	100.0
临沂市	37.3	37.2	临沂市	106.8	44.8
潍坊市	10.8	10.8	淄博市	27.4	11.5
淄博市	9.1	9.1	潍坊市	22.9	9.6
泰安市	7.6	7.6	泰安市	18.8	7.9

数据来源：《山东统计年鉴》。

从产业集中度年度变动来看，1993—2012 年山东桃栽培面积前 4 位地区的面积集中度和产量前 4 位地区的产量集中度尽管年度间有波动，但总体呈现出递增态势，2012 年面积集中度为 0.65，产量集中度为 0.74，表明山东桃生产布局正在向优势区域集中，区域布局进一步优化，如表 3-20。

表 3-20 1993—2012 年山东桃栽培面积和产量前 4 位产业集中度

单位：千公顷，万吨

年份	全省面积	前 4 位面积	面积 CR_4	全省产量	前 4 位产量	产量 CR_4
1993	45.3	24.0	0.53	33.3	19.0	0.57
1994	46.4	24.7	0.53	44.0	26.7	0.61
1995	49.3	27.2	0.55	49.5	30.0	0.61
1996	50.1	28.4	0.57	58.5	37.1	0.63
1997	49.0	28.2	0.58	56.0	36.0	0.64
1998	55.1	33.7	0.61	59.0	38.2	0.65
1999	64.6	40.5	0.63	70.1	47.2	0.67
2000	77.1	49.2	0.64	88.2	60.4	0.68
2001	83.8	51.8	0.62	105.3	70.3	0.67
2002	108.9	71.6	0.66	121.0	80.7	0.67
2003	125.9	80.5	0.64	157.7	105.7	0.67
2004	125.3	80.6	0.64	182.8	122.5	0.67
2005	126.6	76.2	0.60	201.2	136.7	0.68
2006	114.3	72.3	0.63	215.6	150.0	0.70
2007	108.8	71.3	0.66	234.7	171.7	0.73

（续）

年份	全省面积	前 4 位面积	面积 CR_4	全省产量	前 4 位产量	产量 CR_4
2008	98.0	62.5	0.64	243.8	180.5	0.74
2009	95.2	60.7	0.64	244.3	181.2	0.74
2010	101.2	67.1	0.66	243.6	179.1	0.74
2011	96.4	61.8	0.64	240.1	174.1	0.73
2012	100.2	64.8	0.65	238.4	175.9	0.74

数据来源：《山东农村统计年鉴》。

3.4　山东园林水果区域布局优化

3.4.1　布局优化的总体目标

山东水果产业要科学规划，着眼于国内外两大市场对各类果品的需求，依靠综合性的科技进步，以优化和调整果树布局、果树树种品种和果品质量结构为重点，完善与健全市场流通体系，扩大与深化果品的产业化经营，突出果品的产后处理转化增值和相关配套企业的发展，以实现水果产业结构优化升级和持续高效发展，进一步提高山东水果产业的整体素质和综合效益，促进农业增效和农民增收。

3.4.2　布局优化的基本原则

（1）因地制宜，发挥资源优势。要遵循“适地适树”的生态规律，根据树种的生物学特性和立地条件，为各类果树选择最适生态区和适宜生态区，这是调整水果生产结构时要遵循的最基本的原则。通过生产结构调整，逐步形成各类水果产品的相对集中产地，挖掘与开发优势资源，扬长避短、重点突出，建成特有的规模化名优水果产品基地。

（2）根据市场需求进行产业结构调整。调整水果产业结构还要考虑市场需求，要根据市场的变化，及时调整产业结构，使水果产品的数量、品种、质量符合市场需求，提高水果产业的效益。

（3）科学决策，重点突出。进行水果产业结构调整，要立足当地实际，充分调研和科学论证，确定正确的调整方向，避免产业发展中的重复建设及产业结构雷同，同时，对调整的地域和产业结构要有所侧重，重点突出，以起到以点带面的辐射效应。

(4) 依靠科技进步推动产业结构调整。科学技术是第一生产力，科技创新是推动产业发展的主要动力，水果产业结构调整和优化升级，必须切实依靠科技进步和科技创新，在生产和加工中要积极采用新的栽培、抚育技术和加工工艺，降低成本，提高效益。

3.4.3　苹果生产区域布局

山东苹果生产布局要根据山东省生态气候特点，继续减少非适宜区栽培面积，稳定或适当调减适宜区栽培面积，适当扩大最适宜区栽培面积。根据国际国内市场的发展趋势、我国西部地区苹果栽培迅速崛起的形势和山东半岛对外出口的优势，在最适宜区和适宜区进行品种结构调整。

(1) 半岛丘陵最适宜区。本区范围北起昆嵛山、牙山、艾山、罗山、大泽山山地，南至青岛市崂山沿海，西到莱西市东部，包括威海市全部、烟台市的芝罘、莱山、福山、牟平、栖霞、莱阳、海阳等市、区及蓬莱、招远、龙口、莱州的一部分和青岛市的崂山、城阳、即墨的一部分。本区主要土壤类型为酸性粗骨土及棕壤性土，适于优质苹果生产。本区应大力缩减品系混杂的富士苹果园，根据市场需求，适当发展在本区着色良好的中晚熟、中早熟红色品种。根据苹果加工业的发展，适当发展加工、生食兼用品种，适当控制中熟生食品种的发展。以优质苹果生产集中的县、市为中心建设较大规模的生产基地，形成无公害优质苹果生产基地。大力发展果品贮藏加工业，满足市场对高档优质新鲜果品的需求。引进先进的贮藏设备和工艺技术，扩大气调库的贮藏能力，提高分级包装水平，改进运输条件，实现冷链运输，扩大加工能力，增加花色品种，提高质量，扩大出口。政府要加强市场信息体系建设，完善市场功能，强化信息服务能力，更好地为果品生产、营销、加工提供全方位服务。

(2) 沭东丘陵最适区。本区包括胶州南部、诸城南部、胶南、五莲、莒县、莒南、临沭沭河北段以东部分及东港区。本区地势由西北向东南倾斜，地貌类型以低山丘陵为主，土壤以粗骨棕壤和普通棕壤为主，含盐量在0.046%以下。水热条件较好，大都适于苹果优质丰产栽培。该区的胶州南部及胶南一带，在稳定苹果面积，加强果园规范化管理的前提下，重点抓好现有品种的生产；东港、莒南及周围区域，在减少和管好现有红富士苹果园的基础上，适当扩大早熟、中早熟品种比例；五莲等其他区域重点抓好以红富士苹果为主的优质果品生产。通过推广应用优质栽培技术，调整品种构成，形成以胶南为主体的优质早熟、中熟品种生产基地，以五莲为主体的红富士等晚熟优质苹果生产基地和以莒南、东港区为主的早熟、中早熟优质苹果生产基地。

(3) 鲁南丘陵适宜区。本区地处鲁中山区以南，津浦铁路以东，包括枣庄市大部分、济宁和临沂市少部分。本区多低山丘陵，土壤类型以粗骨土、石质土、棕壤性土、褐壤性土、褐土为主，年平均温度 13.5～14.2℃，≥10℃积温 4 660～4 775℃，热量充足，降雨量 750～890 毫米，秋季少雨，气温下降快，有利于果实品质的提高。根据本地区距离南方市场近，交通便利和物候期早、果实提早成熟的特点，应适当压缩红富士等晚熟品种的面积，改造品系杂劣果园，扩大早熟、中早熟、中熟品种和鲜食加工兼用品种的栽培面积。以苹果栽培面积较大、产量较多的滕州市为主体，建设以早、早中熟品种为主的优质苹果生产基地，将其培育成较大规模的南北方水果集散市场。加大土壤改良措施和果园水利设施的建设，大力推广提高苹果质量新技术，尽快提高果品质量。

(4) 鲁中南丘陵适宜区。本区包括平阴、长清、历城、章丘、博山、淄川、临淄等县区的南部，沂源、蒙阴、新泰三县市全部，平邑、费县、泰安郊区及莱芜市的一部分。本区为鲁中南山丘陵区的主体部分，地形较复杂，气候差异明显，年平均气温 12～14℃，≥10℃积温 4 200～4 400℃，无霜期 200 天以上，光热资源比较丰富，是山东早熟苹果生产的适宜区和主要产地之一。在该区内，各县、市、区应根据当地地形地貌及气候特征，选择适宜的主栽品种。鲁沂低山丘陵区域适当发展在该地表现良好的品种，形成以沂源为主体的优质苹果生产基地；泰山丘陵的砂石低山区重点发展绿色品种，海拔相对较高的山地可栽植中熟红色品种，适当发展红富士等晚熟耐藏品种，形成以泰安市为中心的优质绿色早熟苹果生产基地；沂蒙山丘陵区域重点发展中熟以及晚熟品种，南部区域可适当发展早熟品种，形成以蒙阴为中心的中、早熟苹果集中产地。

3.4.4 梨生产区域布局

(1) 胶东丘陵凉润梨区。本区根据气候条件的差异和特产梨分布的界限，以及果实品质差异，可分为 5 个亚区：①烟福牟梨区。包括烟台市区和福山、牟平等。今后应对果树生产进行全面规划，以现有产区为主，用优良品种更新原有品种，因地制宜，适当集中，形成多个名特产品的外向型生产基地。②龙口梨区。本亚区位于半岛的西北部，包括蓬莱、龙口、莱州及招远四市，四季变化明显。年平均温度在 11.5℃左右，夏季湿热，秋季凉爽，冬季长而寒冷。该区除保留部分当地名产长把梨外，要增加优良品种如黄金梨、丰水梨的比率。③莱阳栖霞梨区。本亚区包括莱阳和栖霞两市，主要分布在五龙河两岸，地处半岛内陆，交通较方便。该区除保留部分当地名产莱阳茌梨和栖霞大香水梨外，要增加优良品种如黄金梨、丰水梨的比率。④青岛梨区。包括青岛市大部和日照市。该区可增加优良品种如黄金梨、丰水梨、新高梨等日韩梨的比率，在山丘地适当发展抗旱白梨晚熟优良品种。⑤威海梨区。是我国砂梨的重点产区。该区应以黄金梨、丰水梨、新高梨等日韩梨为主栽品种，也可小规模发展喜温的洋梨，进行深加工增值。

(2) 鲁西北平原梨区。本区位于黄河、小清河以北的广大黄河冲积地带，包括聊城、德州两市全部和滨州的阳信、惠民、博兴、无棣的一部分，以及济南市的济阳和淄博市的高清。根据栽培现状和环境条件特点，应以提高鸭梨品质为重点，可适当扩大砂梨栽培面积，丰富梨的品种类型，扩大出口。

(3) 鲁中梨区。本区位于山东中心地带的泰沂山区，包括济南、淄博两市的胶济铁路以南部分，泰安市（除东平）和潍坊市的临朐，以及青州的南部山区。该区土层深厚，自然肥力较高，是梨树栽培次适宜区，应以耐旱的早熟白梨为主，在保持当地名特产梨品种基础上，适当发展早熟品种。

(4) 蒙山梨区。本区地处鲁中山地以南，津浦铁路以东，以沂山、蒙山山背为分水岭，包括临沂与枣庄两市的全部，济宁市的曲阜、泗水与邹城大部。该区是梨树栽培次适宜区，应以耐旱的早熟品种为主，在保持当地名特产子母梨、黄梨、酥梨等抗旱品种基础上，适当发展早熟品种。

4 山东瓜果供给与布局

大力发展瓜果产业是农业结构调整的重要环节，既有利于提高农民的经济收入，促进社会主义新农村建设，也有利于丰富国内的果品市场供应，满足消费者的需求。具体表现在：第一，瓜果的发育期短、产量高，配合有利的市场价格，使得种植户可以获得良好的种植效益，在一定程度上可以提高种植户的种植热情和信心，同时也能增加种植户采用新的栽培技术和栽培设施的意愿，促进农业科技的进步；第二，随着生活水平的改善，城乡居民的消费观念和消费水平也不断提高，瓜果产品的供给可以满足休闲消费、旅游消费的需求，而且瓜果产品中含有大量对身体有益的维生素和其他微量元素，受到消费者的青睐；第三，我国的瓜果生产具有明显的规模优势，特别是西瓜和甜瓜的生产，不论种植面积还是产量，都位居世界第一。

4.1 中国瓜果生产规模

在我国主要农作物的生产中，粮食生产始终占据主导地位，粮食播种面积占全国农作物播种面积的一半以上，其次是蔬菜和油料，2012 年此三种作物的播种面积之和占全国农作物播种面积的 89.1%。瓜果类作物的生产规模在我国农作物生产中占比较小，播种面积小于粮食、蔬菜、油料和棉花，2005—2012 年其播种面积占全国农作物播种面积的比重平均为 1.5%，略高于糖料和烟叶的播种面积，但瓜果类作物的播种面积所占比重较为稳定，2005—2012 年间未出现较大波动，如表 4-1。

表 4-1　2005—2012 年中国主要农作物播种面积构成

单位：%

年份	粮食	棉花	油料	糖料	烟叶	蔬菜	瓜果类
2005	67.1	3.3	9.2	1.0	0.9	11.4	1.4
2006	67.2	3.4	8.7	1.1	0.9	11.6	1.5
2007	68.8	3.9	7.4	1.2	0.8	11.3	1.5
2008	68.3	3.7	8.2	1.3	0.8	11.4	1.4

(续)

年份	粮食	棉花	油料	糖料	烟叶	蔬菜	瓜果类
2009	68.7	3.1	8.6	1.2	0.9	11.6	1.5
2010	68.4	3.0	8.6	1.2	0.8	11.8	1.5
2011	68.1	3.1	8.5	1.2	0.9	12.1	1.5
2012	68.1	2.9	8.5	1.2	1.0	12.5	1.5

数据来源:《中国农村统计年鉴》。

4.1.1 中国瓜果播种面积构成及变动

2002—2011 年,我国瓜果类作物的播种面积年度间变动较小,除 2003 年和 2004 年有小幅下降外,其余各年均表现出缓慢上升的态势,从 2002 年的 2 354.9千公顷增加到 2011 年的 2 389.3 千公顷,十年间增加了 34.4 千公顷。在瓜果种植中,西瓜和甜瓜是最主要的两种作物,占瓜果类作物播种面积的比重较高,年平均为 93.0%。其中,西瓜的播种面积和比重在我国瓜果类作物中最高,2002—2011 年,西瓜的播种面积略有减少,由 1 846.9 千公顷降低为 1 803.2 千公顷,减少了 43.7 千公顷,年平均为 1 768.4 千公顷,占全国瓜果播种面积的比重年平均为 77.1%。甜瓜的播种面积在我国瓜果中位列第二位,2002—2011 年,我国甜瓜的播种面积变动较为平稳,增长幅度不高,由 367.2 千公顷增长为 397.4 千公顷,增加了 30.2 千公顷,年平均为 363.3 千公顷,占全国瓜果年均种植面积的 15.8%,如图 4-1①。

4.1.2 中国瓜果产量的构成及变动

2002—2011 年,我国瓜果产量总体表现出递增的趋势,但增长幅度不明显,由 7 422.6 万吨增长为 8 684.9 万吨,十年间增加了 1 262.3 万吨。在我国瓜果产量中,西瓜和甜瓜所占比重较高,2002—2011 年,我国西瓜与甜瓜产量之和占我国瓜果总产量比重的年均值为 94.8%。西瓜的年产量一直在我国瓜果中处于首位,2002—2011 年,我国的西瓜产量表现出逐年递增的趋势,由 6 256.3 万吨增长为 6 889.4 万吨,年平均为 6 265.4 万吨,占全国瓜果产量比重的年均值为 81.2%。甜瓜的种植生产在我国瓜果种植生产中位列西瓜之后,2002—2011 年,我国甜瓜的产量逐年递增,由 864.8 万吨增加为

① 数据来源:《中国农村统计年鉴》、《中国农业年鉴》。

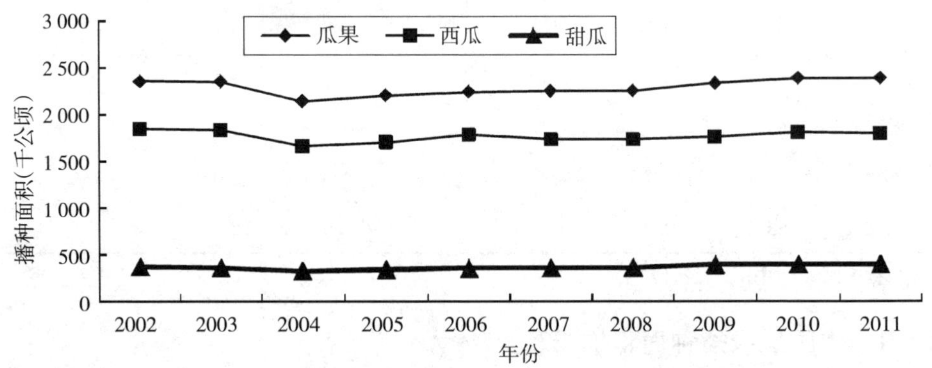

图 4-1 2002—2011 年中国瓜果播种面积

1 278.5万吨，十年间增加了 413.7 万吨，年平均为 1 027.7 万吨，占全国瓜果产量比重的年均值为 13.3%，如图 4-2①。

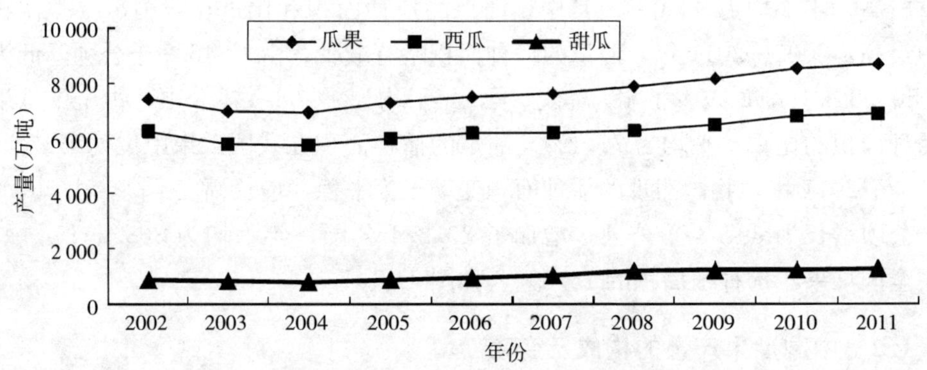

图 4-2 2002—2011 年中国瓜果产量

4.1.3 中国瓜果单位面积产量变动

2002—2011 年，我国瓜果单位面积产量平均为 33.6 吨/公顷，除 2003 年略有下降外，总体表现出平稳的增长趋势，从 2002 年的 31.5 吨/公顷增加到 2011 年的 36.4 吨/公顷，十年间，我国瓜果单位面积产量增加了 4.9 吨/公顷。同期，我国西瓜的单位面积产量呈现出逐年递增的态势，从 2002 年的 33.9 吨/公顷增长到 2011 年的 38.2 吨/公顷，十年间提高了 4.3 吨/公顷，年

① 数据来源：《中国农村统计年鉴》、《中国农业年鉴》。

平均为35.4吨/公顷。2002—2011年，我国甜瓜的单位面积产量除2008年有较大提升外，总体表现出稳定增长的趋势，从2002年的23.6吨/公顷增加到2011年的32.2吨/公顷，十年间增加了8.6吨/公顷，年平均为28.2吨/公顷，如图4-3①。

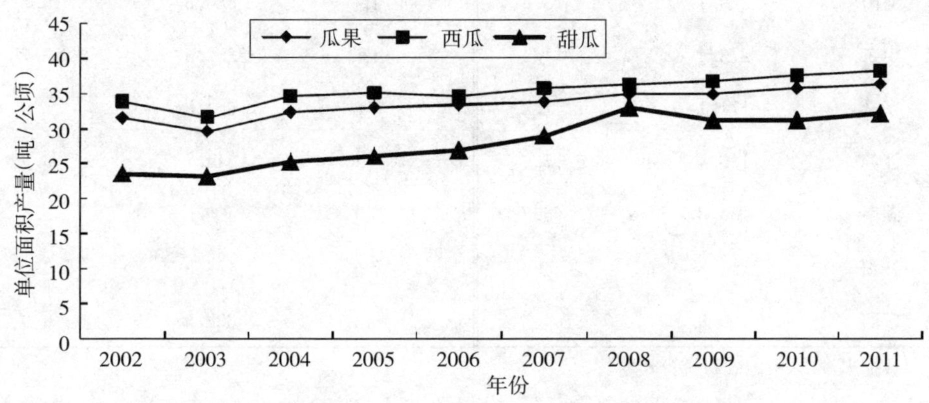

图4-3 2002—2011年中国瓜果单位面积产量

4.2 中国瓜果生产布局

4.2.1 总体布局

从2011年中国瓜果主产区的瓜果种植面积来看，河南省占据全国首位，瓜果的播种面积为329.1千公顷，占全国比重为13.8%。处于第二位的是山东省，其2011年瓜果播种面积为273.4千公顷，占全国比重为11.4%。安徽、江苏、湖南、新疆和广西分列第三至七位，瓜果播种面积分别为171.1千公顷、140.4千公顷、136.3千公顷、118.8千公顷和106.9千公顷。这七个省份的瓜果播种面积之和占全国瓜果播种总面积的53.5%。

2011年瓜果产量超过1 000万吨的地区为河南和山东，瓜果产量分别为1 580.5万吨和1 362.3万吨，分别占全国瓜果产量的18.2%和15.7%。安徽、河北、江苏、新疆和湖南的瓜果产量分别为604.8万吨、514.1万吨、488.5万吨、434.3万吨和338.9万吨。这七个省份的瓜果产量之和占全国比重为61.3%，如表4-2。

① 数据来源：《中国农村统计年鉴》、《中国农业年鉴》。

表 4-2　2011 年中国瓜果主产区瓜果播种面积和产量

单位：千公顷，%，万吨

地区	播种面积	占全国比重	地区	产量	占全国比重
全国	2 389.3	100	全国	8 684.9	100
河南	329.1	13.8	河南	1 580.5	18.2
山东	273.4	11.4	山东	1 362.3	15.7
安徽	171.1	7.2	安徽	604.8	7.0
江苏	140.4	5.9	河北	514.1	5.9
湖南	136.3	5.7	江苏	488.5	5.6
新疆	118.8	5.0	新疆	434.3	5.0
广西	106.9	4.5	湖南	338.9	3.9

数据来源：《中国农村统计年鉴》。

从产业集中度变动来看，2002—2011 年瓜果播种面积前 7 位的省份瓜果种植面积集中度在 0.54～0.58 之间变动，平均值为 0.56。瓜果产量前 7 位的省市瓜果产量集中度在 0.61～0.66 之间变动，平均值为 0.63，如表 4-3。

表 4-3　2002—2011 年中国瓜果种植面积和产量前 7 位产业集中度

单位：千公顷，万吨

年份	全国面积	前 7 位面积	面积 CR_7	全国产量	前 7 位产量	产量 CR_7
2002	2 354.9	1 376.2	0.58	7 422.6	4 906.0	0.66
2003	2 354.0	1 375.4	0.58	6 965.9	4 410.5	0.63
2004	2 146.8	1 234.2	0.57	6 946.8	4 518.8	0.65
2005	2 207.7	1 253.9	0.57	7 284.6	4 687.5	0.64
2006	2 245.9	1 269.0	0.57	7 502.7	4 787.9	0.64
2007	2 251.5	1 231.9	0.55	7 616.0	4 734.6	0.62
2008	2 256.6	1 209.9	0.54	7 881.3	4 818.0	0.61
2009	2 334.3	1 277.7	0.55	8 149.1	5 084.4	0.62
2010	2 389.4	1 288.1	0.54	8 536.2	5 301.2	0.62
2011	2 389.3	1 276.0	0.54	8 684.9	5 323.5	0.61

数据来源：《中国农村统计年鉴》。

4.2.2 西瓜生产布局

2011 年占据全国西瓜播种面积前七位的省份依次是河南、山东、安徽、湖南、江苏、广西和浙江，西瓜播种面积分别为 265.7 千公顷、203.5 千公顷、136.3 千公顷、115.6 千公顷、98.4 千公顷、94.7 千公顷和 83.8 千公顷，播种面积之和占全国西瓜播种总面积的比重为 55.5%。西瓜产量超过 1 000 万吨的省份为河南和山东，产量分别为 1 346.7 万吨和 1 079.8 万吨，安徽、河北、江苏、湖南和湖北分列第三至七位，西瓜产量分别为 510.9 万吨、389.8 万吨、382.2 万吨、301.6 万吨和 277.1 万吨，前七省的产量之和占全国西瓜总产量的 62.4%，如表 4-4。

表 4-4 2011 年中国西瓜主产区西瓜播种面积和产量

单位：千公顷，%，万吨

地区	播种面积	占全国比重	地区	产量	占全国比重
全国	1 803.2	100.0	全国	6 889.4	100.0
河南	265.7	14.7	河南	1 346.7	19.6
山东	203.5	11.3	山东	1 079.8	15.7
安徽	136.3	7.6	安徽	510.9	7.4
湖南	115.6	6.4	河北	389.8	5.7
江苏	98.4	5.5	江苏	382.2	5.6
广西	94.7	5.3	湖南	301.6	4.4
浙江	83.8	4.7	湖北	277.1	4.0

数据来源：《中国农村统计年鉴》。

从产业集中度来看，2002—2011 年西瓜播种面积前 7 位的省份西瓜播种面积集中度在 0.56～0.61 之间变动，平均值为 0.58。产量前 7 位的省市西瓜产量集中度在 0.62～0.68 之间变动，平均值为 0.65，如表 4-5。

表 4-5 2002—2011 年中国西瓜播种面积和产量前 7 位产业集中度

单位：千公顷，万吨

年份	全国面积	前 7 位面积	面积 CR_7	全国产量	前 7 位产量	产量 CR_7
2002	1 846.9	1 126.0	0.61	6 256.3	4 280.4	0.68
2003	1 836.3	1 116.1	0.61	5 800.2	3 907.2	0.67
2004	1 660.0	1 011.2	0.61	5 751.5	3 862.7	0.67

（续）

年份	全国面积	前7位面积	面积 CR_7	全国产量	前7位产量	产量 CR_7
2005	1 707.5	1 019.3	0.60	5 989.3	3 996.8	0.67
2006	1 785.1	1 021.1	0.57	6 184.5	4 004.0	0.65
2007	1 734.7	996.1	0.57	6 203.6	3 993.5	0.64
2008	1 733.3	964.2	0.56	6 282.2	3 919.7	0.62
2009	1 764.8	987.9	0.56	6 478.5	4 087.9	0.63
2010	1 812.5	1 013.5	0.56	6 818.1	4 321.2	0.63
2011	1 803.2	998.0	0.56	6 889.4	4 288.1	0.62

数据来源：《中国农村统计年鉴》。

4.2.3 甜瓜生产布局

2011年占据全国甜瓜播种面积前三位的省份依次是河南、新疆和山东，甜瓜播种面积分别为58.6千公顷、57.8千公顷和46.9千公顷，较其他省市优势明显。江苏、内蒙古、黑龙江和吉林分列第四至七位，甜瓜播种面积分别为21.7千公顷、20.8千公顷、19.8千公顷和19.4千公顷，前七省的甜瓜播种面积之和占全国甜瓜播种面积的61.7%。甜瓜产量超过100万吨的省份为河南、山东和新疆，产量分别为219.9万吨、198.0万吨和193.1万吨，较其他省市优势明显。河北、内蒙古、江苏和黑龙江分列第四至七位，甜瓜产量分别为75.9万吨、66.3万吨、59.5万吨和58.3万吨，前七省的产量之和占全国甜瓜总产量的68.2%，如表4-6。

表4-6 2011年中国甜瓜主产区甜瓜播种面积和产量

单位：千公顷，%，万吨

地区	播种面积	占全国比重	地区	产量	占全国比重
全国	397.4	100	全国	1278.5	100
河南	58.6	14.8	河南	219.9	17.2
新疆	57.8	14.5	山东	198.0	15.5
山东	46.9	11.8	新疆	193.1	15.1
江苏	21.7	5.5	河北	75.9	5.9
内蒙古	20.8	5.2	内蒙古	66.3	5.2
黑龙江	19.8	5.0	江苏	59.5	4.7
吉林	19.4	4.9	黑龙江	58.3	4.6

数据来源：《中国农村统计年鉴》。

从产业集中度来看，2002—2011 年甜瓜播种面积前 7 位的省份甜瓜播种面积集中度在 0.62～0.66 之间变动，平均值为 0.63。产量前 7 位的省市甜瓜产量集中度在 0.65～0.72 之间变动，平均值为 0.68，如表 4-7。

表 4-7 2002—2011 年中国甜瓜播种面积和产量前 7 位产业集中度

单位：千公顷，万吨

年份	全国面积	前 7 位面积	面积 CR_7	全国产量	前 7 位产量	产量 CR_7
2002	367.2	238.0	0.65	864.8	563.7	0.65
2003	355.5	223.4	0.63	824.2	537.7	0.65
2004	319.5	202.2	0.63	806.4	534.2	0.66
2005	339.1	214.2	0.63	882.6	583.9	0.66
2006	352.6	223.7	0.63	950.6	644.7	0.68
2007	357.0	227.5	0.64	1 034.1	708.6	0.69
2008	361.7	228.1	0.63	1 193.4	859.0	0.72
2009	389.9	257.1	0.66	1 215.3	854.5	0.70
2010	393.3	245.4	0.62	1 226.7	836.0	0.68
2011	397.4	245.0	0.62	1 278.5	871.0	0.68

数据来源：《中国农村统计年鉴》。

4.3 山东瓜果生产地位

从山东省农作物播种面积构成上看，粮食生产始终占据主导地位，2012 年粮食播种面积约占全省农作物播种面积的 66.3%，蔬菜、油料和棉花生产位居粮食生产之后。瓜果类作物在山东省农作物生产中的规模较小，播种面积小于粮食、蔬菜、油料和棉花，2005—2012 年占全省农作物播种面积的 2.4%～2.7%，年平均为 2.5%，如表 4-8。

表 4-8 2005—2012 年山东省主要农作物播种面积构成

单位：%

年份	粮食	棉花	油料	烟叶	蔬菜	瓜果类
2005	62.5	7.9	8.4	0.3	17.2	2.7
2006	63.4	8.7	8.1	0.3	16.2	2.5
2007	65.0	8.3	7.4	0.3	15.7	2.4
2008	64.6	8.3	7.5	0.4	16.0	2.4

（续）

年份	粮食	棉花	油料	烟叶	蔬菜	瓜果类
2009	65.2	7.4	7.3	0.4	16.3	2.5
2010	65.5	7.1	7.5	0.2	16.4	2.6
2011	65.8	6.9	7.4	0.3	16.5	2.5
2012	66.3	6.3	7.3	0.4	16.6	2.5

数据来源：《中国农村统计年鉴》。

2002—2012年山东瓜果平均播种面积为284.3千公顷，占全国瓜果播种面积的12.3%，具有重要地位。该时期，山东省的瓜果播种面积总体呈现下降趋势，从2002年的311.2千公顷下降到2012年的277.2千公顷，十年间减少了34.0千公顷。其中2003年播种面积最高，达到332.0千公顷，2008年播种面积最低，为258.2千公顷，相差73.8千公顷。

2002—2012年，山东省瓜果产量波动较明显但总体表现出增长的趋势，由1 343.3万吨增加到1 400.7万吨，增加了57.4万吨，年平均为1 325.8万吨。其中2003年产量最高，达到1 466.1万吨，2007年产量最低，为1 207.3万吨，相差258.8万吨。该时期，山东瓜果产量占全国比重年度间波动明显但总体呈现下降态势，年平均为17.1%，占全国瓜果总产量的比重较高，如表4-9。

表4-9　2002—2012年山东瓜果生产占全国比重

单位：千公顷，%，万吨

年份	全国瓜果播种面积	山东瓜果播种面积	山东瓜果播种面积占全国比重	全国瓜果产量	山东瓜果产量	山东瓜果产量占全国比重
2002	2 354.9	311.2	13.2	7 422.6	1 343.3	18.1
2003	2 354.0	332.0	14.1	6 965.9	1 466.1	21.0
2004	2 146.8	299.6	14.0	6 946.8	1 322.9	19.0
2005	2 207.7	292.0	13.2	7 284.6	1 345.4	18.5
2006	2 245.9	267.8	11.9	7 502.7	1 254.6	16.7
2007	2 251.5	260.3	11.6	7 616.0	1 207.3	15.9
2008	2 256.6	258.2	11.4	7 881.3	1 216.7	15.4
2009	2 334.3	274.8	11.8	8 149.1	1 309.2	16.1
2010	2 389.4	280.7	11.7	8 536.2	1 354.9	15.9
2011	2 389.3	273.4	11.4	8 684.9	1 362.3	15.7
2012	2 408.2	277.2	11.5	8 952.4	1 400.7	15.6

数据来源：《中国农村统计年鉴》、《中国农业年鉴》。

4.4　山东瓜果生产规模

4.4.1　山东瓜果播种面积构成及变动

2002—2012 年山东省瓜果播种面积总体上呈现下降的趋势，从 2002 年的 311.2 千公顷下降到 2012 年的 277.2 千公顷，11 年间减少了 34.0 千公顷。除 2003 年、2009 年和 2010 年略有回升外，其余各年均有所减少。

西瓜是山东省播种面积最大的瓜果，2002—2012 年平均播种面积为 223.6 千公顷，占山东省瓜果播种面积的 78.5%，但总体呈现出下降趋势，播种面积从 2002 年的 262.6 千公顷下降到 2012 年的 205.7 千公顷，减少了 56.9 千公顷，比重从 2002 年的 84.4%下降到 2012 年的 74.2%。甜瓜是山东省第二大瓜果生产种类，2002—2012 年山东省甜瓜播种面积总体上是增加的，由 31.5 千公顷增长为 49.5 千公顷，11 年间增加了 18.0 千公顷，年平均为 40.2 千公顷，占山东省瓜果播种面积的比重从 2002 年的 10.1%增加到 2012 年的 17.9%，平均为 14.3%，如图 4-4①。

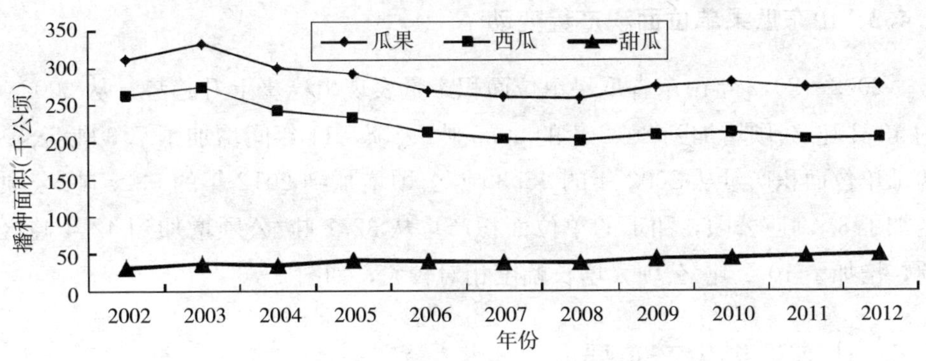

图 4-4　2002—2012 年山东瓜果播种面积

4.4.2　山东瓜果产量构成及变动

2002—2012 年山东省瓜果产量总体略有增长，从 2002 年的 1 343.3 万吨增加到 2012 年的 1 400.7 万吨，11 年间增加了 57.4 万吨。西瓜是山东省产量最高的瓜果，2002—2012 年平均产量为 1 093.9 万吨，占山东省瓜果产量的 82.5%，但总体呈现出下降趋势，产量从 2002 年的 1 189.9 万吨下降为 2012

① 数据来源：《中国农村统计年鉴》、《中国农业年鉴》。

年的 1 105.1 万吨，减少了 84.8 万吨，比重从 88.6%下降到 78.9%。甜瓜产量位于西瓜之后，2002—2012 年产量有较大幅度的增长，由 101.3 万吨上升到 210.3 万吨，增加了 109.0 万吨，增长幅度超过 1 倍，年均产量 154.9 万吨，占山东瓜果产量比重从 7.5%增加到 15.0%，平均为 11.7%，如图 4-5①。

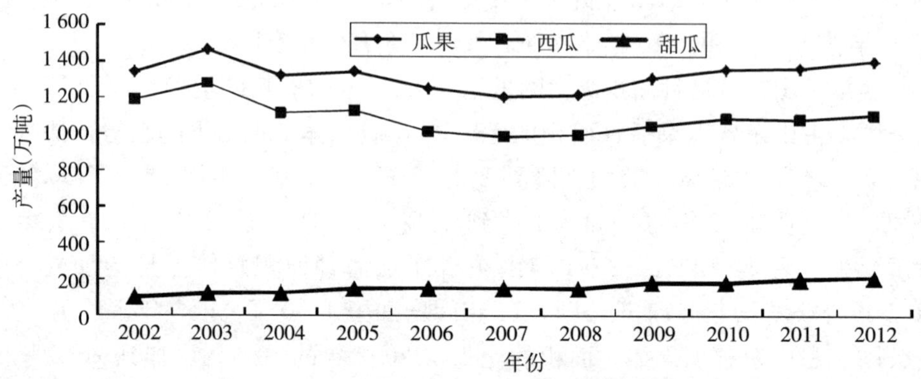

图 4-5 2002—2012 年山东瓜果产量

4.4.3 山东瓜果单位面积产量变动

2002—2012 年山东省瓜果单位面积产量表现出稳步上升趋势，从 2002 年的 43.2 吨/公顷增加到 2012 年的 50.5 吨/公顷，11 年间增加了 7.3 吨/公顷，西瓜单位面积产量从 2002 年的 45.3 吨/公顷增加到 2012 年的 53.7 吨/公顷，增加了 8.4 吨/公顷，甜瓜的单位面积产量从 32.2 吨/公顷增加到 42.4 吨/公顷，增加了 10.2 吨/公顷，增长幅度相对较大，如图 4-6②。

4.5 山东瓜果生产布局

4.5.1 总体布局

从 2012 年山东省瓜果主产区播种面积来看，菏泽市占据全省首位，瓜果播种面积为 58.2 千公顷，占全省瓜果播种总面积的比重为 21.0%。第二位是潍坊市，瓜果播种面积为 39.4 千公顷，占 14.2%。聊城市、济宁市和临沂市分列第三至五位，播种面积分别为 24.7 千公顷、24.5 千公顷和 16.2 千公顷，

①②数据来源：《中国农村统计年鉴》、《山东统计年鉴》。

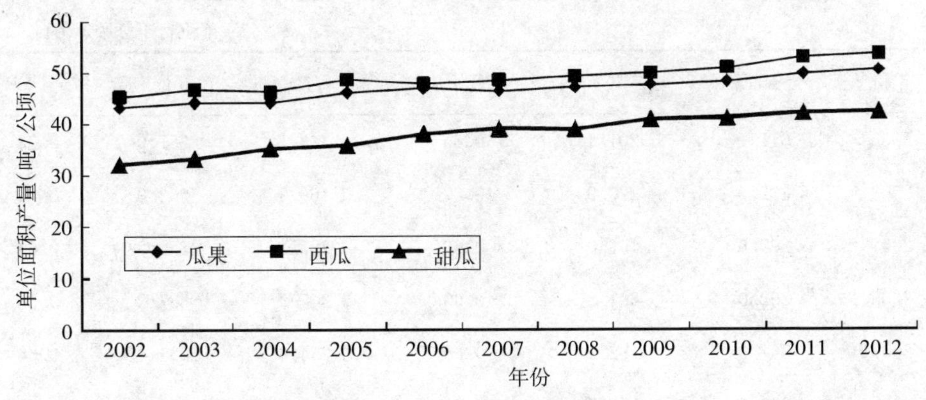

图 4-6 2002—2012 年山东瓜果单位面积产量

分别占全省瓜果播种面积的 8.9%、8.8%和 5.8%，这五个地区的瓜果播种面积总和占全省的 58.8%。

2012 年，山东省瓜果产量超过 200 万吨的地区为菏泽市和潍坊市，分别为 254.3 万吨和 200.1 万吨，占全省瓜果产量的 18.2%和 14.3%。聊城市、济宁市和临沂市分列第三至五位，瓜果产量分别为 128.3 万吨、110.3 万吨和 84.0 万吨，分别占全省瓜果产量的 9.2%、7.9%和 6.0%，这五个地区的瓜果产量之和占全省的 55.5%，如表 4-10。

表 4-10 2012 年山东瓜果主产区瓜果播种面积和产量

单位：千公顷，%，万吨

地区	瓜果面积	占全省比重	地区	产量	占全省比重
全省	277.2	100	全省	1 400.7	100
菏泽市	58.2	21.0	菏泽市	254.3	18.2
潍坊市	39.4	14.2	潍坊市	200.1	14.3
聊城市	24.7	8.9	聊城市	128.3	9.2
济宁市	24.5	8.8	济宁市	110.3	7.9
临沂市	16.2	5.8	临沂市	84.0	6.0

数据来源：《山东统计年鉴》。

从产业集中度上来看，2002—2012 年山东省瓜果播种面积前 5 位的地区播种面积集中度在 0.59～0.69 之间变动，平均值为 0.65。山东省瓜果产量前 5 位的地区产量集中度在 0.55～0.67 之间变动，平均值为 0.62，如表 4-11。

表 4-11　2002—2012 年山东瓜果种植面积和产量前 5 位产业集中度

单位：千公顷，万吨

年份	全省面积	前 5 位面积	面积 CR_5	全省产量	前 5 位产量	产量 CR_5
2002	311.2	201.4	0.65	1 343.3	857.0	0.64
2003	332.0	220.9	0.67	1 466.1	933.3	0.64
2004	299.6	197.0	0.66	1 322.9	850.8	0.64
2005	292.0	201.3	0.69	1 345.4	887.8	0.66
2006	267.9	182.2	0.68	1 254.6	831.4	0.66
2007	260.3	180.7	0.69	1 207.3	804.6	0.67
2008	258.2	175.3	0.68	1 216.7	791.8	0.65
2009	274.8	169.8	0.62	1 309.2	779.0	0.60
2010	280.7	169.9	0.61	1 354.9	787.4	0.58
2011	273.4	165.3	0.60	1 362.3	781.3	0.57
2012	277.2	162.9	0.59	1 400.7	777.0	0.55

数据来源：《山东统计年鉴》。

4.5.2　西瓜生产布局

从 2012 年山东省西瓜主产区西瓜播种面积来看，菏泽市位列全省首位，西瓜播种面积为 49.4 千公顷，占全省西瓜总播种面积的 24.0%。第二位是潍坊市，西瓜播种面积为 26.8 千公顷，占比 13.0%。聊城市、济宁市和滨州市分列第三至五位，西瓜播种面积分别为 16.7 千公顷、15.5 千公顷和 14.5 千公顷，分别占全省的 8.1%、7.5%和 7.1%，这五个地区的西瓜播种面积之和占全省的 59.7%。

2012 年，山东省西瓜产量超过 100 万吨的地区为菏泽市和潍坊市，产量分别为 222.7 万吨和 141.9 万吨，分别占全省西瓜产量的 20.2%和 12.8%。聊城市、济宁市和滨州市分列第三至五位，产量分别为 86.1 万吨、80.2 万吨和 73.2 万吨，分别占全省的 7.8%、7.3%和 6.6%，这五个地区的西瓜产量之和占全省的 54.7%，如表 4-12。

表 4-12 2012 年山东西瓜主产区西瓜播种面积和产量

单位：千公顷，%，万吨

地区	播种面积	占全省比重	地区	产量	占全省比重
全省	205.7	100	全省	1 105.1	100
菏泽市	49.4	24.0	菏泽市	222.7	20.2
潍坊市	26.8	13.0	潍坊市	141.9	12.8
聊城市	16.7	8.1	聊城市	86.1	7.8
济宁市	15.5	7.5	济宁市	80.2	7.3
滨州市	14.5	7.1	滨州市	73.2	6.6

数据来源：《山东统计年鉴》。

从产业集中度上来看，2002—2012 年山东省西瓜播种面积前 5 位的地区播种面积集中度在 0.59～0.70 之间变动，平均值为 0.65。山东省西瓜产量前 5 位的地区西瓜产量集中度在 0.55～0.66 之间变动，平均值为 0.62，如表 4-13。

表 4-13 2002—2012 年山东西瓜播种面积和产量前 5 位产业集中度

单位：千公顷，万吨

年份	全省面积	前 5 位面积	面积 CR_5	全省产量	前 5 位产量	产量 CR_5
2002	262.6	175.6	0.67	1 189.8	771.0	0.65
2003	273.9	187.6	0.68	1 279.8	827.2	0.65
2004	241.9	163.9	0.68	1 117.2	728.8	0.65
2005	232.7	162.2	0.70	1 130.8	742.9	0.66
2006	212.3	144.0	0.68	1 016.0	664.2	0.65
2007	203.5	141.1	0.69	987.6	651.9	0.66
2008	201.9	138.3	0.69	996.3	647.8	0.65
2009	208.9	126.6	0.61	1 045.2	602.8	0.58
2010	213.0	127.3	0.60	1 085.3	613.8	0.57
2011	203.5	119.5	0.59	1 079.8	597.5	0.55
2012	205.7	122.9	0.60	1 105.1	604.1	0.55

数据来源：《山东统计年鉴》。

4.5.3 甜瓜生产布局

从 2012 年山东省甜瓜主产区甜瓜播种面积来看，菏泽市占据全省首位，播种面积为 8.8 千公顷，占全省甜瓜播种面积的 17.7%。第二位是济宁市，甜瓜播种面积为 8.3 千公顷，占全省的 16.7%。聊城市、潍坊市和青岛市分列第三至五位，播种面积分别为 7.8 千公顷、7.0 千公顷和 2.6 千公顷，分别占全省的 15.7%、14.0%和 5.2%，这五个地区的甜瓜播种面积总和占全省的 69.3%。

2012 年山东省甜瓜产量超过 30 万吨的地区为聊城市、潍坊市和菏泽市，甜瓜产量分别为 40.2 万吨、31.7 万吨和 31.5 万吨，分别占全省甜瓜产量的 19.1%、15.1%和 15.0%。济宁市和青岛市分列第四、五位，甜瓜产量分别为 27.3 万吨和 8.6 万吨，占全省的 13.0%和 4.1%，这五个地区的甜瓜总产量占全省的 66.3%，如表 4-14。

表 4-14 2012 年山东甜瓜主产区甜瓜播种面积和产量

单位：千公顷，%，万吨

地区	播种面积	占全省比重	地区	产量	占全省比重
全省	49.5	100	全省	210.2	100
菏泽市	8.8	17.7	聊城市	40.2	19.1
济宁市	8.3	16.7	潍坊市	31.7	15.1
聊城市	7.8	15.7	菏泽市	31.5	15.0
潍坊市	7.0	14.0	济宁市	27.3	13.0
青岛市	2.6	5.2	青岛市	8.6	4.1

数据来源：《山东统计年鉴》。

从产业集中度上来看，2002—2012 年山东甜瓜播种面积前 5 位的地区播种面积集中度在 0.69～0.82 之间变动，平均值为 0.75。甜瓜产量前 5 位的地区产量集中度在 0.66～0.82 之间变动，平均值为 0.74，如表 4-15。

表 4-15 2002—2012 年山东甜瓜播种面积和产量前 5 位产业集中度

单位：千公顷，万吨

年份	全省面积	前 5 位面积	面积 CR_5	全省产量	前 5 位产量	产量 CR_5
2002	31.5	22.2	0.70	101.3	76.4	0.75
2003	36.5	25.1	0.69	121.3	84.3	0.70
2004	34.7	25.6	0.74	122.6	92.6	0.75
2005	40.5	32.8	0.81	145.5	118.4	0.81
2006	39.2	31.2	0.80	149.5	119.0	0.80

（续）

年份	全省面积	前5位面积	面积 CR_5	全省产量	前5位产量	产量 CR_5
2007	38.3	31.5	0.82	149.5	123.2	0.82
2008	37.2	28.3	0.76	145.1	100.8	0.69
2009	43.5	32.9	0.76	178.1	129.4	0.73
2010	44.3	33.6	0.76	182.4	129.6	0.71
2011	46.9	35.5	0.76	198.0	139.9	0.71
2012	49.5	34.3	0.69	210.2	139.2	0.66

数据来源：《山东统计年鉴》。

4.6 山东瓜果生产中存在的主要问题

4.6.1 瓜果生产与市场脱节，未充分考虑市场需求

随着生活水平的日益提高，消费者的消费观念发生了明显变化，对瓜果品种的需求也呈现出多样化和差异化趋势，外观和品质优良的中小型瓜果产品越来越多地受到消费者的青睐。但山东省的瓜果生产仍片面追求个头大、易坐果和产量高，品种更新慢。瓜果采摘后只进行人工分级和简单包装后便上市销售，多属于初级产品，产后附加值较低。运输方式和贮藏保鲜技术落后，造成果实运输损失较大，直接影响了瓜果的上市品质。瓜果产品的品牌建设力度不够，品牌意识差，营销方式不够灵活。

4.6.2 瓜果种子市场混乱，缺乏规范管理

当前瓜果种子市场还不够规范，关于种子的管理法规和质量标准体系尚不完善。种子质量参差不齐，同种异名现象严重，假冒伪劣产品和未经审定的种子产品屡屡上市，种子市场的混乱使瓜农购种无所适从。同时，一些不具备专业技术和条件的个人和单位也在从事瓜果种子的生产和经营，扰乱了种子市场的秩序，直接影响了瓜果产品的品质。

4.6.3 瓜果技术推广体系不健全，先进生产管理技术推广慢

瓜果生产是劳动密集型生产，需要高素质的劳动力和新技术的指导，但山东省瓜果生产表现出技术人才紧缺的状况。由于城镇化的高速发展，农村的青壮年劳动力大多外出务工，使处于生产一线的劳动力匮乏，瓜农趋于老龄化，生产技术多依靠经验积累，接受新技术和新生产设备的能力较低，劳动生产率

不高。而且农村瓜果生产技术网络尚未健全，技术人员缺乏，栽培技术更新缓慢，技术服务不到位，技术推广受到多种因素的限制，制约了山东省瓜果生产水平的提高。

4.6.4 缺乏标准化生产，瓜果质量安全程度不高

当前，瓜果标准体系还不健全，标准更新慢，检测设备不够先进，检测手段较落后，瓜果生产标准化程度低。部分瓜农质量安全生产意识淡薄，为了追求瓜果产量，在生产中使用大量的农药、化肥等投入品，使用违反食品质量安全标准的膨大剂、催熟剂、防腐剂、生长激素等药物，使质量安全事件时有发生。

4.6.5 瓜农组织化和瓜果产业化程度较低，瓜农收益不高

目前，瓜果生产主体还是小农户，组织化程度低，瓜农自产自销，缺少准确的市场信息，销售渠道狭窄，商品意识和市场营销能力较弱。上市的瓜果主要是鲜果，产业链短，缺乏深加工产品，产业化程度低。瓜果产品上市集中，季节性明显，造成瓜果产品的价格波动严重，瓜农收益不稳定。同时，瓜果产品的物流过程中，中间环节过多。物流成本的增加，使瓜农的利益降低。

4.7 推动山东瓜果生产的对策

4.7.1 加快新品种培育，更好地满足市场需求

瓜果生产应面向市场需求提高产品的多样性和差异性，将传统的育种技术、品种检测技术等与先进的现代生物技术相结合，加快优质、抗病虫害的新品种的选育，依靠科技提高产品的档次，满足消费者对于瓜果品质和外观的需求。应树立品牌意识和质量意识，加快瓜果品牌的培育，引导瓜农、合作社等创建绿色品牌，充分发挥品牌效益，通过建立知名品牌赢得市场，用产品质量来提高市场占有率。

4.7.2 规范种子市场，保护品种知识产权

瓜果种子的质量水平直接关系到当年的瓜果生产，有关部门应规范瓜果种子市场管理，推动瓜果种子管理法规的建设，加强监管力度，严厉打击假冒伪劣行为，规范种子公司的市场经营行为，维护瓜农的合法权益。依靠科学技术

提高种子的质量和育种水平，尊重和保护优良瓜果品种的知识产权，推动种子公司专业化生产和经营。

4.7.3 加大人才培养力度，加快技术推广

应加强瓜果产业人才的培养力度，利用省内的农业科研院所、大专院校等机构，多层次、多形式地培养专业技术人员，注重对瓜农的培训和指导，提高瓜农的专业素质和业务水平，为瓜果生产提供技术支撑。加大瓜果栽培技术的推广，提高现有基层农技人员的科技素质，建立瓜农与农业技术推广、研发人员之间的交流平台，增强瓜农对于新技术、新设备的接受能力，切实解决瓜农在瓜果生产和销售过程中的各种技术问题。

4.7.4 发展绿色农业，实行标准化生产

要加快瓜果产品标准和生产规范的完善，强化瓜果市场质量监督和监管制度建设，加快瓜果检验检测体系的建设，确保瓜果安全生产。推进无公害、有机食品认证，引导瓜农进行绿色种植，提高瓜果品质。推广标准化的高效培育技术和生产管理规程，将育苗、嫁接、肥水、坐果、病虫害防治等技术整合起来，合理使用有机肥和氮磷钾，避免连作障碍，研究科学实用的生产种植体系。建立标准化、规范化的产销体系，应用现代信息技术及时获取市场信息，保证生产与市场需求协调一致，促进生产效益和效率的提高。

4.7.5 调整生产结构，加大政策扶持力度

瓜果生产应合理调整生产结构，扩大早熟和晚熟的栽培面积，减少中熟品种的栽培面积，适当扩大甜瓜的种植规模，缩小西瓜的种植规模，均衡市场供应。实行瓜果与其他作物的套作种植，提高复种指数，充分利用土地资源。应加大对瓜果产业的政策扶持，提高对瓜果主产区的基础设施建设投入，对瓜果产区发展设施栽培进行适当补贴，支持瓜果优良品种的引进和推广，建设瓜果高效栽培示范基地。

4.7.6 优化生产布局，推进产业化发展

要优化瓜果生产布局，促进瓜果生产向优势产区集中，走规模生产之路，形成规模优势效应。延伸产业链条，建设龙头企业，积极发展瓜果深加工，增加上市产品种类，推进瓜果产业化发展。推广订单农业，鼓励瓜农与当地农业产业化企业、瓜果加工企业、瓜果批发市场、经销公司签订购销合

同，根据需求制定种植计划，降低瓜农在生产和市场经营中的风险。拓宽瓜果产品的销售渠道，联合超市、瓜果批发市场等，创新销售模式。发展“农超对接”的物流形式，降低物流成本，减少中间环节的利益损失，提高瓜农的收入水平。

5 山东水果成本与收益

在这里，以全国农产品成本收益资料为依据，对水果生产成本收益进行分析。鉴于数据的可获得性等原因，将分析 2004—2012 年全国及山东苹果的成本与收益状况。

5.1 全国苹果种植成本与收益

5.1.1 全国苹果种植成本

苹果种植总成本是指生产过程中耗费的资金、劳动力和土地等所有资源的成本，包括生产成本和土地成本。

生产成本是直接生产过程中为生产苹果而投入的各项资金（包括实物和现金）和劳动力的成本，反映了为生产该产品而发生的除土地外各种资源的耗费，包括物质与服务费用以及人工成本两部分。物质与服务费用指在直接生产过程中消耗的各种农业生产资料的费用、购买各项服务的支出以及与生产相关的其他实物或现金支出，包括直接费用和间接费用两部分。人工成本指生产过程中直接使用的劳动力的成本，包括家庭用工折价和雇工费用两部分。

土地成本，也可称为地租，是土地作为一种生产要素投入到生产中的成本，包括流转地租金和自营地折租。流转地租金指生产者转包他人拥有经营权的耕地或承包集体经济组织的机动地（包括沟渠、机井等土地附着物）的使用权而实际支付的转包费、承包费（或称出让费、租金等）等土地租赁费用。自营地折租指生产者自己拥有经营权的土地投入生产后所耗费的土地资源按一定方法和标准折算的成本，反映了自营地投入生产时的机会成本。

构成我国苹果种植总成本的主要是生产成本，生产成本占比超过 90%，土地成本占比不足 10%。生产成本中，物质与服务费用和人工成本的比重年度间有差别，但年平均占比差别不大。土地成本中，自营地折租占很大比重，流转地租金占比较小。2004—2012 年，我国苹果生产成本总体表现出增长态势，2004 年生产成本为 1 248.73 元/亩*，2012 年增长到 4 424.27 元/亩，是

* 亩为非法定计量单位，15 亩＝1 公顷。——编者注

2004 年的 3.54 倍。2005 年全国苹果生产成本比 2004 年有小幅下降，为 1 163.82 元/亩。2008 年受物质与服务费用下降的影响，我国苹果生产成本由 2007 年的 2 174.35 元/亩下降到 2 053.04 元/亩。2008 年以来，土地成本持续增加，2012 年为 321.10 元/亩。由于生产成本是总成本的最大组成部分，所以 2004—2012 年我国苹果种植总成本呈现出与生产成本非常一致的变动趋势，2012 年达到 4 754.37 元/亩，是 2004 年的 3.54 倍。2004—2012 年，我国苹果种植的物质与服务费用年度间变动明显，2012 年为 1 904.42 元/亩，人工成本呈现出持续增加的态势，2012 年为 2 519.85 元/亩。流转地租金年度间变动明显，2012 年为 27.35 元/亩，自营地折租呈现增长态势，2012 年为 293.75 元/亩，如图 5-1①。

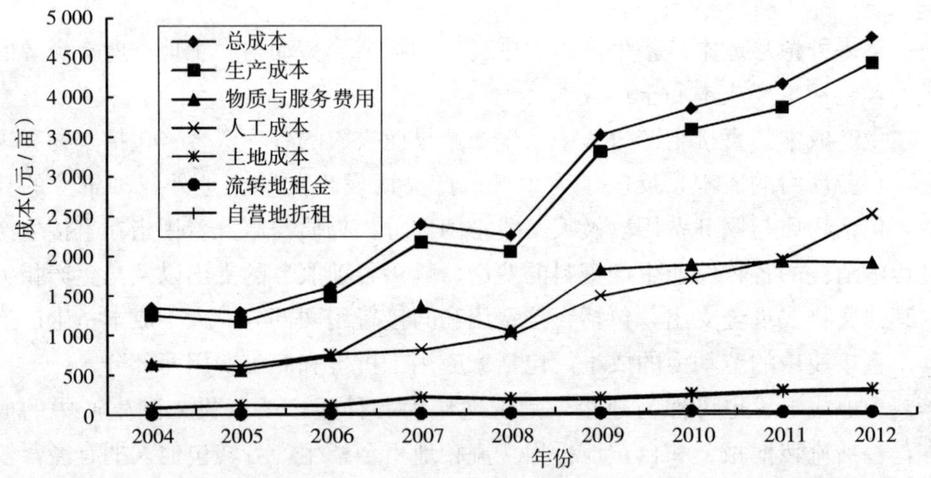

图 5-1　2004—2012 年中国苹果种植成本

5.1.2　全国苹果种植收益

受产量、市场价格等因素的影响，2004—2012 年我国苹果种植的产值②年度间波动较大，2004—2007 年呈现平稳增长的态势，2008 年产值比 2007 年下降了 633.38 元/亩，2008—2010 年连续三年增长，2010 年亩产值最高达到

① 数据来源：《全国农产品成本收益资料汇编》。

② 产值是指生产单位和农户通过各种渠道出售苹果主产品及副产品所得收入和留存的主产品及副产品可能得到的收入之和。

8 881.18 元，2012 年下降到 8 772.26 元。净利润[1]表现出与产值相似的变动趋势，2010 年净利润最高，为 5 031.68 元/亩，2012 年下降到 4 026.89 元/亩。2006—2009 年，我国苹果种植成本利润率[2]持续走低，2009 年为 83.54%，2010 年受产值大幅增加、成本增幅较小的影响，成本利润率猛增到 130.71%，此后，受产值下降、成本增加的影响，成本利润率下滑，2012 年为 84.86%，如图 5-2[3]。

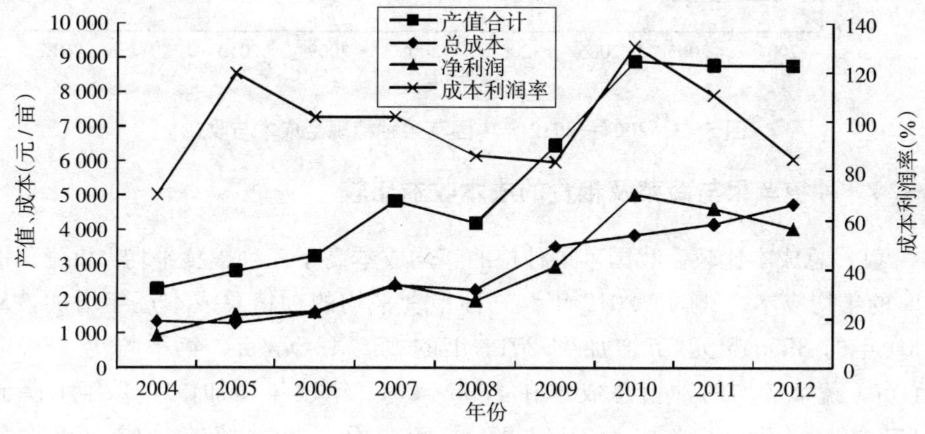

图 5-2　2004—2012 年中国苹果种植收益

5.1.3　全国苹果种植现金成本与现金收益

从现金成本与收益[4]来看，2004—2012 年间我国苹果种植的现金成本除 2005 年与 2008 年外，总体表现出增加态势，2012 年为 2 986.49 元/亩，是 2004 年的 3.92 倍。2004—2007 年，现金收益呈现平稳的增长趋势，2007 年后波动较明显，现金收益在 2010 年达到最高，为 6110.23 元/亩，此后开始下降，2012 年为 5 785.77 元/亩，如图 5-3[5]。

① 净利润是产值合计与总成本的差额，反映了生产中消耗的全部资源的净回报。

② 成本利润率反映生产中所消耗全部资源的净回报率，是净利润与总成本的比值。

③ 数据来源：《全国农产品成本收益资料汇编》。

④ 现金成本是指生产过程中为生产该产品而发生的全部现金和实物支出，包括直接现金支出和所消耗的实物折算为现金的支出（如自产种子可以按照市场价格折算为一定数额的现金）以及过去的现金支出应分摊到当期的部分（如折旧）。现金收益指产品产值减去为生产该产品而发生的全部现金和实物支出后的余额，反映了生产者实际得到的收入（包括现金收入和实物折算为现金的收入）。

⑤ 数据来源：《全国农产品成本收益资料汇编》。

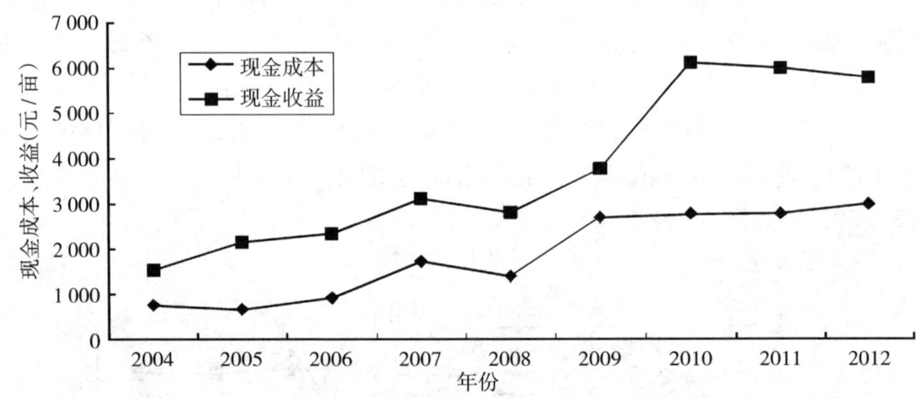

图 5-3　2004—2012 年中国苹果种植现金成本与收益

5.1.4　种植苹果与蔬菜及粮食的成本收益比较

（1）总成本比较。我国苹果种植的年均成本高于三种粮食平均①和蔬菜平均②的年均成本。2004—2012 年，三种粮食平均的种植总成本逐年增加，从 2004 年的 395.45 元/亩增加到 2012 年的 936.42 元/亩，年平均为 589.95 元/亩。蔬菜平均的种植总成本在 2005—2011 年逐年增加，2012 年下降到 3 953.49 元/亩，年平均为 2 542.57 元/亩，而苹果种植的总成本年均为 2 795.48 元/亩，如图 5-4③。

（2）产值比较。我国苹果种植的单位面积的年均产值高于三种粮食平均和蔬菜平均的年均产值。2004—2012 年期间，除 2004 年外，三种粮食平均产值逐年增加，2012 年平均产值为 1 104.82 元/亩，年均产值为 781.09 元/亩。蔬菜平均产值从 2004 年的 3 325.93 元/亩增加到 2012 年的 6 382.51 元/亩，年均产值为 4 563.47 元/亩。同时期，我国苹果产值从 2004 年的 2 283.03 元/亩增加到 2012 年的 8 772.26 元/亩，年均产值为 5 585.84 元/亩，如图 5-5④。

（3）净利润比较。我国苹果种植的年均净利润高于三种粮食平均和蔬菜平均的年均净利润。2004—2012 年间，三种粮食平均的净利润呈现无规律的小幅波动，2011 年达到最高 250.76 元/亩，2012 年下降到 168.40 元/亩，年平均为 187.14 元/亩。蔬菜平均净利润年度波动频繁，从 2004 年的1 562.91 元/亩增加到 2012 年的 2 429.02 元/亩，年平均为 2 020.90 元/亩。我国苹果种植

---

① 三种粮食平均指稻谷、小麦、玉米平均。

② 蔬菜平均指西红柿、黄瓜、茄子、圆白菜、菜椒、大白菜、马铃薯 7 种蔬菜平均。

③④ 数据来源：《全国农产品成本收益资料汇编》。

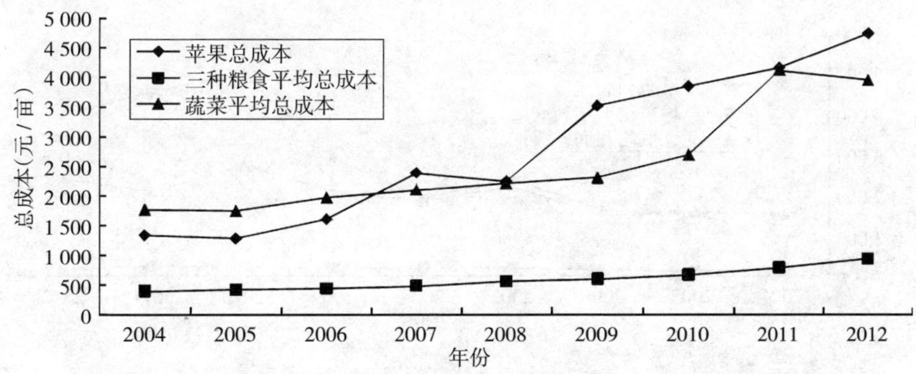

图 5-4 2004—2012 年中国苹果、三种粮食平均与蔬菜平均种植总成本

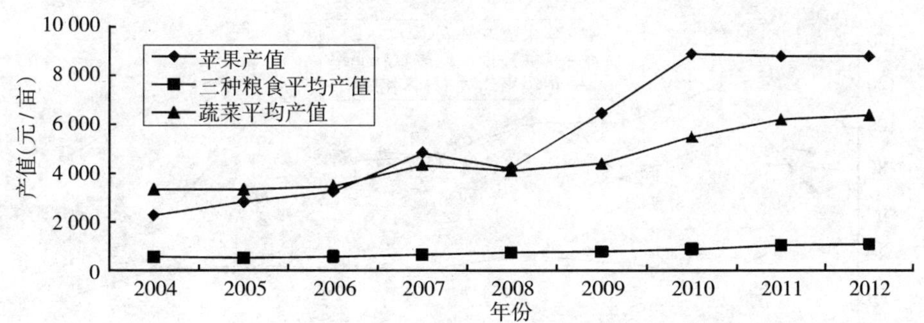

图 5-5 2004—2012 年全国苹果、三种粮食平均与蔬菜平均产值

的净利润从 2004 年的 942.74 元/亩增加到 2012 年的 4 026.89 元/亩，年平均为 2 790.37 元/亩，如图 5-6①。

（4）成本利润率比较。苹果种植的年均成本利润率高于三种粮食平均和蔬菜平均的年均成本利润率。2005—2011 年，我国三种粮食平均成本利润率在 30%～40%之间，2004 年为 49.69%，2012 年下降到 17.98%，年平均为 33.39%。蔬菜平均的成本利润率在 2007 年和 2010 年超过 100%，2012 年为 61.44%，2004—2012 年成本利润率年平均为 83.77%。苹果种植的成本利润率在 2004 年、2007 年和 2009 年略低于蔬菜平均的成本利润率，其他年份高于蔬菜平均的成本利润率，年平均为 98.87%，如图 5-7②。在经济意义上，种植苹果比种植一般粮食和蔬菜具有更高的回报率。

① 数据来源：《全国农产品成本收益资料汇编》。

② 数据来源：《全国农产品成本收益资料汇编》。

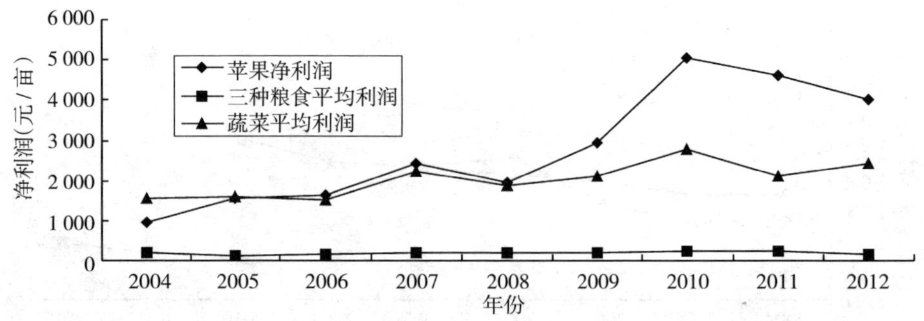

图 5-6　2004—2012 年全国苹果、三种粮食平均与蔬菜平均种植净利润

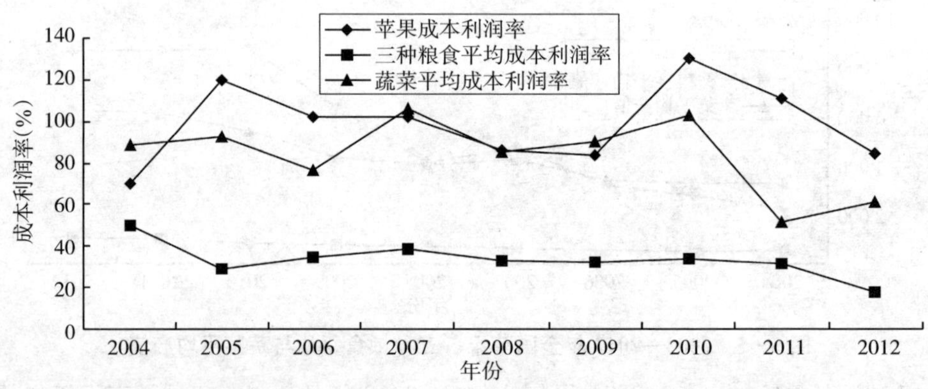

图 5-7　2004—2012 年全国苹果、三种粮食平均与蔬菜平均成本利润率

5.2　山东苹果种植成本与收益

5.2.1　山东苹果成本构成及变动

（1）总成本构成及变动。苹果种植的总成本由生产成本和土地成本构成，生产成本是苹果种植总成本的主要组成部分，生产成本的变动趋势对总成本的变动起着决定性作用。2004—2012 年，山东苹果的生产成本占当年苹果种植总成本的比重均在 96%以上，2011 年生产成本所占比重最低，为 96.00%；同时期，山东苹果的土地成本占当年苹果种植总成本的比重不超过 4%，如表 5-1。

表 5-1　2004—2012 年山东苹果种植总成本

单位：元/亩，%

项　目	2004 年	2005 年	2006 年	2007 年	2008 年	2009 年	2010 年	2011 年	2012 年
总成本	2 440.16	2 545.03	2 729.88	3 065.26	3 707.86	3 844.39	4 329.51	5 133.84	6 576.81
生产成本	2 359.37	2 451.10	2 634.14	2 944.87	3 585.06	3 710.51	4 163.15	4 928.45	6 356.11
生产成本比重	96.69	96.31	96.49	96.07	96.69	96.52	96.16	96.00	96.64
土地成本	80.79	93.93	95.74	120.39	122.80	133.88	166.36	205.39	220.70
土地成本比重	3.31	3.69	3.51	3.93	3.31	3.48	3.84	4.00	3.36

数据来源：《全国农产品成本收益资料汇编》。

山东省苹果种植总成本、生产成本及土地成本均呈现持续增长态势，土地成本的增速变动相对较小。2004—2010 年，山东苹果种植的总成本和生产成本平稳增长，年平均增长率分别为 10.03%、9.93%。2011—2012 年，总成本和生产成本的增速明显提高，总成本由 2010 年的 4 329.51 元/亩增长到 2012 年的 6 576.81 元/亩，年平均增长率为 23.25%，生产成本的同期年均增长率为 23.56%。2004—2012 年，山东苹果种植的土地成本由 80.79 元/亩增长到 220.70 元/亩，年平均增长率为 13.38%，如图 5-8①。

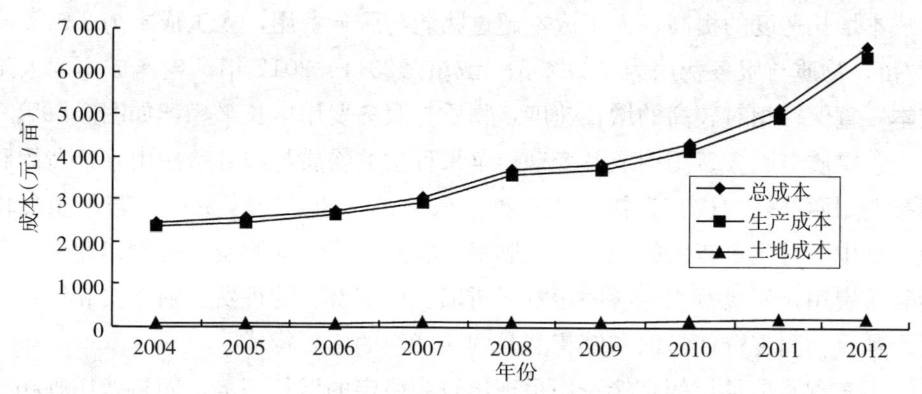

图 5-8　2004—2012 年山东苹果种植总成本

（2）生产成本构成及变动。苹果种植的生产成本由物质与服务费用和人工成本两部分构成，且两者所占的比重相当接近。2004—2012 年，山东苹果种

① 数据来源：《全国农产品成本收益资料汇编》。

植的物质与服务费用及人工成本占当年生产成本比重的波动均较小。物质与服务费用的占比除2008年外，总体是递减的，最高占比为58.00%，最低占比为42.57%；相应地，人工成本占生产成本的比重除2008年外，大致呈现增长态势，最高占比为57.43%，最低占比为42.00%，如表5-2。

表5-2 2004—2012年山东苹果种植生产成本

单位：元/亩，%

项　目	2004年	2005年	2006年	2007年	2008年	2009年	2010年	2011年	2012年
生产成本	2 359.37	2 451.10	2 634.14	2 944.87	3 585.06	3 710.51	4 163.15	4 928.45	6 356.11
物质与服务费用	1 332.13	1 386.65	1 461.40	1 624.47	2 079.17	2 036.79	2 119.81	2 282.51	2 705.55
物质与服务费用占比	56.46	56.57	55.48	55.16	58.00	54.89	50.92	46.31	42.57
人工成本	1 027.24	1 064.45	1 172.74	1 320.40	1 505.89	1 673.72	2 043.34	2 645.94	3 650.56
人工成本占比	43.54	43.43	44.52	44.84	42.00	45.11	49.08	53.69	57.43

数据来源：《全国农产品成本收益资料汇编》。

山东省苹果种植的生产成本、物质与服务费用及人工成本总体上都呈现出增长的态势。2004—2010年，三者平稳增长，年均增长率分别为9.93%、8.05%、12.14%，在此期间物质与服务费用高于人工成本。2011年，随着生产成本增长速度的提高，人工成本超过物质与服务费用，人工成本为2 645.94元/亩，物质与服务费用为2 282.51元/亩。2011—2012年，生产成本、人工成本一直保持相对较高的增长速度，物质与服务费用增长平稳，如图5-9①。

①物质与服务费用构成及变动。苹果种植的物质与服务费用由直接费用和间接费用两部分构成，直接费用占据了较大的比重。直接费用由若干项目构成，其中相对比重较大的项目有化肥费、农药费、农家肥费、租赁作业费及其他直接费用。间接费用包含固定资产折旧、保险费、管理费、财务费和销售费五个项目，固定资产折旧和销售费是间接费用的主要构成。

山东省苹果种植的直接费用呈现出较为稳定的增长态势，间接费用则相对波动频繁。2004—2012年，山东苹果种植的直接费用除2009年外，表现出明显的增长态势，由2004年的1 233.08元/亩增长到2012年2 640.75元/亩，年均增长率为9.99%。同期，每年的间接费用均在100元/亩以下，呈现无规

① 数据来源：《全国农产品成本收益资料汇编》。

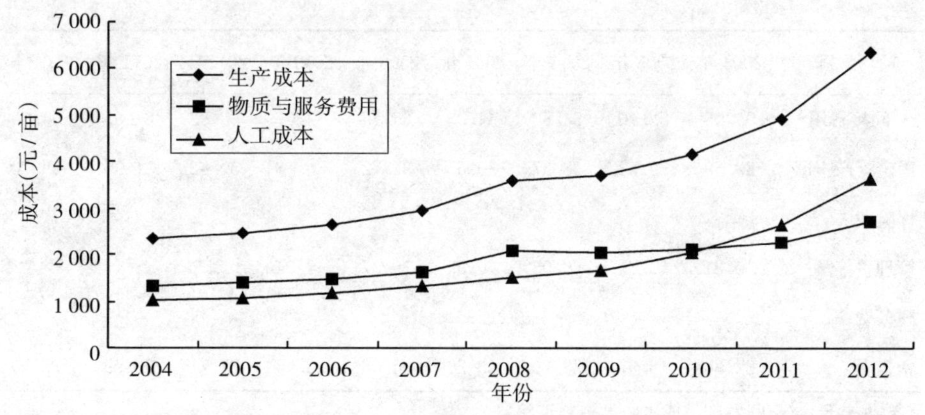

图 5-9　2004—2012 年山东苹果种植生产成本

律的小幅波动，如表 5-3。

表 5-3　2004—2012 年山东苹果种植物质与服务费用

单位：元/亩，%

项　　目	2004 年	2005 年	2006 年	2007 年	2008 年	2009 年	2010 年	2011 年	2012 年
(一) 直接费用	1 233.08	1 327.95	1 404.80	1 560.47	2 013.02	1 974.12	2 061.28	2 220.56	2 640.75
1. 种子费									
2. 化肥费	426.04	491.38	484.21	621.58	873.05	871.19	871.94	1 071.44	1 271.66
3. 农家肥费	83.13	76.65	69.20	63.06	65.98	75.88	108.08	77.00	65.69
4. 农药费	282.55	319.29	331.22	369.80	410.35	396.13	441.12	432.41	469.96
5. 农膜费	0.20							2.93	1.60
6. 租赁作业费	67.32	77.89	92.11	115.69	131.17	145.08	141.81	150.67	151.51
机械作业费	30.73	36.99	30.00	50.32	69.14	64.87	61.11	68.92	71.31
排灌费	36.59	40.90	62.11	65.37	62.03	80.21	80.70	81.75	80.20
其中：水费	1.90	2.77	6.39			4.27			
畜力费									
7. 燃料动力费	3.13	3.15					2.29		2.79
8. 技术服务费		2.09	1.58						
9. 工具材料费	5.66	7.81	10.25	6.39	435.71	478.72	485.33	476.30	669.32
10. 修理维护费	6.39	5.89	10.63	4.53	5.89	7.12	10.71	9.81	8.22
11. 其他直接费用	358.66	343.80	405.60	379.42	90.87				

（续）

项　目	2004年	2005年	2006年	2007年	2008年	2009年	2010年	2011年	2012年
（二）间接费用	99.05	58.70	56.60	64.00	66.15	62.67	58.53	61.95	64.80
1. 固定资产折旧	29.59	39.53	28.37	30.55	31.72	30.18	30.82	31.96	29.70
2. 保险费									
3. 管理费	0.21	0.20	0.03	0.25	0.37	0.04			
4. 财务费									
5. 销售费	32.86	18.97	28.20	33.20	34.06	32.45	27.71	29.99	35.10

数据来源：《全国农产品成本收益资料汇编》。

②人工成本构成及变动。苹果种植的人工成本由家庭用工折价和雇工费用构成，家庭用工折价占相对较大的比重。2004—2012年，山东苹果种植的家庭用工折价在人工成本中所占的比重年平均为76.33%，最低为2007年的68.38%，最高为2010年的82.11%。相应地，雇工费用占比在2007年达到最高值31.62%，在2010年达到最低值17.89%，如表5-4。

表5-4　2004—2012年山东苹果种植人工成本

单位：元/亩，%

项　目	2004年	2005年	2006年	2007年	2008年	2009年	2010年	2011年	2012年
人工成本	1 027.24	1 064.45	1 172.74	1 320.40	1 505.89	1 673.72	2 043.34	2 645.94	3 650.56
家庭用工折价	785.97	847.62	842.80	902.84	1 099.87	1 260.24	1 677.87	2 066.64	2 995.44
家庭用工折价占比	76.51	79.63	71.87	68.38	73.04	75.30	82.11	78.11	82.05
雇工费用	241.27	216.83	329.94	417.56	406.02	413.48	365.47	579.30	655.12
雇工费用占比	23.49	20.37	28.13	31.62	26.96	24.70	17.89	21.89	17.95

数据来源：《全国农产品成本收益资料汇编》。

由于家庭用工折价在人工成本中的占比较大，山东苹果的家庭用工折价表现出与人工成本相对一致的增长态势，雇工费用呈现小幅度的频繁波动。2004—2012年，山东苹果种植的家庭用工折价除2006年出现小幅下降外，总体逐年增长，由2004年的785.97元/亩增长到2012年的2 995.44元/亩，年均增长18.20%，2011年、2012年增速明显提高。在此期间，雇工费用在波动中增长，由2004年的241.27元/亩增长到2012年的655.12元/亩，年平均为402.78元/亩，如图5-10①。

① 数据来源：《全国农产品成本收益资料汇编》。

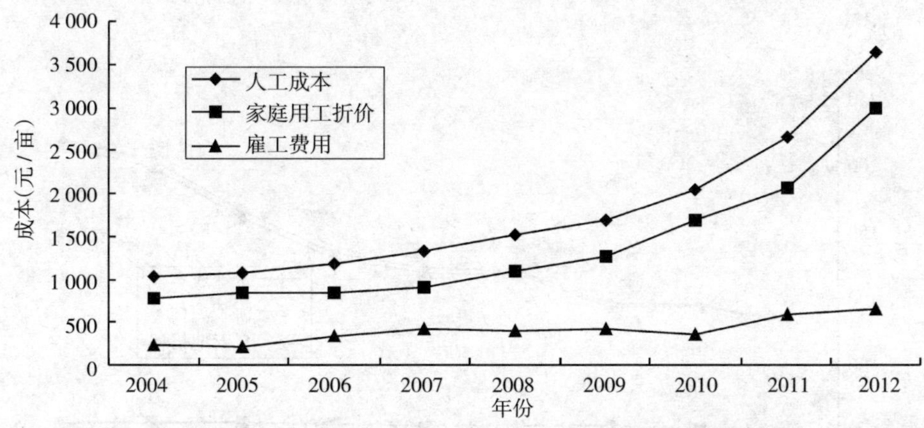

图 5-10　2004—2012 年山东苹果种植人工成本

（3）土地成本构成及变动。苹果种植的土地成本由两部分构成，分别为流转地租金和自营地折租，自营地折租占比较大。2004—2012 年，山东省苹果种植的自营地折租在土地成本中的占比均在 95％以上，构成了土地成本的主要部分，2004 年所占比重达到最高值 99.59％，2009 年达到最低值 96.65％。相应地，流转地租金的最高占比为 2009 年的 3.35％，最低占比为 2004 年的 0.41％，如表 5-5。

表 5-5　2004—2012 年山东苹果种植土地成本

单位：元/亩，％

项　目	2004 年	2005 年	2006 年	2007 年	2008 年	2009 年	2010 年	2011 年	2012 年
土地成本	80.79	93.93	95.74	120.39	122.80	133.88	166.36	205.39	220.70
流转地租金	0.33	0.60	3.10	3.34	3.27	4.48	5.23	5.59	5.95
流转地租金占比	0.41	0.64	3.24	2.77	2.66	3.35	3.14	2.72	2.70
自营地折租	80.46	93.33	92.64	117.05	119.53	129.40	161.13	199.80	214.75
自营地折租占比	99.59	99.36	96.76	97.23	97.34	96.65	96.86	97.28	97.30

数据来源：《全国农产品成本收益资料汇编》。

山东苹果种植的土地成本呈现出明显的增长趋势，自营地折租作为土地成本的主要构成部分也是增长的，流转地租金稍有波动，总体上呈现递增态势。2004—2012 年，自营地折租由 80.46 元/亩增长为 214.75 元/亩，年均增长率为 13.06％，2010 年和 2011 年两年增长速度明显提高。同期，流转地租金除

2008 年小幅降低外，总体呈现增长态势，年均增长率为 42.43%，如图 5-11①。

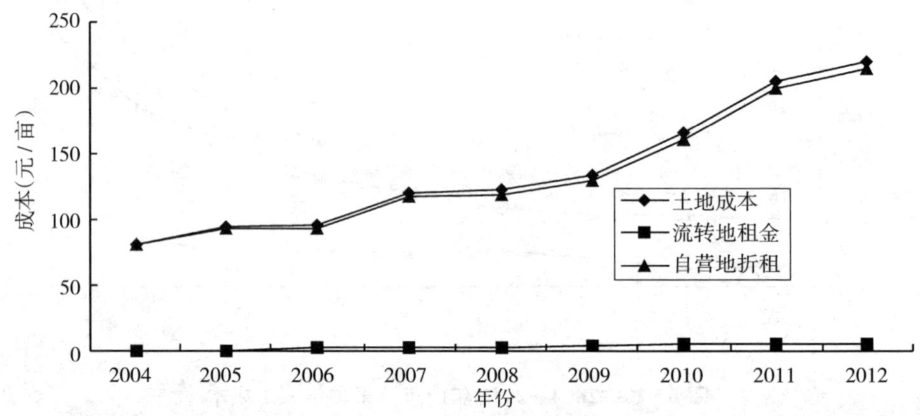

图 5-11　2004—2012 年山东苹果种植土地成本

5.2.2　山东苹果种植收益

山东省苹果种植的收益分析主要考察了产值、总成本、净利润和成本利润率的变动状况。山东苹果种植的产值总体上是增加的，但是波动较为频繁，总成本呈现明显的增长趋势，净利润的变动规律与产值相似，成本利润率伴随着净利润的波动也呈现出大幅度的波动。

2004—2012 年，山东苹果种植的产值由 4 262.64 元/亩增长为 11 642.40 元/亩，年平均为 7 022.12 元/亩，年均增长率为 13.38%，2010 年达到最高产值，为 13 241.08 元/亩。在此期间，除 2008 年、2011 年和 2012 年外，其他年份均呈现增长态势，2009 年和 2010 年的增速明显提高。

苹果种植的净利润是产值与总成本的差额。2004—2012 年，山东苹果种植的总成本增势明显且较为稳定，因此，净利润的波动是由产值的波动决定的。在此期间，山东苹果种植的净利润由 1 822.48 元/亩增长为 5 065.59 元/亩，年平均为 4 154.46 元/亩，年均增长率为 13.63%。由于 2011—2012 年总成本的增速大幅提高，同期净利润的减少速率也相应提高。

成本利润率是净利润与总成本的比值。2004—2012 年，山东苹果种植的成本利润率波动频繁且幅度较大，年平均为 105.66%。2008 年的成本利润率

① 数据来源：《全国农产品成本收益资料汇编》。

最低，为 65.19%，2010 年实现最大值 205.83%，此后迅速回落，如图 5－12①。

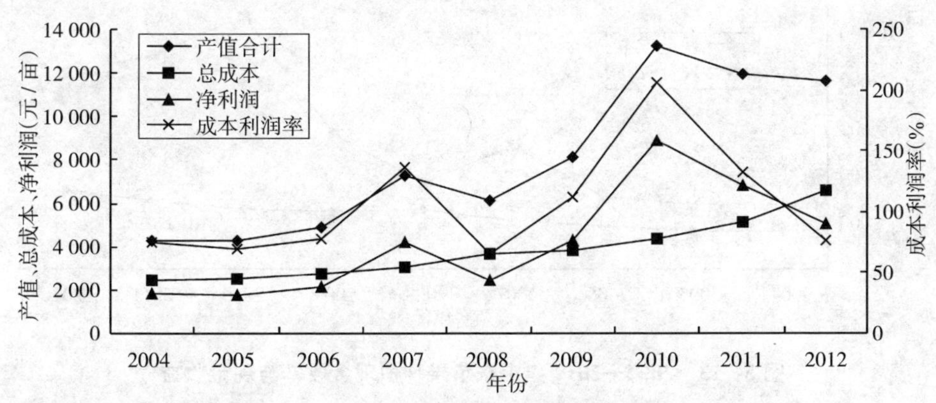

图 5－12 2004—2012 年山东苹果种植收益

5.2.3 山东苹果种植现金成本与现金收益分析

山东苹果种植的现金成本和现金收益均总体呈现增长态势，但现金收益在数额上高于现金成本且存在相对频繁的波动。

2004—2012 年，山东省苹果种植的现金成本由 1 573.73 元/亩增长为 3 366.62 元/亩，除 2009 年出现小幅下降外，其他年份是逐年增长的，年平均为 2 298.37 元/亩，年均增长率为 9.97%。同期，现金收益表现出较为频繁的波动，2008 年、2011 年及 2012 年均出现了相对较大的降幅，总体态势是增长的，由 2004 年的 2 688.91 元/亩变动为 2012 年的 8 275.78 元/亩，在此期间，现金收益最小值为 2005 年的 2 698.75 元/亩，2010 年实现最大值 10 750.57 元/亩，年均增长率为 15.09%，略高于现金成本的年均增长率，如图 5－13②。

5.2.4 山东与其他地区苹果成本收益比较

山东省是苹果生产和销售大省，为探索山东苹果种植成本和收益相对全国其他地域苹果种植的优势和劣势，特选取山西省、辽宁省、陕西省三大苹果主产区分别作为我国中部地区、东北部地区、西部地区的代表，与位于东部地区的山东省进行苹果种植的总成本、产值、净利润及成本利润率的比较分析。

①② 数据来源：《全国农产品成本收益资料汇编》。

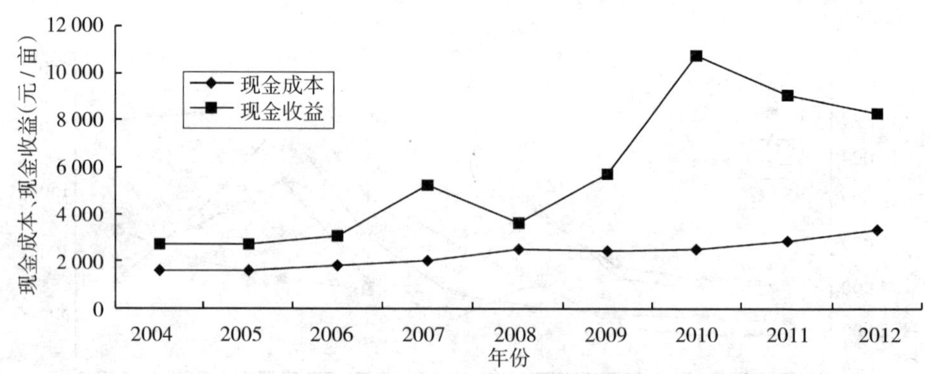

图 5-13　2004—2012 年山东苹果种植现金成本与现金收益

(1) 总成本比较。山东省苹果种植的总成本高于其他三大苹果主产区，并高于全国平均水平。2004—2012 年，山东省苹果种植的总成本和其他三大苹果主产区的总成本均大致呈现增长态势，山东省由 2004 年的 2 440.16 元/亩增长为 2012 年的 6 576.81 元/亩，同期，全国平均水平由 1 340.29 元/亩增长为 4 745.37 元/亩，山西、辽宁、陕西三省总成本低于全国苹果种植总成本的平均水平，其中，山西省与陕西省的苹果种植总成本相对较低，2012 年两省总成本分别为 3 007.48 元/亩、3 084.59 元/亩，如图 5-14①。可见，山东省苹果种植在总成本方面并不占优势。

(2) 产值比较。山东省苹果种植的产值高于其他三大苹果主产区的产值，并远高于全国平均的产值水平。2004—2012 年，山东、山西、陕西、辽宁及全国平均水平的苹果产值均呈现出大致的增长趋势且波动相对频繁，在此期间，山东省苹果种植的产值由 4 262.64 元/亩增长到 11642.40 元/亩，每年都远高于其他三个省份苹果的产值。其他三大苹果主产区中，陕西省产值的增长速度最快，2011 年和 2012 年，山西、山东、辽宁及全国平均产值均有所下降，陕西省苹果的产值仍保持较高的增长速率，2012 年，陕西省的苹果产值为 9 365.06 元/亩，山东省为 11 642.40 元/亩，陕西省大有赶超山东省之势，如图 5-15②。

(3) 净利润比较。山东省苹果种植的净利润高于其他三大苹果主产区及全国平均的净利润。2004—2012 年，由于产值的波动，四个省份及全国平均的

①② 数据来源：《全国农产品成本收益资料汇编》。

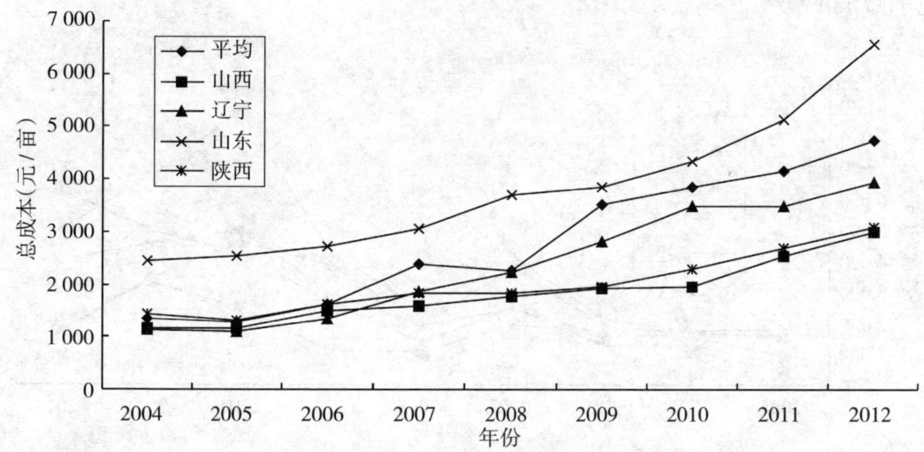

图 5-14 2004—2012 年各地区苹果种植总成本

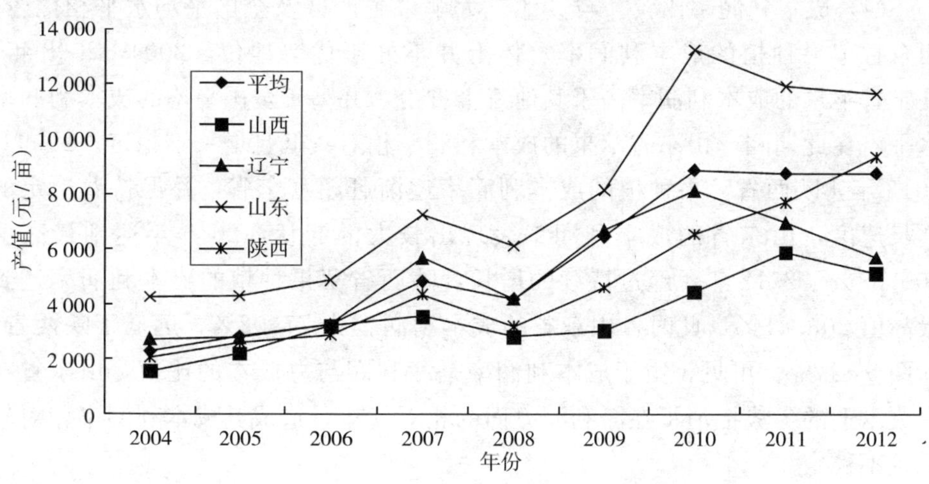

图 5-15 2004—2012 年各地区苹果产值

净利润均表现出明显的波动。在数值上，山东苹果净利润高于其他省份，2010 年，山东苹果净利润达到最高值 8 911.57 元/亩，比全国平均水平高出 77.11%。2011—2012 年，除陕西省外，其他省份及全国平均净利润都有所下降，山东省的下降速率相对较大。与产值相似，陕西省苹果种植的净利润保持着较高的增长速度，2012 年达到 6 280.47 元/亩，超过了山东省苹果的净利润，如图5-16①。可见，山东省苹果种植在产值和净利润方面的优势近年出现了减弱的势头。

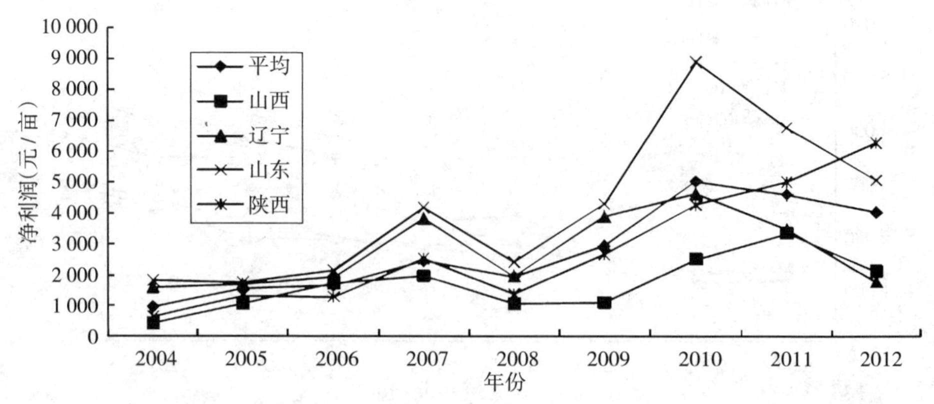

图5-16　2004—2012年各地区苹果种植净利润

（4）成本利润率比较。与其他三大苹果主产区及全国平均水平相比较，山东省苹果种植的成本利润率总体上并不处于优势地位。2004—2008年，辽宁省苹果的成本利润率高于其他三个省份，并高于全国平均的成本利润率水平，在此期间，山东省苹果的成本利润率相对较低且增长不稳定。2009—2012年，陕西省苹果种植的成本利润率逐渐赶超辽宁省，并保持着稳定的增长速度，山东省的成本利润率表现出较大的起伏，2010年达到最高值205.83%。2012年，经过持续的增长，陕西省苹果种植的成本利润率达到最高值203.81%，此时，山东省的成本利润率为77.02%，远低于陕西省，如图5-17②。可见，由于成本利润率是净利润与总成本的比值，山东省在总成本上的劣势抵消了在净利润方面的相对优势，造成其成本利润率相对较低且不稳定。

5.3　主要结论及建议

5.3.1　主要结论

前边考察了全国及山东省苹果种植的成本收益年度变动，对比分析了全国苹果种植、粮食种植和蔬菜种植的成本收益，以及山东省和其他代表性省份苹

①② 数据来源：《全国农产品成本收益资料汇编》。

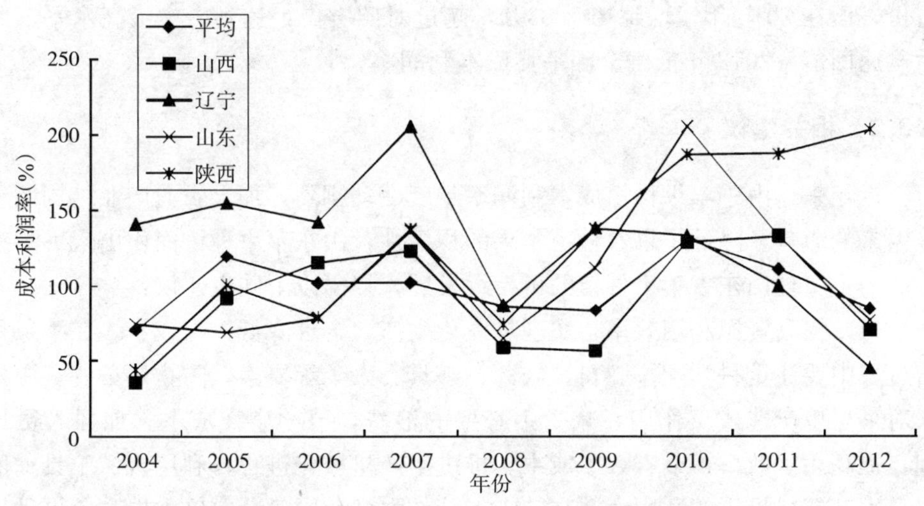

图 5-17 2004—2012 年各地区苹果种植成本利润率

果种植的成本收益。研究结果表明：

（1）山东省苹果种植的总成本过高，且增长速度较快。由于成本利润率是净利润与总成本的比值，因此，总成本大小是影响成本利润率的重要因素。2004—2012 年，全国苹果种植的总成本高于三种粮食平均和蔬菜平均，山东省苹果种植的总成本也远高于其他三大苹果产区。山东省苹果种植总成本呈现逐年增长的趋势，且增长速度较快。其中，生产成本的快速增长是导致总成本增速上升的主要原因。一方面，占物质与服务费用较大比重的化肥费和农药费有明显的上涨趋势；另一方面，人工成本中的家庭用工折价增长速度较快。

（2）山东省苹果单位面积产值年度间变动较大，近年有所下降。近年来，由于生产技术水平的提高，山东省苹果单位面积产量保持增长态势，也高于其他省份。相应地，山东省苹果单位面积产值高于其他三大苹果主产区，也远高于全国平均水平。但其年度间变动频繁，甚至 2011—2012 年连续两年下降。这主要是由于山东省苹果的出售价格波动较大。单位面积产值的波动也影响了现金收益、净利润及成本利润率等指标。

（3）山东省苹果种植的成本利润率相对较低，且年度变动大。从全国范围来看，苹果种植的成本利润率高于三种粮食平均和蔬菜平均的成本利润率，种植苹果可获得相对较高的收益回报。与对照省份相比，山东省苹果种植成本利润率相对偏低，优势不明显。山东省苹果种植的成本利润率年度间波动频繁，变动幅度较大。2004—2009 年山东省苹果种植的成本利润率落后于部分对照省份，但在 2010 年猛增到 205.83%，超过对照省份，达到历史最高水平，此后迅速回落，2012 年低于全国平均成本利润率。

5.3.2 相关建议

近年来，由于苹果种植成本利润率年度变动剧烈，加上农业产业结构调整等因素的影响，降低了果农种植苹果的积极性，山东苹果种植面积出现下降态势。为了实现山东省苹果种植的可持续发展，提出以下几点建议：

（1）提高资源利用效率，实现规模化生产，合理降低投入成本。在苹果种植过程中要注重科学配置肥料、农药、工具、人工等要素，防止过量的资源投入对苹果单产造成负作用，减少不必要的浪费，节约生产成本。加强人员培训，提高用工效率，节省人工成本。推进生产机械化进程，利用机械工具辅助提高生产资料投入的利用率并减轻人工劳作强度。同时，要努力提高苹果种植规模，提升果农组织化水平，实行一定区域内的果农合作生产或成立企业进行企业化生产和管理。这样可以实现大批量地采购生产资料，与分散的小批量采购相比，一定程度上能够减少成本支出。而且，大规模的生产有助于形成规模化的管理体系，能够保证苹果种植的各个环节包括成本支出都在严格的标准控制下进行。规模化生产也有利于新品种和新技术的研发。

（2）提高果品单位面积产量和质量，实现优质优价，促进产值平稳增长。要积极采用新的生产和管理技术，如对苹果种植进行季节管理，使用科学的栽培技术控制种植密度，合理进行枝叶修剪，科学把握追肥种类、频率及用量，采用有效的病虫害防治技术等。谨慎选择并合理引进更能适应山东省地理条件、具有较强抗旱防涝、抵御病虫害能力的新品种，以增加苹果的单位面积产量和果品质量。

（3）拓展市场和营销渠道，提高营销能力，促进市场流通。近年来，水果在部分地区出现季节性、结构性的卖难问题，这里面既有水果产量增加、品质不高的原因，也有水果市场开拓不够、营销渠道狭窄、营销能力差的原因。水果生产者要从市场需求出发，收集市场信息，把握市场行情，采取现代营销手段，将产品策略、价格策略、促销策略、渠道策略结合起来，通过实施品牌战略，强化宣传，营造水果文化，科学地细分市场，努力拓展地方专业水果大型批发市场、农贸市场、社区便利店、超市、特色水果专营店和酒店等市场，促进水果流通。

（4）加大政策扶持力度，稳定市场价格，提高果农生产积极性。政府要加大对水果生产的扶持，调动财政、水利等部门配合果农生产，安排技术人员深入农户进行技术指导，提高农资供应能力。要放开对苹果种植的税费征收，加大补贴力度，如积极推行按株补贴、农膜补贴等政策，鼓励水果生产。要加大对肥料、农药、机械用具等生产资料价格的监督力度，抑制水果种植总成本的快速提高。要充分发挥政府部门宏观调控的作用，采取措施稳定水果市场价格，避免价格大起大落，为果农收益规避风险，提高果农的生产积极性。

6 山东水果加工业发展

水果加工业是涵盖第一、第二、第三产业的全局性和战略性产业，也是衔接农业、加工业和服务业的关键产业。发展水果加工产业不仅可以提高水果产后附加值，还能够带动相关产业的发展，对实现农业增效、农民增收以及解决“三农”问题均具有十分重要的战略意义。

6.1 中国水果加工业发展

近年来我国农产品加工业保持着稳健的发展势头。2005—2011 年我国农产品加工企业个数和就业人数不断增加，总产值、销售产值、营业收入和利润稳步上升。2005 年我国规模以上农产品加工企业为 70 297 个，从业人数 1 279.3万人，2011 年分别增加到 93 132 个和 1 751.4 万人。规模以上农产品加工业总产值、销售产值和营业收入分别从 2005 年的 30 798.7 亿元、29 985.4亿元和 29 259.3 亿元增加到 2011 年的 89 309.9 亿元、86 571.0 亿元和 86 400.8 亿元，利润总额从 2005 年的 1 499.3 亿元增加到 2011 年的 5 384.8 亿元。上缴税款由 2007 年的 1 241.8 亿元增加到 2011 年的 2 014.9 亿元，劳动者报酬从 2009 年的 2 754.9 亿元增长到 2011 年的 3 525.8 亿元，如表 6-1。

表 6-1 2005—2011 年中国规模农产品加工业主要指标

单位：个，万人，亿元

年份	2005	2006	2007	2008	2009	2010	2011
企业个数	70 297	77 564	87 944	91 564	103 033	109 051	93 132
从业人数	1 279.3	1 493.3	1 556.9	1 565.2	1 616.3	1 750.0	1 751.4
增加值	7 196.5	9 563.9	11 796.5	13 292.1	15 314.9	18 069.4	
总产值	30 798.7	40 186.8	49 766.1	57 914.5	62 665.7	75 578.7	89 309.9
销售产值	29 985.4	38 852.8	47 592.9	56 097.0	59 964.5	72 912.2	86 571.0
营业收入	29 259.3	37 985.7	47 147.4	56 204.9	59 875.8	73 215.8	86 400.8
利润总额	1 499.3	1 938.9	2 480.6	2 870.4	3 354.0	4 309.5	5 384.8
上缴税款			1 241.8	1 436.5	1 675.3	1 897.3	2 014.9
劳动者报酬					2 754.9	3 119.9	3 525.8

数据来源：《中国乡镇企业及农产品加工业年鉴》。

水果加工业是我国农产品加工业的重要组成部分。近年来，我国水果加工业实现了跨越式的发展，取得了巨大成就。

6.1.1　水果加工业规模不断扩大

2007 年我国规模以上蔬菜、水果、坚果加工企业个数为 1 629 个，2010 年增加到 2 339 个，2011 年数量下降到 1 779 个，这主要是因为我国果蔬加工企业重组、中小型企业合并以及大型企业兼并造成的。虽然企业个数减少了，但从业人员数量不断增加，从 2007 年的 25.0 万人增加到 2011 年的 33.6 万人。总产值和营业收入分别从 2007 年的 867.0 亿元和 850.4 亿元增长到 2011 年的 1 513.4 亿元和 1 435.3 亿元，利润总额从 2007 年的 50.1 亿元增长到 2011 年的 99.9 亿元，上缴税款和劳动者报酬也逐年增长，如表 6-2。

表 6-2　2007—2011 年中国规模蔬菜、水果、坚果加工业主要指标

单位：个，万人，亿元

年份	2007	2008	2009	2010	2011
企业个数	1 629.0	1 845.0	1 991.0	2 339.0	1 779.0
从业人员数	25.0	26.0	25.4	32.8	33.6
增加值	221.4	242.6	268.9	350.7	
总产值	867.0	1 055.2	1 120.8	1 419.0	1 513.4
销售产值	820.4	1 034.9	1 071.4	1 435.4	1 458.2
营业收入	850.4	1 009.2	1 062.9	1 461.7	1 435.3
利润总额	50.1	59.8	75.7	127.5	99.9
上缴税款	18.9	22.1	22.7	29.5	31.8
劳动者报酬			35.4	41.6	45.4

数据来源：《中国乡镇企业及农产品加工业年鉴》。

6.1.2　水果加工业逐步形成了以出口贸易为主的外向型发展模式

我国是世界最大的水果生产国和出口国，苹果、梨、桃、西瓜产量均居世界第一，柑橘、樱桃、菠萝、香蕉等水果产量也居世界前列。当前，我国水果种植格局不断优化，开始向多元化发展，不断开发利用新的品种，不再单纯地依靠传统水果品种来打开市场。与高产相对应，我国水果的进出口呈现出高速增长的势头，2012 年水果进口总量为 330.4 万吨，总价值为 38.1 亿美元，同比增长 25.5%；出口总量为 328.2 万吨，总价值为 37.7 亿美元，同比增长

18.3%。我国的水果加工品种类繁多，主要包括果汁、果酱、果脯、果胶、果酒、水果罐头等，2012 年主要水果加工品（包括水果罐头、果汁、果酒、果酱等）出口量为 208.0 万吨，出口额高达 42.9 亿美元，其中水果罐头和果汁的出口额分别为 26.3 亿美元和 13.1 亿美元。

6.1.3 水果加工优势产业带初步形成

近年来，我国水果加工产业布局趋于集中化，尤其是加入 WTO 后，为了满足消费者对水果加工品不断上升的需求，大力发展河西走廊、新疆、云贵高原等特色水果加工基地以及陇东地区、四川、渭北高原等地区的优质水果加工基地，逐步形成了具有鲜明特色的优势产业带。我国水果生产地域广阔，果树生长对生态地理环境要求较高。华南地区盛产香蕉、菠萝、木瓜、龙眼、荔枝、芒果等热带水果，四川盛产柑橘，秦岭—淮河以北地区气温较低，主要生产苹果、梨、葡萄、柿子、梨、杏等耐寒水果。我国水果加工业区域布局与水果种植区域布局非常相似。南方主要发展香蕉、菠萝、芒果、木瓜等水果加工业，西南地区主要发展柑橘加工业，西北和华北地区主要发展苹果、桃子、梨、杏等水果加工业。

——水果罐头。水果罐头是我国水果加工品里最具优势的产品之一，以出口为主。各地区依据现有资源、产品市场需求以及交通运输等条件，积极发展具有地方特色的水果加工业。桃罐头加工业主要集中在山东、浙江、河北、安徽、辽宁等地区，杏罐头加工业主要集中在新疆、甘肃等地区，芒果、菠萝、木瓜罐头加工业主要集中在广西和云南，荔枝、龙眼罐头加工业主要在广东，苹果、菠萝、梨等罐头加工业主要集中在山东、安徽、湖南、浙江、新疆、福建、广西、河北等地区。

——果汁。我国生产的果汁在世界上具有比较明显的优势，浓缩菠萝汁、桃汁、苹果汁、杏汁的产量和出口量均居世界前列，逐步形成了半成品与成品、初级加工品与高端产品、出口与内销并茂的产业结构布局。浓缩葡萄汁加工业主要在内蒙古、宁夏、新疆、甘肃等西部地区，浓缩枣汁加工业主要在新疆、山东等地，浓缩梨汁、浓缩桃汁加工业主要集中在河北、安徽、天津等地，苹果汁加工业主要集中在山东、辽宁、陕西等地区，柑橘汁加工业主要集中在重庆、四川、湖南和湖北等地区，热带水果加工业主要分布在海南、广西和广东等南方亚热带地区，菠萝、香蕉和芒果汁加工业主要分布在云南和海南等地，直饮型果汁终端产品以及复合型饮品主要集中在上海、北京和广州等地区。

——果酒。随着人民消费水平的提高、生活品位的提升、膳食结构的优化以及果酒文化的进步，果酒产业的发展也从单一的葡萄酒生产逐步发展为多种果酒并存的生产格局。葡萄酒的生产基地主要集中在新疆、山东、辽宁和甘肃等地区。近年来我国葡萄酒的进口量不断增加，越来越多的国外葡萄酒品牌进入我国市场，葡萄酒业遭受着前所未有的巨大冲击和挑战。各大葡萄酒生产企业纷纷作出调整，适度扩大规模，根据品种的不同，生产特色葡萄酒，彰显葡萄酒的不同风格。长白山区主要以山葡萄酿制葡萄酒，秦皇岛、河西走廊主要以红葡萄酿制葡萄酒，黄河故道及山东半岛区域则以白葡萄酿制葡萄酒。甘肃、新疆、河北、四川等地都把培育优质葡萄品种，扩大、发展葡萄酒产业当作未来产业发展的重中之重。苹果酒加工区域主要集中于山东和陕西等苹果主产区。

——脱水水果。我国的脱水水果以优质品种作保障，优势产区为依托，国际竞争力不断增强，在世界市场上占有一定份额，主要销往中亚及俄罗斯地区，其中新疆的枣干、宁夏的干枸杞都远赴盛名。脱水水果的主要产区是四川、山西、河南、山东、新疆、海南、湖南等地区，主要的龙头公司有山西汉波食品股份有限公司、好想你枣业股份有限公司等。

——速冻水果。我国的速冻产业逐渐发展为以出口为主的外向型产业，出口量不断增加，出口市场为南亚、中亚、欧美等地区，而出口地区主要集中在交通便利的东部沿海。速冻水果必须以新鲜水果为原料，采取“就近消化”的原则，所以各大水果的主要产区均成为了速冻水果的主要生产基地，如山东、广东、浙江、海南、福建、江苏等地，其中山东的速冻水果产量最大，品种最为齐全。随着加工业的发展，速冻水果产业逐渐向内陆地区延伸，主要发展对象为云南、新疆等地。我国的速冻水果种类多种多样，主要包括深受国际市场欢迎的速冻草莓、速冻杨梅、速冻桃、速冻梨以及这几年刚刚兴起的具有地方特色的速冻果品，如哈密瓜、枸杞、枣、荔枝、猕猴桃等。

——果醋。果醋加工产业布局最具地方特色，盛产苹果的山东生产苹果醋，盛产荔枝的广东生产荔枝醋，盛产葡萄的新疆生产红提醋，盛产杨梅的浙江生产杨梅醋。因果醋生产起步较晚、技术落后，因此还未形成固定的产业带。

6.1.4 生产设备越来越先进，加工工艺不断提高

近年来，我国水果加工业通过国外引进和国内自主研发相结合的方式，加工设备不断更新，加工工艺不断提高。生物技术、高温瞬时杀菌技术、膜分离

技术、膨化和挤压技术、基因工程技术及相关配套设备等都已在水果加工领域得到了普遍的应用，各种水果及其制成品的储存及运输技术、MAP技术、CA技术等都已在我国主要水果的贮运保鲜中得到了广泛的应用。

果汁生产更加倾向于特色果汁的开发，如沙棘汁、蓝莓汁等，并建立了严格的果汁鉴伪技术。水果罐头生产采取绿色化、健康化、自动化、连续化、机械化、现代化的检测方式，保证了水果罐头的品质。果酒加工不断进行新的研究与探索，运用化学降酸法、双钙盐法降酸法、离子交换树脂降酸法、电渗析降酸法以及生物降酸等技术来调节果酒中的有机酸含量，降解果酒中的苹果酸、柠檬酸、酒石酸等有机酸，采用嗅觉指纹分析系统（电子鼻）、纹图谱技术、味觉指纹分析系统（电子舌）来检测果酒的香味、色泽、口感等指标。开发并应用先进机械设备，如连续式微波真空组合干燥设备、热泵干燥机和微波冻干组合干燥设备来对新鲜水果进行干燥处理，以达到干燥过程和产品品质之间的均衡及优化，使得在干燥时间缩短、原材料利用率提高、能源消耗减少、生产成本降低的同时，保证脱水水果的品质。秉承"绿色、便捷、安全、营养"的生产理念，不断创新，在果品的外观色泽上应用护色技术来保持水果的原有色泽。

6.1.5 质量标准体系初步建立，监督检验力度不断加强

国家对果品的质量安全问题越来越重视，已制定了几十个国家标准与行业标准，范围涵盖了农业、轻工业和商业，为产品的规范生产以及产品进入市场提供了法规保障。2009年农业部颁布《农产品质量安全追溯操作规则通则》（NY/T 1761—2009），规定了包含水果及其加工成品在内的农产品的质量安全实施准则及要求、信息管理、惩罚措施等。2012年国务院颁布《质量发展纲要（2011—2020）》，要求农产品质量安全抽检合格率必须稳定在96%以上，加强食品安全预警，做到"早发现、早治理"。2012年卫生部颁布食品安全国家标准《食品中农药最大残留限量》（GB 2763—2012），规定了苹果、梨、桃子、香蕉、柑橘等水果加工品中农药最大残留限量。

为保证果品质量安全，国家对果品卫生安全检查力度不断加强。如2010年2月国家质检总局组织对上海、北京、福建、山东、广东、湖南、浙江、山西、安徽、辽宁、河南、河北、广西、海南等14个省、自治区、直辖市156家企业生产的200种水果罐头产品进行了抽查，2011年6月，对山东、北京、上海、广东、山西、江苏、浙江在内的16个省、自治区、直辖市的160家加工企业的160种果蔬饮品进行了抽样检查，2011年12月，对全国17个省、

自治区、直辖市88家企业生产的90种果酒、配制酒（露酒）产品进行了抽样检查。各省份也积极地响应国家关于加强对果品质量监督检验的号召，按照国家标准，从原辅料、生产过程控制、生产卫生环境、包装运输、检验等环节对果品质量进行了严格的质量安全检查和控制。

6.2 山东水果加工业的地位

山东是我国水果重要产区，水果加工业起步早，发展快，在全国占有重要地位。从果蔬加工企业数量来看，2011年全国规模以上果蔬加工企业有1 779个，山东省有642个，占全国比重为36.1%，2007—2011年常年高于三分之一，年平均为38.1%。从从业人数来看，2011年全国规模以上果蔬加工业从业人员33.6万人，山东为16.1万人，占全国比重为47.9%，2007—2011年平均为47.8%。从加工总产值来看，2011年全国规模以上果蔬加工业总产值为1 513.4亿元，山东为879.6亿元，占全国的58.1%，2007—2011年常年高于二分之一，年平均为59.0%，如表6-3。

表6-3 2007—2011年山东果蔬加工业在全国的地位

年份	2007	2008	2009	2010	2011
全国果蔬加工企业个数（个）	1 629.0	1 845.0	1 991.0	2 339.0	1 779.0
山东果蔬加工企业个数（个）	697.0	694.0	748.0	850.0	642.0
山东果蔬加工企业占比（%）	42.8	37.6	37.6	36.3	36.1
全国果蔬加工从业人数（万人）	25.0	26.0	25.4	32.8	33.6
山东果蔬加工从业人数（万人）	13.0	13.0	10.2	16.0	16.1
山东果蔬加工从业人数占比（%）	52.0	50.0	40.2	48.8	47.9
全国果蔬加工总产值（亿元）	867.0	1 055.2	1 120.8	1 419.0	1 513.4
山东果蔬加工总产值（亿元）	560.1	589.5	659.2	818.0	879.6
山东果蔬加工总产值占比（%）	64.6	55.9	58.8	57.6	58.1

注：表中数据为规模加工业数据。

数据来源：《中国乡镇企业及农产品加工业年鉴》。

6.3 山东水果加工业发展规模

山东省发展农产品加工业有良好的工业基础和资源条件。近年来，山东省农产品加工业发展很快，农产品加工企业和从业人员数量保持增长，2005 年山东省规模以上农产品加工企业为 8 286 个，从业人员 203.8 万人，2011 年分别增加到 12 824 个和 374.5 万人。农产品加工总产值、销售产值和营业收入不断增长，2011 年分别为 20 711.5 亿元、20 406.0 亿元和 19 920.7 亿元，产业利润、上交税款和劳动者报酬持续增长，如表 6-4。

表 6-4 2005—2011 年山东规模农产品加工业主要指标

单位：个，万人，亿元

年份	2005	2006	2007	2008	2009	2010	2011
企业个数	8 286	10 002	10 976	11 474	13 734	14 726	12 824
从业人数	203.8	227.1	229.3	236.3	255.6	271.0	374.5
总产值	6 875.2	8 733.4	10 677.7	12 198.8	16 061.5	17 046.1	20 711.5
销售产值	6 789.2	8 666.5	10 378.7	12 008.7	15 708.0	18 462.7	20 406.0
营业收入	6 414.0	8 186.3	10 295.6	11 632.8	15 633.5	18 265.1	19 920.7
利润总额	434.1	565.5	711.0	829.4	1 070.7	1 288.0	1 465.1
上缴税款			235.4	282.0	365.1	435.2	480.4
劳动者报酬					403.8	403.5	629.5

数据来源：《中国乡镇企业及农产品加工业年鉴》。

在农产品加工方面，山东省重点发展果蔬加工业、水产品加工业、酿酒业等，加大财政、融资等扶持力度，对重点行业、重点企业、重点项目给予一定程度的政策倾斜。各大中型企业也纷纷进行产业结构调整，建立研发机构，开发新产品以适应消费者日益增长的需求。山东规模以上农副食品加工企业的个数从 2005 的 2 647 个增加到 2011 年的 4 059 个，从业人员从 2005 年的 53.0 万人增加到 2010 年的 76.4 万人，2011 年有所下降，总产值从 2005 年的 2 530.4亿元增加到 2011 年的 6 974.2 亿元，利润总额从 2005 年的 149.7 亿元增加到 2011 年的 449.6 亿元，劳动者报酬从 2009 年的 98.3 亿元增加到 2011 年的 155.8 亿元，如表 6-5。

表 6-5 2005—2011 年山东规模农副食品加工业主要指标

单位：个，万人，亿元

年份	2005	2006	2007	2008	2009	2010	2011
企业个数	2 647	2 921	3 092	3 161	3 973	4 453	4 059
从业人数	53.0	61.9	59.4	63.8	70.3	76.4	52.7

（续）

年份	2005	2006	2007	2008	2009	2010	2011
总产值	2 530.4	3 364.2	3 681.7	3 948.2	5 501.9	5 935.2	6 974.2
销售产值	2 565.4	3 494.4	3 560.5	3 894.9	5 379.0	6 204.3	6 695.1
营业收入	2 384.0	3 152.5	3 603.8	3 833.9	5 359.7	6 395.0	6 759.6
利润总额	149.7	217.6	220.1	239.2	331.7	512.5	449.6
上缴税款			64.4	75.1	100.5	119.6	139.1
劳动者报酬					98.3	99.9	155.8

数据来源：《中国乡镇企业及农产品加工业年鉴》。

作为中国水果加工业和山东农产品加工业的重要组成部分，山东省水果加工业近年来发展迅速，为山东省经济发展做出了巨大贡献。规模以上果蔬加工企业个数从2007年的697个增长到2010年的850个，2011年因产业结构调整与企业合并等措施而略有降低为642个，其中主要以中小型加工企业为主，但从业人数、总产值、销售产值、劳动者报酬均有增加，从业人数从2007年的13.0万人增加到2011年的16.1万人，总产值从2007年的560.1亿元增加到2011年的879.6亿元，销售产值从2007年的528.8亿元增加到2011年的851.7亿元，劳动者报酬从2009年的14.0亿元增加到2011年的22.7亿元。2011年营业收入、利润总额相比2010年略有减少，如表6-6。

表6-6 2007—2011年山东规模蔬菜、水果、坚果加工业主要指标

单位：个，万人，亿元

年份	2007	2008	2009	2010	2011
企业个数	697	694	748	850	642
从业人数	13.0	13.0	10.2	16.0	16.1
总产值	560.1	589.5	659.2	818.0	879.6
销售产值	528.8	588.8	643.8	882.2	851.7
营业收入	560.2	576.2	640.8	893.4	843.5
利润总额	34.0	39.1	49.8	93.8	60.1
上缴税款	13.1	12.5	12.0	18.5	17.8
劳动者报酬			14.0	17.0	22.7

数据来源：《中国乡镇企业及农产品加工业年鉴》。

6.4 山东水果加工业存在的主要问题

6.4.1 加工设备和工艺技术相对落后

山东省大部分水果加工企业规模不大，企业的生产设备和工艺技术同国外发达国家相比较为落后。由于缺乏具有自主知识产权的核心技术，目前先进的水果加工设备及其工艺主要依赖于国外进口。这样虽可以提高水果加工的工艺水平，但同时也加大了水果加工企业的生产成本。多数水果加工设备还比较落后，对水果的加工能力较低，加工深度不够，设备的自动化程度低，需要投入大量的人力，加大了水果加工的成本，与国际先进水平存在一定的差距。水果加工工艺落后影响了水果的综合利用率，不仅导致原材料的浪费，而且加大了水果加工的成本，影响了企业的整体经济效益。加工工艺的落后也导致产品跟不上时代的步伐，不能迎合消费者的需求，影响了产品的竞争力。

6.4.2 水果加工中原材料利用率不高

发达国家水果采后的损失率一般都低于5%，而山东水果由于生产和管理粗放，采后平均损失率却高达30%以上，使果农受到较大损失。发达国家的水果采后商品化处理率达到80%以上，水果的总储量占总产量的50%左右，而山东水果由于加工能力和仓储设施相对落后，很大一部分果皮、果渣、果核等都不能得到很好的利用而被废弃，商品化处理率仅占总产量的10%左右。

6.4.3 水果加工品卫生质量安全总体不高

水果加工品卫生质量安全既取决于原料的质量，也受水果加工过程的影响。一些地区的水果生产农户，为了追求水果产量而不顾水果的质量安全，过度使用农药和化肥，使得水果质量不达标。而一些水果加工企业由于企业加工设备及加工工艺落后导致产品加工后存在较严重的农药和重金属残留。有些企业为追求产品的外观或口感，违规添加非食用物质以及有毒添加剂，严重影响了果品的卫生质量安全。此外，加工企业用水量较大，排放量也较大，山东水果加工企业多是中小型企业，污染治理设施简陋，处理工艺不完善，治污能力不足，存在着长期超标排放的现象，对环境造成了污染，也导致企业加工的果品存在卫生安全质量问题。

6.4.4 水果加工质量保障体系还不健全

质量是商品竞争的条件，质量标准体系是保证商品质量的前提。近年来山东省水果加工业质量保障体系从无到有，标准从旧到新，较好地保障了水果加工品的质量。但总体看，山东水果加工质量保障体系还不健全，标准的可操作性及其指导性不强，行业之间的标准相互交叉重叠，标准在制定上有时不够科学，各种果品之间的标准较为雷同。

6.4.5 大型专营性水果加工企业少，产业化进程慢

专营化、标准化、规模化生产是现代化水果加工企业发展的趋势。只有专业化生产才能提高水果加工的效率，降低生产成本，只有标准化的生产才能提升水果产品的质量，提高产品的竞争力。目前，山东省水果加工企业主要是中小型企业，企业规模较小，大型的专营水果加工企业较少，大部分企业是综合生产型企业，不能够做到专营化生产和销售，规模效应较低。多数企业主要是根据当地水果季节性生产而调整企业的水果加工品种，基本上是果农种什么，企业就加工什么，市场就销售什么，还不能做到根据市场需要调整生产策略，做到专业化生产。有些地区认为水果生产是农业生产，而水果加工是工业化生产，因此人为地把水果的生产区域和水果的加工企业分离开来，导致水果的生产和加工脱节，造成了加工业滞后生产的现象。这不仅不利于水果的生产发展，也不利于水果加工业的发展，阻碍了水果生产和加工产业化发展。

6.4.6 水果加工品市场竞争力不高

总体来看，山东水果加工制品市场竞争力不强。这里面既有产品质量本身的问题，也有研发和营销的原因。国外绝大多数企业均设有研发中心来支持新产品开发，即使一些没有研发中心的企业也会和科研院校建立紧密的合作关系，一般企业的研发费用占收入的2％～3％以上。但山东省绝大部分加工企业不重视产品的研发和科技投入，也不重视人才的培养，因此造成了研发人才和研发设施的缺乏，企业的研发能力低，技术水平落后，生产加工的产品难以满足市场的需求。此外，山东水果加工品没有树立好品牌形象，很多水果加工品都是贴牌加工，而且多以初级产品为主，企业在品牌建设和宣传上也缺乏投入，致使有些品牌在某一地区虽然享有一定知名度，但在总的果品市场中显得很渺小，甚至是默默无闻。

6.5 推动山东水果加工业发展的对策

6.5.1 改善生产设备，提高加工工艺水平

要加快水果加工企业设备的更新换代。一方面要加快水果加工设备的自主研发，另一方面要坚决淘汰老旧落后的加工设备。现有的先进水果加工设备及核心技术主要依赖国外进口，但是一些加工设备并不适合山东省水果加工企业使用。应该根据实际情况，在引进国外先进设备进行消化、吸收的基础上，加快水果加工设备尤其是一些小型加工设备的自主研发。政府应加大对水果加工企业的扶持力度，针对企业设备的淘汰更新所需资金，加大财政资金的支持力度。对一些生产设备不合格、存在质量安全的企业应该加大查处力度，对一些违法的水果生产企业予以惩罚。通过政策、财政支持以及监督，从整体上提升山东省水果加工企业的设备水平，使山东省水果加工企业的总体水平逐步接近和达到现代化生产的要求。

同时，要提高水果加工的工艺水平。现阶段，山东省水果加工行业先进的生产工艺大部分依赖于国外，还不能做到完全的自主研发。政府要鼓励企业开展自主研发，对有自主研发能力的企业，给予一定的优惠政策以及财政支持。企业要加强与科研院校的合作，发挥各自优势，加强水果加工技术尤其是关键技术的研究，做到产学研相结合，以提高水果加工的品质水平。

6.5.2 进一步提高水果综合利用率

山东省是全国主要的水果加工品出口产地，但是生产的果品多以半成品形式出口，到国外仍要进行深加工处理，因此产品的附加值较低、国际竞争力不强。企业要努力开发功能性副产品，采用先进的加工设备和技术对果肉、果皮、果渣进行深加工，从中提取果胶、膳食纤维、色素、香精香料、酚类、黄酮类抗氧化物质等，变无用为有用，变一用为多用，变小用为大用，提高水果的综合利用率，提高附加值。政府要鼓励企业建立专门的工厂或者在原有企业的基础上建立果皮、果渣加工线对果皮、果渣进行集中处理，加快水果精深加工的进程。

6.5.3 进一步完善质量标准体系，加强质量安全监督

为确保果品的质量安全，必须建立完善的质量标准体系。要鼓励水果生产及加工企业进行标准化生产，做到从果园到餐桌全程的果品质量控制。要从果

苗的标准化抓起，逐步在水果的加工环节实施标准化生产管理，形成从种植到市场的相互衔接呼应的完整的质量标准体系。加快与国际标准体系的接轨。开展国际标准专题分析，及时、准确地掌握国际标准内容及其发布动态，研究制定符合山东省实际并能够与国际接轨的水果原料和加工制品质量安全标准。

要加强果品质量安全监管力度，增强果品质量安全的溯源能力，建立质量安全联系点制度，健全质量安全监管长效机制。推进质量诚信制度建设，健全质量信用收集及发布制度，完善企业质量信用和产品质量信用记录，实施信用分类监管，加大对质量失信企业的惩戒力度。针对水果加工企业的违法行为，应予以严厉打击。注重水果加工质量检测机构及质量检测人员的建设，完善质检设备，提高质检人员综合素质，增强水果质检能力。

6.5.4 实现水果加工业的产业化发展，加强果品的品牌建设

要扶持龙头企业发展，对规模较大、市场潜力大的骨干企业重点扶持，提高企业的生产能力和生产水平。通过企业间的整合、兼并、重组等方式形成产业化规模，逐步淘汰生产规模小、生产水平低的弱小企业，对有实力的企业逐步进行改造，促进其技术和产品不断改进，形成一定的规模效应，降低成本。推广并完善“企业＋基地＋农户”等组织模式，通过资本运营和资产重组，实现水果加工业的产业化发展。

品牌是企业的无形资产，在市场的竞争中具有不可替代的作用。增强山东省的水果加工业的竞争力必须实施品牌战略。要通过广告宣传扩大企业销售，树立企业品牌。行业、企业应该共同做好水果加工品的广告宣传。注重企业文化建设，提高企业品牌竞争力。

6.5.5 加大科研投入，增强企业科技创新及研发能力

要加大财政性科研资金投入，针对水果加工业存在的一些技术难题，组织生产企业、科研院所、设备设计部门等进行多行业、多学科的联合攻关，深入开展水果加工工艺、技术、品种与功能等方面的创新研究，做到理论与实践相结合，加快科研成果的转化，促进行业技术进步，增强整个行业的科技创新能力和提升行业的研发能力。要有针对性地加强人才培养，特别是加强营销队伍的建设，同时加强技术培训，加快新技术的引进及推广。

7 水果市场流通与价格

7.1 水果流通体制及其变革

新中国成立以来，我国的农产品流通经历了从统购统销到市场化流通体制的不断变革。在这个变革过程中，我国水果流通体制大致经历了以下三个阶段：

(1) 统购统销，高度集中管理的时期（1949—1978 年）。改革开放以前，我国实行高度集中的计划经济体制，政府对几乎所有农产品实行严格的统购统销政策。这一时期，初步建立了水果流通体系。新中国成立之初，水果市场各种经济成分并存。国有企业数量和市场占有率很小，在水果等农产品流通中，国有企业还不能控制整个市场局势，加上不法投机商的投机钻营，多次掀起抢购和涨价的风波，造成市场混乱，供求矛盾十分尖锐。鉴于此，国家适时实行宏观调控，确立了国有商业领导下的多种经济成分并存的水果自由购销和定价体制。在市场主体方面，自上而下成立了国营经营系统和管理组织体系，逐步实行了对生活必需品的集中、统一管理。另一方面，对私营企业的合法经营仍然认可，但对他们实行了利用、限制、改造的政策，允许其依法经营。

从 1953 年到 1960 年，我国基本形成了农产品统购派购的制度。以统购统销为主要形式的水果流通体制是在我国农业生产力水平低下，重要农产品供不应求的历史条件下形成的。在新中国成立初期，对于保证城市工业需要、市场供应、物价稳定、财政收入等方面，起到过积极的作用。但是，由于统购统销是计划经济体制的产物，考虑指导性计划和市场调节的作用少，使得农业生产者主要按照国家计划搞生产。这种流通形式在我国农村，在由自给、半自给经济向商品经济的转化过程中，日益暴露出与商品经济的需求不相适应的弊端。

(2) 打破统购统销，放开果品经营时期（1979—1985 年）。十一届三中全会后，中国农村实行了家庭联产承包责任制，极大地调动了农民生产积极性，中国农业开始全面发展，水果产量不断增加。但当时的水果购销和价格管理政策以及流通基础设施薄弱等因素极大地限制了水果的市场流通。这种形势下，全国供销合作社于 1979 年 4 月在长沙召开会议，对果品流通体制进行改革，放松果品经营限制，除苹果、柑橘、红枣三个品种仍列为统一收购的二类物资外，其余全部列为三类物资，对三类物资和完成计划的二类果品大力开展议购议销；允许果农直接参与果品运销，提倡多样灵活的经营方式，开展各种形式的联营业务；大力发展城乡集市贸易，为果农销售提供方便。① 20 世纪 80 年代，随着生产的进一步发展，许多农产品出现了严重的"卖难"问题。在这种情况下，国家决定彻底改革农产品流通体制。《国务院关于合作商业组织和个人贩运农副产品若干问题的规定》（1984）鼓励和规范国营商业和供销合作社以外的其他合作商业组织和个人贩运农副产品，相关部门也要求大力发展国营、集体、个体多种经济形式，鼓励农民进入流通领域，吸引农民从事商品交换，同时将牛肉、羊肉、鲜蛋、苹果、柑橘等 9 个品种放开，实行自由购销。

（3）流通体制不断完善，新型流通体制形成时期（1986 年以来）。水果流通体制改革以后，取得了很大成绩，但水果市场价格仍然波动频繁，"买难、卖难"现象经常发生。为了解决小生产与大市场的矛盾，国家决定大力加强水果流通基础设施建设，进一步改革和完善水果流通体制。这一时期，随着"菜篮子工程"的实施，在各大中城市建立了许多水果批发市场，实现水果多渠道经营。这些市场有些是综合性的，有些是专业性的，其经营形式大多是通过提供场所，组织产销双方直接见面，同时进行代购代销，提供信息、结算、储运、生活服务等项目。参与建立果品批发市场的不仅有果品公司，还有其他部门和系统。经过几年的发展，果品批发市场的数量、经营范围、规模、经营设施、经营形式等都有很大的变化和改善。1991 年，中国果品流通协会成立，它是由果品生产、流通、加工、贮藏企业和科研单位以及果品专业合作社等组成的全国性的果品行业组织，作为果农、企业和政府之间的桥梁和纽带，发挥服务、协调、自律、维权的职能，在协调行业各方面关系，维护果品生产者、经营者、消费者合法权益，促进果品行业协调、可持续发展方面起了重要作用。

20 世纪 90 年代初期，由于农副产品大幅度涨价，国家决定在大力发展生产的基础上建立商品大流通的格局，形成总量平衡、物流畅通、经营灵活的运行机制，提出通过发展贸工农、产加销一体化经营，解决小生产与大市场之间的矛盾，增强抵御自然与市场风险的能力。1996 年，"菜篮子工程"批发市场体系建设试点工作开始启动。2004—2009 年的中央 1 号文件都对重视和促进农产品流通发展提出指导和要求，明确提出要进一步加强产地和销地批发市场

① 农业部种植业管理司．中国苹果产业发展报告（1995—2005）[M]．北京：中国农业出版社，2007.

建设，加快建设以冷藏和低温仓储运输为主的农产品冷链系统，支持鲜活农产品运销。在升级改造集贸市场和批发市场的同时，鼓励发展连锁经营、电子商务、农产品拍卖、经纪人代理等新型流通方式。2009 年中央 1 号文件提出加大力度支持重点产区和集散地农产品批发市场、集贸市场等流通基础设施建设，推进大型农产品物流节点、农产品冷链系统和生鲜农产品配送中心建设。2012 年，国务院下发了《关于深化流通体制改革加快流通产业发展的意见》，要求围绕提高流通效率、方便群众生活、保障商品质量、引导生产发展和促进居民消费，加快推进流通产业发展方式转变，着力解决制约流通产业发展的关键问题，有效降低流通成本，全面提升流通产业的现代化水平。2013 年商务部在《关于进一步采取措施稳定鲜活农产品市场供应的紧急通知》中，要求进一步强化农产品现代流通体系功能，充分发挥农批零对接、农超对接、网上对接、直供直销等多种产销衔接的作用，加强“南菜北运”、“西果东送”等产销链条建设。经过多年建设，全国已初步形成了以中心批发市场为核心，连接生产基地和零售市场的稳定的新型水果流通体系。

7.2 水果市场流通现状和主要问题

7.2.1 水果市场流通现状

（1）水果流通渠道实现了多元化。水果市场流通体制改革活跃了水果市场，形成了多元化的水果流通渠道，其中城乡集贸市场和批发市场是水果流通的主要渠道。我国城乡分布着大量的农产品集贸市场，居民常在这些集贸市场上直接购买水果。随着水果流通体制的改革，全国各地建立了许多的水果批发市场，这些批发市场具有较强的辐射功能，吸引了许多交易主体进入市场。批发市场上存在较强烈的竞争，较真实地反映了供求关系，在水果大流通格局中发挥了重要作用。随着农业产业化的发展，一些果品公司或者龙头企业除了为果农提供栽培技术、农药施用、采摘技术等各种产中技术指导外，还负责上门收购和销售。随着水果产量的增加和生产地域集中度的提高，各种果业协会开始出现。这些协会不仅为果农提供各种产前、产中技术指导、技术培训，还负责产后销售。从目前来看，通过产销一体化和专业协会销售的水果量在水果销售总量中所占比例还比较小。但是从我国产业化水平不断提高、市场体系不断完善和市场主体不断成熟的趋势判断，产销一体化和专业协会的形式将会成为我国水果销售的重要渠道。

（2）水果市场流通基础设施、技术及信息体系建设取得重大进展。我国目前已经初步形成以批发市场和集贸市场为基础的农产品市场体系。2009 年，为应对国际金融危机的冲击，国家实施总额 4 万亿元的两年投资计划，我国交通运输基础建设大规模提速。通过农业技术攻关，我国农产品加工、储藏保鲜和现代物流技术都取得重大突破。国家发改委、农业部、商务部等部门积极投入农产品信息体系建设，在服务农民获取和发布农产品信息，推进农村流通网络建设发展，帮助农民利用信息致富等方面起到了重要的作用，基本形成了城乡市场信息服务体系。农产品现代物流公共信息平台和业务信息平台的开发及区域性农产品现代物流信息平台体系的构建，使得运用现代物流管理模式和计算机网络技术对部分储存、运输环节进行管理成为可能。

（3）农产品物流园区建设规模不断扩大。随着《物流业调整与振兴规划》的出台，各地政府以高度的热情积极制定物流业发展规划，研究部署本地区的物流业基础设施建设，物流园区等设施日益成为国内外企业的投资热点，各地建设了一大批农产品物流园区和物流综合企业，如山东寿光农产品物流园区、上海外高桥保税物流园区、采用港区联动模式的温州亨哈绿色食品公司、首家中外合作的农产品物流合作企业——廊坊金色谷农产品国际物流配送中心有限公司、海南省海口市龙华区龙泉镇的大型农产品物流中心、惠州农产品物流配送中心和平湖农产品物流中心、大连万绿春农产品物流中心等。其中山东寿光农产品物流园占地总面积 3 000 亩，总投资 20 亿元，包括蔬菜果品交易区、蔬菜电子商务交易区、农资交易区、农产品加工区、物流配送区及配套服务区六大功能区，可实现蔬菜、水果及农副产品年交易量 100 亿千克，已成为中国最大的蔬菜集散中心、价格形成中心、信息交易中心和物流配送中心。

（4）水果冷链物流和第三方物流加快发展。我国冷链物流最早产生于 20 世纪 50 年代的肉食品外贸出口。1982 年，中国颁布《食品卫生法》，推动了冷链物流的进一步发展。30 多年来，中国冷链物流不断发展，以一些食品加工行业的龙头企业为先导，已经不同程度地建立了以自身产品为核心的冷链物流体系。随着城乡居民生活水平的提高，人们对水果安全和品质的要求越来越高，水果冷链技术和物流业开始加快发展。借助于专业的第三方物流企业运输，水果经营者可以降低存货水平，削减存储成本，减少商品周转时间，从而降低成本增加收益。为了推动农村现代物流业的发展，国家陆续出台了一系列推动农村现代物流发展的相关配套政策和措施，如农业部实施的农产品批发市场“升级拓展 5520 工程”、商务部开展的“双百市场工程”和“万村千乡工程”，这些措施极大地促进了农产品物流业的发展。

（5）电子商务等新的交易方式开始应用。电子商务利用因特网开展网络营销活动，具有传统营销不具有的诸多优势，提供了新的营销手段，降低了营销成本，拓展了营销市场，提高了营销效率。目前，我国农村网民已经达到4 000万，涉农网站 6 000 多个，基本上覆盖了农业领域的各个方面，对于促进农民增收、引导农业结构调整和加快农村市场流通等起到了积极作用。因此，农村电子商务市场潜力巨大，是未来的战略性市场。尤其在农产品流通领域，电子商务平台能更好地解决小生产与大市场对接的矛盾，把农产品生产者、供应商、经销商、零售终端和消费者连接起来，优化了农产品供应链结构。

7.2.2 水果市场流通中存在的主要问题

(1) 对水果流通市场缺乏准确认知和协调能力。随着我国水果产量和消费量的增加，水果流通规模不断扩大，市场不断拓展，流通主体更加多元化，流通渠道更加多样，流通形式不断创新。但是，对我国水果市场流通的总体环境、流通规模、流通渠道、流通形式、流通中存在的主要问题和限制因素，相关部门还缺乏准确的认知和对水果流通市场科学的调查研究和预算分析。在实践中，缺乏协调能力强、能够把生产者、销售者和消费者紧密地联系在一起的中介组织，在水果流通领域中没有出现较大规模的流通组织者。我国的水果批发市场遍地，涉足水果流通领域的企业众多，从业人员近 1 亿人，然而真正达到“大网络、大流通、大市场、大品牌”要求的全国型水果流通企业几乎没有。

(2) 水果交易方式落后，交易规模小。我国传统的水果交易方式是商流、物流相统一的现货交易，随着我国水果产业的发展，这种传统的交易方式显得效率低下，已经不能满足大市场、大流通的要求。虽然目前在水果交易中出现了订单方式、拍卖、网上交易等新形式，但总体来看还没形成主流，电子拍卖、远期合约交易和期货交易等新型交易方式还没有得到推广和普遍应用。同时，由于水果区域化、专业化程度低，各地水果产品结构雷同，特色水果数量有限，加之物流条件不发达，导致水果批发市场的交易规模较小，规模不经济，总体交易成本高，运行效率低。现有的水果批发市场批零兼营的现象相当普遍，纯粹意义上的批发市场为数不多。市场内人员混杂，水果包装简陋，货物杂乱堆放，摊位细小零散，交易起点很低，批零差价没有适当拉开，缺乏现代农产品批发市场的运作规范性和高效性。

(3) 水果市场流通的服务体系还不完善。在水果市场流通服务体系中，信息体系非常重要。我国农产品市场信息体系正在不断完善，尤其是随着农业部加快推进农村经济信息体系建设后，在省级已建立了局域网和信息网站，多数县级农业部门建立了信息服务平台，并对一些敏感产品能够实施动态监测预警，建立了较完善的信息检测分析系统，为宏观决策提供了有力的信息支持。但信息化服务网络还没有完全建成，信息服务体系还不能够很好地为水果市场流通提供多方位的服务，对一些主要水果的栽培技术、国内市场的产需信息、水果及其制品的销路、国际市场变化趋势、主要出口国的技术标准等缺乏连续追踪研究，存在比较明显的信息滞后和不对称。近年来，我国水果生产技术进步很快，单产水平持续提高，水果质量不断提升，新品种不断出现，但我国在水果的产后保鲜、贮运、加工等方面技术还比较落后，技术服务体系还不能为水果流通提供全面、良好的服务。

（4）水果物流能力弱，建设缓慢。我国是水果生产和消费大国，发展水果现代物流非常必要，而我国水果市场流通的基础设施建设尤其是贮藏设施和运输设施还比较落后。我国水果贮藏能力约为水果总产量的20%左右，以土窑洞、冷凉库等土法贮藏为主，普通冷藏量约占总贮藏量的20%，气调贮藏量占比仅为3%～5%，而发达国家70%左右的果实是以气调贮藏的。我国果品冷链市场还不完善、不规范，冷链运输水平低，水果冷链各环节缺乏完善的行业或国家标准，只有少数食品公司和冷链物流企业自己制定了一些冷链技术标准，各种水果的保存温度、湿度、保存期限均没有完善的标准。不少水果流通企业往往依靠“自建冷库，自备冷藏车”进行冷链管理，第三方专业冷链物流企业还不多。

（5）流通渠道长，产后处理能力较弱。我国水果流通的主渠道是：产地水果生产者→产地批发市场→销售地批发市场→零售市场→消费者。水果流通渠道长，流通环节多，参与流通的主体多，增加了果品损失率。发达国家鲜食水果都经过机械化清洗、打蜡、分级和包装后再投放市场，采后处理率接近100%，美国在每个果面的同一位置都贴上商标标签或者技术监督部门监制的防伪标签，标签上注有商标、品种、产地等详细信息，严防假冒，而我国水果包装简陋，分级简单。商品化处理能力弱制约了我国水果产后增值。

7.3 促进水果市场流通的政策①

（1）加强水果现代流通体系建设。要依托交通枢纽、生产基地、中心城市和大型商品集散地，构建水果骨干流通网络，建设一批辐射带动能力强的

① 国务院《关于深化流通体制改革加快流通产业发展的意见》，国发［2012］39号.

商贸中心、专业市场以及全国性和区域性水果配送中心。鼓励大型水果流通企业向农村延伸经营网络，增加农村商业网点，拓展网点功能，积极培育和发展农村经纪人，提升农民专业合作社物流配送能力和营销服务水平。支持水果流通企业建立城乡一体化的营销网络，畅通水果进城和工业品下乡的双向流通渠道。大力发展第三方物流，加强城际配送、城市配送、农村配送的有效衔接。

（2）积极创新流通方式。应大力推广并优化水果供应链管理，鼓励流通企业加快发展电子商务，普及和深化电子商务应用，完善认证、支付等支撑体系，建立或依托第三方电子商务平台开展网上交易。统筹水果集散地、销地、产地批发市场建设，构建水果产销一体化流通链条，积极推广农超对接、农批对接、农校对接以及农产品展销中心、直销店等产销衔接方式，在大中城市探索采用流动售卖车。

（3）加强水果市场信息化建设，引导生产和消费。要着力解决生产者与消费者之间、产地与销地之间、经营者之间信息不对称、不畅通的问题，继续对苹果、梨、柑橘等大宗水果的年度产销形势进行分析、预测，适时发布重要水果的收购指导价格，监测水果市场动态。建立起市场监测、预警和信息发布机制，为生产者和经营者提供信息服务，指导生产和消费，避免价格的大起大落，促进水果产业健康科学发展和市场平稳运行。

（4）培育水果流通企业核心竞争力。应积极培育大型水果流通企业，支持有实力的水果流通企业跨行业、跨地区兼并重组。支持中小水果流通企业特别是小微企业向专业化、特色化发展。积极推进水果批发市场建设改造和运营模式创新，增强水果产品吞吐能力和价格发现功能。推动水果零售企业转变营销方式，提高自营比重。支持水果流通企业建设现代物流中心，积极发展统一配送。

7.4 影响水果市场价格的主要因素

水果市场是垄断竞争的市场，水果市场价格的形成受到供给和需求的影响。因此，凡是能影响水果市场供给和需求的因素都会影响水果市场均衡的变动，进而影响到水果市场价格。而且，水果市场价格也受到非市场因素的影响。在这里，分别从供给、需求和非市场因素三个方面来分析影响水果市场价格的主要因素。

7.4.1　影响水果市场供给的主要因素

（1）水果前期市场价格。前期价格是影响水果当期供给的重要因素，在农业资源配置上发挥着重要的作用。由于水果生产具有较长期性的特点，从要素投入到得到产品需要一定的时间，这段时间内生产规模无法改变，这就使得前期价格对水果当期供给的影响存在明显的时滞。一般而言，前期价格高，会诱导生产者将资源更多地投向水果生产，水果当期供给会增加，其他条件不变情况下，水果当期价格会下降。前期价格低，水果生产者会将相应资源转向能够带来更高回报的其他商品的生产上，水果当期供给会减少。

（2）水果成本。水果成本主要包括生产环节成本、物流环节成本和销售环节成本。水果成本显然影响着水果的市场价格。一般情况下，成本越高，供给越少，水果市场价格也就越高。例如农业生产资料价格的上升使得农户购买化肥、农药、地膜、农机等生产资料的支出不断增加，提高了农户的水果生产成本，进而传导到水果价格上，提高了水果市场价格。

图 7-1① 反映了 1994—2012 年全国农业生产资料价格指数变动。可以看出，农业生产资料价格年度变动比较剧烈，最明显的是化学肥料，部分年份价格同比上涨超过 30%。多数年份农业生产资料价格指数大于 100，表明多数年份农业生产资料价格在上涨。总体来看，农业生产资料价格呈现出上涨态势。图 7-2② 反映了 1994—2012 年山东省农业生产资料价格指数变动，呈现出与全国农业生产资料价格指数变动相当一致的态势。表 7-1 则反映了 2007—2012 年山东省各种农业生产资料实际市场价格的变动③。

表 7-1　2007—2012 年山东省农业生产资料市场价格

单位：元/吨

年份	国产尿素	国产磷酸二铵	过磷酸钙	国产复合肥	地膜	棚膜	农用柴油（0 号）
2007	1 831	2 783	545	2 280	12 938	12 201	5 820
2008	2 183	4 447	800	3 122	13 515	13 977	7 141

① 数据来源：《中国统计年鉴》。

② 数据来源：《中国农村统计年鉴》。

③ 关于生产成本对水果价格以及收益的影响，已在本书“山东水果成本与收益”一章中进行过详细分析。

（续）

年份	国产尿素	国产磷酸二铵	过磷酸钙	国产复合肥	地膜	棚膜	农用柴油（0号）
2009	1 830	3 119	698	2 787	12 257	12 733	6 351
2010	1 818	3 086	653	2 633	12 662	13 121	7 140
2011	2 144	3 430	697	3 068	12 684	13 484	8 616
2012	2 314	3 657	745	3 242	12 592	13 899	8 877

数据来源：山东农业信息网。

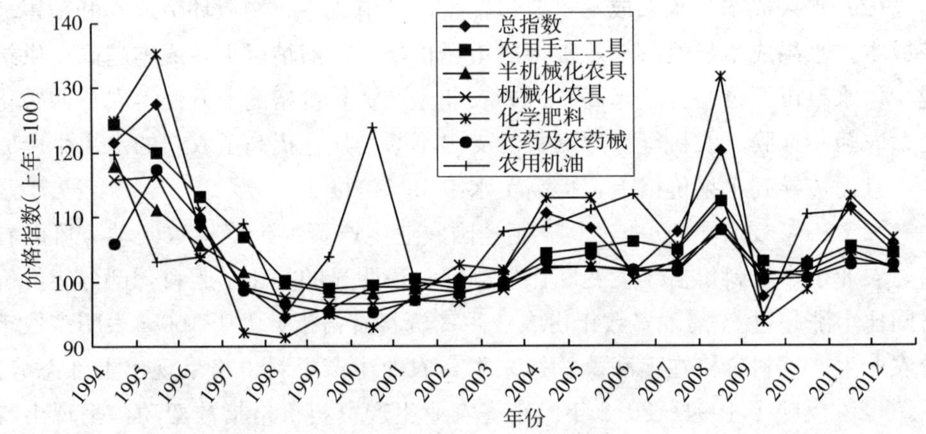

图 7-1　1994—2012 年全国部分农业生产资料价格分类指数

此外，农业劳动力成本、物流成本的上升，也进一步提高了水果市场价格。而且水果要经过收购环节、运输环节、批发环节、零售环节才能到消费者手上，价格也层层加码。我国水果等农副产品在采摘、运输、储存等物流环节的损失率为25%～30%，由于冷链问题造成每年约有1 200万吨水果浪费。因此，要控制和稳定水果市场价格，必须控制和降低水果生产、物流和销售等环节的成本。

（3）自然条件与技术水平。良好的气候条件、肥沃的土壤和科学的抚育技术，都有利于果树生长，从而增加水果供给，影响水果市场价格。近年来，在水果栽培面积不断减少的同时，水果总产量不断提升，主要是因为水果单产水平不断提高，其中品种改良、抚育管理水平不断提高以及农药、化肥的使用是重要原因。水果生产周期长，受自然条件影响大，生产存在较大的自然风险。旱灾、雹灾和果树越冬伤害等气候灾害和病虫害的发生，降低了水果产量，市场价格和收益受到严重影响。因此，要稳定和提高水果供给，既要改良品种，

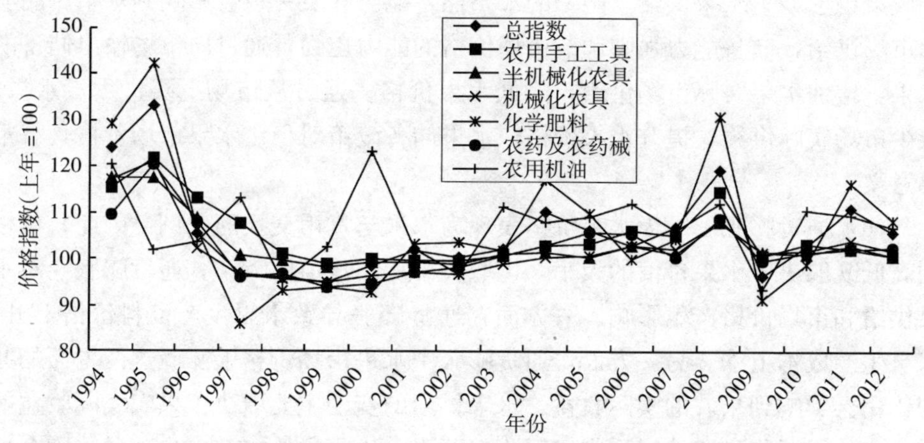

图 7-2　1994—2012 年山东省部分农业生产资料价格分类指数

培育出高产、抗病抗虫的新品种，继续改善果树抚育管理水平，还要积极采用多学科技术，建立自然灾害预测预报系统，制定和建立起一整套应急预防自然灾害的方案，及时掌握真实的农业气象信息，将自然灾害的影响降到最小，稳定水果供给和市场价格。

（4）果农对未来价格行情的预期。果农在水果生产经营决策的经济行为上是理性的，果农会根据市场价格和其他信息，形成对水果市场行情的预期，进行水果生产决策。如果果农对水果未来的价格预期是乐观的，将会增加生产投入，提高水果供给水平。反之，如果果农对水果未来价格的预期是悲观的，将减少水果生产投入，降低水果供给水平。在水果需求没有较大变动的情况下，水果供给变动将会引致水果市场价格反向变动。由于果农地域分布广泛、数量众多，面对同样信息所作出的反应不同，出现决策同向性的可能性很小，因此果农对未来价格的预期在局部地区会对水果供给产生较明显影响，但从一个大的地域范围看，由于合并性效应，果农的价格预期对水果供给影响比较小。

（5）国家产业政策。国家的水果产业政策会影响水果供给，从而影响水果市场价格。高效的果蔬流通体制的建立和完善，会提高水果流通效率，增加既定市场水果实际供给量，有利于稳定水果市场价格。近年来为保证粮食供给，国家对粮食生产采取了积极有效的粮食直补、良种补贴、农机综合补贴以及农机购置补贴等“四补贴”政策，极大调动了农民的粮食生产积极性，土地资源向粮食生产扩张，减少了水果种植面积，影响了水果供给。国家及地方政府进行农业产业结构调整，优化资源配置，突出优势产业发展，构建各种农业产业带政策也影响了水果供给。国家的水果储备能力和决策也会影响到水果产品实际市场供给，储备能力强则调节市场价格的能力也强，通过向市场输出储备的水果，增加水果实际市场供给，降低水果价格；通过从市场上买进大量水果，减少市场实际供给，提升水果价格。水果储备政策对稳定水果市场价格具有重要意义。

（6）通货膨胀。因为水果价格表现为水果与货币交换的比例，因此，价格的高低既取决于水果价值的大小，也取决于货币价值的大小。通货膨胀会对水果供给和市场价格产生影响。一方面，通货膨胀导致水果生产资料价格上升，水果生产成本上涨。另一方面，通货膨胀中水果市场价格上涨。这两方面的共同作用会影响到果农的实际收益，水果供给的变动主要取决于果农实际收益的变化。如果通货膨胀使得果农实际收益下降，水果供给将会减少，反之则会增加。因此，控制通货膨胀，降低物价波动幅度，对于稳定水果供给和市场价格具有重要作用。

7.4.2 影响水果市场需求的主要因素

影响消费者对水果需求的因素有很多，水果的需求函数是一个多元函数。影响人们对水果需求的主要因素有：

（1）收入水平。消费者对水果的需求与收入水平有密切关系。一般而言，在其他条件不变时，消费者对水果的需求随收入水平的提高而增加，但是增加的幅度越来越小，需求收入曲线越来越平缓，消费者对水果的边际消费倾向越来越小，慢慢趋向零，但总是大于零。水果作为一般的生活必需品，消费者对其需求的收入弹性是大于零的，但小于1，相对于谷物、肉类、蛋类，水果的需求收入弹性比较高①。

随着经济发展，人们的收入水平不断提高。以1990—2012年为例，1990年全国城镇居民人均可支配收入为1 510.2元，全国农村居民人均纯收入为686.3元，同期全国城镇居民人均鲜瓜果购买量为41.1千克，全国农村居民人均瓜果及制品消费量为5.9千克；1995年全国城镇居民人均可支配收入为4 283.0元，全国农村居民人均纯收入为1 577.7元，同期全国城镇居民人均鲜瓜果购买量为45.0千克，全国农村居民人均瓜果及制品消费量为13.0千克；2012年全国城镇居民人均可支配收入24 564.7元，农村居民人均纯收入

① 刘雪．中国蔬菜产业的国际竞争力研究［D］．北京：中国农业大学，2002.

为7 916.6元，同期全国城镇居民人均鲜瓜果购买量为56.1千克，全国农村居民人均瓜果及制品消费量为21.3千克，如图7-3、图7-4①。同时，也可以看出，进入21世纪以后，无论是城镇居民还是农村居民，人均每年对水果的消费量变得比较稳定。

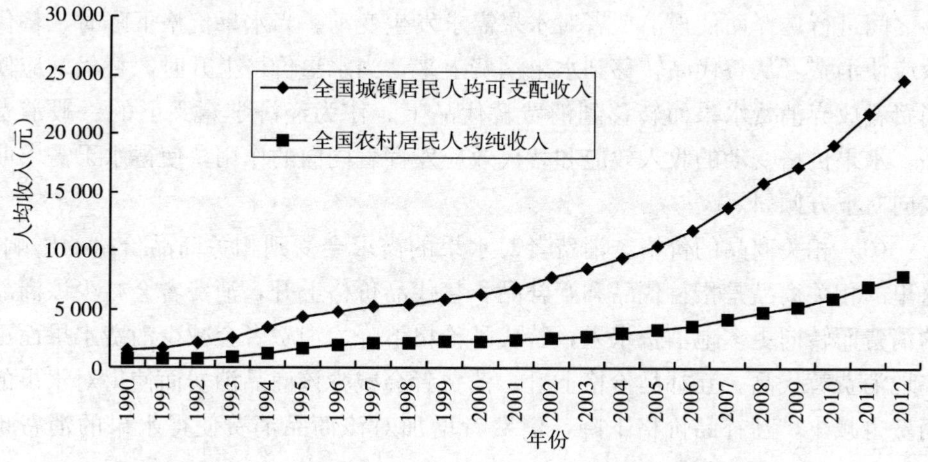

图7-3　1990—2012年全国居民人均可支配收入（纯收入）

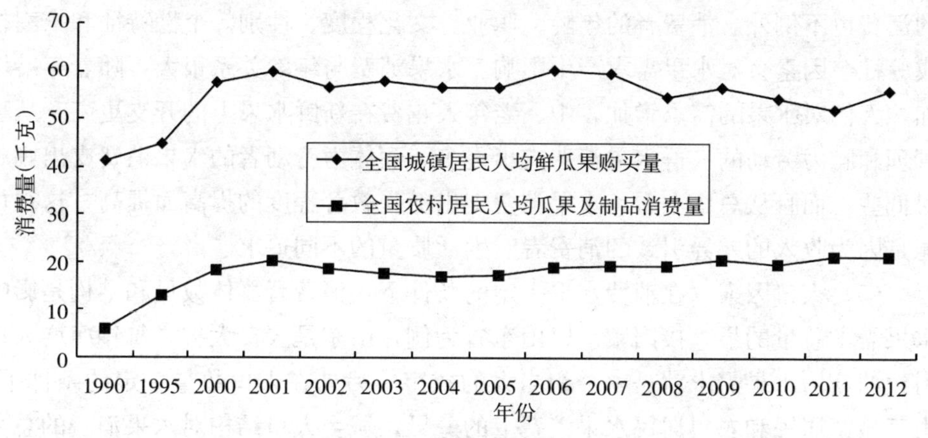

图7-4　1990—2012年全国居民人均水果消费量

（2）水果当期价格。价格是影响消费者水果需求的重要经济因素。一般来说，在其他条件不变时，水果价格与需求反向变动：价格越低，需求越高；价

① 数据来源：《中国统计年鉴》、《中国农业年鉴》。

格越高，需求越低。这主要是由于水果价格的变动对消费者产生了两种效应，一种是收入效应，一种是替代效应。收入效应是由于水果价格变动引起消费者实际收入水平变动，进而改变了消费者购买能力。当水果价格下降时，收入效应使消费者对水果购买能力增强；当水果价格上升时，收入效应使消费者对水果购买能力减弱。替代效应是由于水果价格变动，引起消费者在水果和替代产品之间进行选择而使得消费者对水果需求发生变动。当水果价格下降时，替代效应使消费者从替代品转移到水果消费上来，当水果价格上升时，替代效应使消费者放弃消费水果而转移到消费替代品上。作为经济学意义上的一般消费品，水果价格变动的收入效应和替代效应发挥着同向的作用，使得水果需求曲线向右下方倾斜。

(3) 相关商品的价格。消费者对水果的需求会受到相关商品价格的影响。这里的相关商品是指替代品和互补品。替代品价格上升，消费者会减少该商品的消费而转向更多地消费水果，替代品价格下降，消费者会减少消费水果而更多地消费替代品。互补品价格上升，消费者会减少该商品消费而使得对水果的消费也减少，互补品价格下降，消费者增加对该商品消费使得水果的消费也增加。

(4) 消费者个性因素。人们的消费行为受多种社会文化因素的影响，水果的消费也不例外。消费者的年龄、职业、文化程度、性别等个性特征和家庭构成等社会因素会对水果需求产生影响。水果消费与年龄关系很大，随着年龄增加，人们对水果的需求增加，中、老年人花费在新鲜水果上的开支更高。从事管理和脑力劳动的人群水果消费支出更多，而体力劳动者的水果消费支出则相对低些。而且从总体上看，水果消费支出随受教育程度的提高而提高，这很可能是因为收入的差异引致的消费者对生活质量的不同追求。

(5) 人口因素。在消费水平一定的条件下，消费者群体数量和结构是影响水果需求总量的最直接因素。以山东省为例，山东是人口大省，每年净增人口引致的新增水果需求就是一个相当大的数字。另外在人口数量一定的条件下，由于城镇居民和农村居民水果消费上的差异，城乡人口结构对水果消费的总量也有影响。虽然城镇居民人均水果消费量高于农村居民人均水果消费量，但由于农村居民人口数量大，因而农村居民水果消费总量大于城镇居民水果消费总量。

7.4.3 影响水果市场价格的非供求因素

(1) 政府对水果价格的直接干预。在水果市场极度不稳定，靠水果市场自身力量无法实现稳定或者对市场主体造成极大损害时，政府会采用微观经济政策来干预水果市场。比如在水果价格不断跌落，给果农造成极大损害时，政府会制定水果支持价格政策，将水果收购价格人为地限定在某个价格水平以上，以保护生产者的利益；当水果价格不断攀高，给消费者带来损害时，政府会制定水果限制价格政策，将水果交易价格人为地限定在某个价格水平以下，以保护消费者的利益。

（2）市场投机者对水果价格的控制。自 2009 年以来，大蒜、生姜、绿豆等农产品价格在短时期内急剧上涨，出现了“豆你玩”、“蒜你狠”、“姜你军”等现象。导致这些农产品价格大幅攀升的原因，除了农资价格上升和种植面积的波动外，国内外投机者人为控制生产，囤积推高价格是重要原因。2010 年，投机者和游资大规模进入水果产业，不少投机者对主产区果园采取整树包下的方式，从源头控制水果供给和价格，导致了苹果等水果价格的短期迅速上升。市场投机者对水果价格的控制，严重干扰了水果市场的正常秩序①。

（3）市场发育程度和信息流畅性对价格的影响。水果市场的发育程度直接影响着水果市场价格的形成和水果价值的实现。我国水果市场发育程度不高，区域市场发展不平衡，影响了全国统一市场的形成，城乡水果市场缺乏紧密联系，呈现二元化发展状态，与国外市场对接程度低，这使得水果市场不能很好地发挥其资源调节配置功能，加之果农组织化程度比较低，水果生产经营的规模和结构调整需要很长一段时间才能实现，因此非市场化的水果流通体制价格信号的失真乃至传导阻塞，导致果农无法按照市场信号形成正确的预期，产生水果生产决策失误，从而引起水果价格的波动。市场信息的偏差引起了水果市场的价格风险，而水果市场运行中缺少反风险机制、风险分担机制、价格发现机制、权益保障机制及农产品套期保值机制，使得水果市场风险不能得到很好的防范。

（4）国际市场价格与汇率的影响。中国农业是世界农业的重要组成部分，中国水果市场是世界水果市场的重要组成部分，水果国际市场价格影响着中国水果的市场价格。一般说来，其他条件不变时，水果的国际价格上升时，出口水果将会获得更多的收益，净出口会增加，国内供给将会减少，国内市场价格将会升高；反之，水果的国际价格下降时，净出口会减少，国内供给相对增加，水果国内市场价格将会降低。同时，人民币汇率变动也会影响到水果市场

① 刘芳，何忠伟．中国鲜活果蔬产品价格波动与形成机制研究［M］．北京：中国农业出版社，2012.

价格。有研究表明：人民币汇率变动对于物价水平产生了较为显著的影响，二者总体上呈反向变动关系。自 2006 年以来，中国农产品供求关系并未发生异常的变化，但同期中国贸易顺差和外汇储备持续增加，货币供应量 M2 维持在 17%～19%的高位水平，2009 年以来，M1 增速也明显加快，对农产品需求形成了一定的拉动作用①。

7.5 水果市场价格变动

在这里，主要分析全国及山东省水果市场价格（包括生产者出售价格、批发价格和零售价格）的年度、季度和月度变动。

7.5.1 水果生产者出售价格变动

改革开放后我国水果价格变化经历了三个时期。第一个时期是 20 世纪 70 年代末至 20 世纪 90 年代初，水果价格大幅度上涨。如以 1978 年价格指数为 100，到 1985 年苹果的价格指数达到 244，1992 年为 501.3。价格如此大幅度上升，一方面是由于市场放开以后，水果价格直接受供求关系调节，另一方面也受到经济快速发展、人们生活水平提高和通货膨胀等宏观经济因素的影响；第二个时期是 20 世纪 90 年代中期至 21 世纪初，水果价格总体稳定，部分年份价格下降。这主要是因为 20 世纪 90 年代以来，我国水果种植面积不断扩大，产量增长较快，加上当时市场信息体系还不健全，营销体系还不完善等因素，导致水果市场疲软；第三个时期是 21 世纪中期至今，水果价格总体呈现递增态势。1998 年全国苹果平均出售价格为 1.00 元/千克，山东省平均出售价格为 1.11 元/千克。1999—2006 年全国及山东省苹果平均出售价格一直低于 2.00 元/千克，此后苹果价格大幅度上涨，2007 年全国及山东省苹果平均出售价格分别为 2.80 元/千克和 2.87 元/千克，2012 年分别为 4.26 元/千克和 3.86 元/千克，如图 7-5②。这主要是因为，经过大幅度结构调整和品种改良后，我国水果尤其是苹果质量提高很快，加之水果流通体系不断完善，产后加工能力有所提高，使得水果价格有所恢复并上升。③

---

① 刘芳，何忠伟．中国鲜活果蔬产品价格波动与形成机制研究［M］．北京：中国农业出版社，2012.

② 数据来源：《全国农产品成本收益资料汇编》。

③ 农业部种植业管理司．中国苹果产业发展报告（1995—2005）［M］．北京：中国农业出版社，2007.

从年度变动来看，水果生产者价格变动频繁。图 7 - 6[①] 显示了 1978—2012 年全国水果生产者价格指数[②]，可以看出 2002 年以前全国水果生产者价格指数与农产品生产者价格总指数变动呈现出很强的一致性，但从 2002 年以后水果生产者价格指数变动与农产品生产者价格总指数变动呈现出不一致性。全国水果价格在 20 世纪 80 年代中期到 90 年代中期年度波动比较剧烈。图 7 - 7[③] 显示了 1986—2012 年山东水果生产者价格指数，表现出与全国水果生产者价格指数大致相同的变动趋势，山东水果生产者价格指数在 1997 年前变动比较剧烈，1997 年后年度变动趋缓。

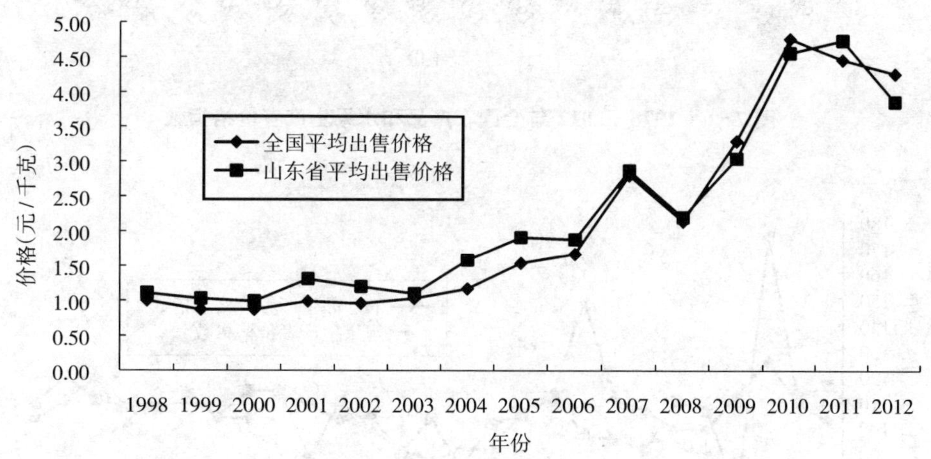

图 7 - 5 1998—2012 年全国及山东省苹果平均出售价格

从主要水果种类和品种来看，年度价格波动也缺乏规律性。从图 7 - 8、图 7 - 9 和图 7 - 10[④] 可以看出，2004—2012 年，苹果、梨、葡萄、桃的生产者价格变动频繁，总体呈现出价格升高态势，苹果和梨的价格波动幅度大于葡萄和桃。在苹果中，国光苹果和秦冠苹果价格波动幅度大于红富士苹果和香蕉苹果。在梨中，雪花梨和香梨价格波动大于鸭梨和酥梨。

水果价格波动频繁，与农业领域的弱质性、农产品市场失灵和农业的外

① 数据来源：《中国统计年鉴》、《中国农村统计年鉴》、《中国农产品价格调查年鉴》。

② 农产品生产者价格是指农产品生产者第一手（直接）出售其产品时实际获得的单位产品价格。农产品生产者价格指数是反映一定时期内，农产品生产者出售的农产品价格水平变动趋势及幅度的相对数。

③ 数据来源：《山东统计年鉴》。

④ 数据来源：《中国农产品价格调查年鉴》。

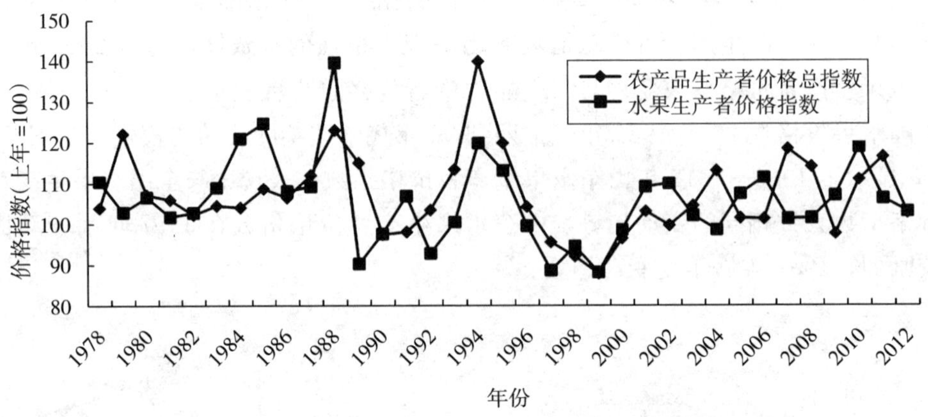

图 7-6 1978—2012 年全国农产品和水果生产者价格指数

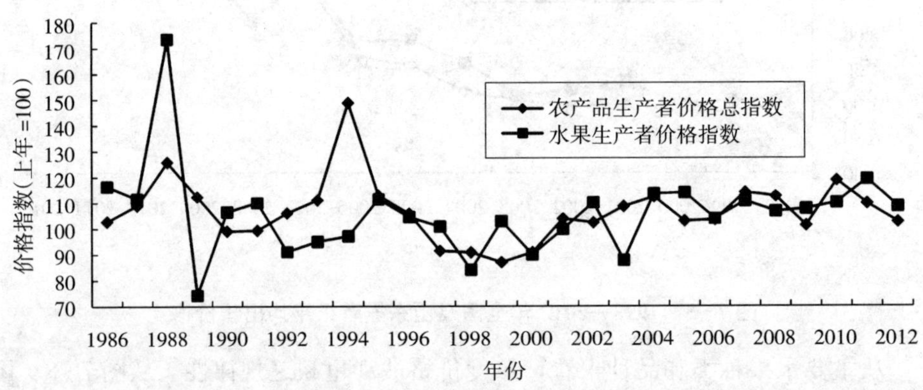

图 7-7 1986—2012 年山东省农产品和水果生产者价格指数

部性关系密切。自然条件在很大程度上影响着水果生产，良好的自然条件有利于增加水果供给，恶劣的自然条件会降低水果供给，这种影响比对非农产品生产的影响要大得多，而且这种影响往往会波及其他产业。市场机制在水果价格形成中起着决定作用，但农产品市场失灵会降低这种作用，水果生产调节的失灵和对农业生产要素投入调节的失灵是水果市场失灵的两个主要原因。①

① 罗永恒．中国农产品价格波动对经济增长影响的研究［D］．长沙：湖南农业大学，2012.

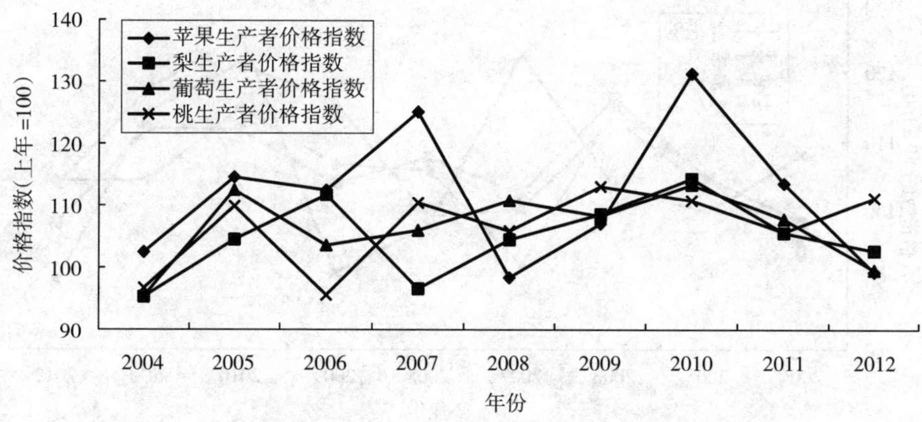

图 7-8　2004—2012 年全国部分水果种类生产者价格指数

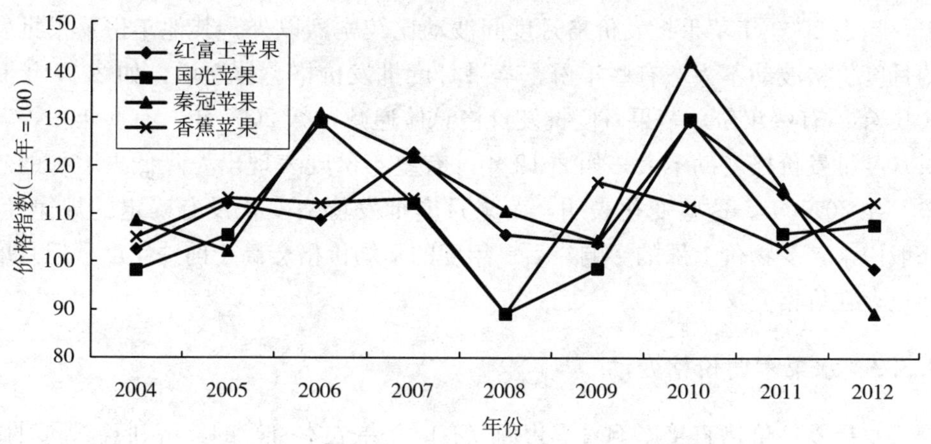

图 7-9　2004—2012 年全国苹果品种生产者价格指数

7.5.2　水果批发者价格变动

水果批发是水果采后营销的一个重要环节，在水果销售中起着重要作用。通过批发，水果进入下一级批发商或者零售商，最终进入消费环节。水果批发价格直接影响着水果批发商的经济利益，影响着水果流通的效率。

图 7-11① 反映了 2007—2012 年全国苹果月度批发价格的变化。可以看

① 数据来源：根据商务部网站市场监测数据（国内农副产品价格走势）整理。

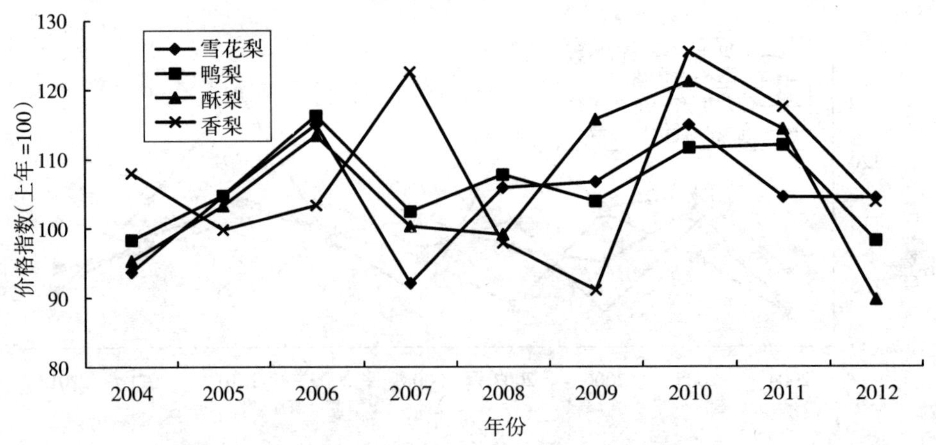

图 7-10　2004—2012 年全国梨品种生产者价格指数

出，除去 2009 年苹果批发价格月度间波动比较剧烈以外，其他年份苹果批发的月度价格波动不大。有些年份，苹果月度批发价格总体递增，如 2007 年和 2010 年。有些年份，苹果月度批发价格总体递减，如 2008 年。有些年份，苹果月度批发价格变动不大，如 2012 年。有些年份则表现出先降低再增加的趋势，如 2011 年。这些变化表明，苹果月度批发价格变化没有确定的规律性。一般说来，受物价上涨的影响，后一年度的平均价格会高于前一年度，但月度间也存在价格交叉。

7.5.3　水果零售价格变动

水果零售价格直接影响着零售商（有时是果农本身）的经济利益，同时影响着消费者的购买活动。图 7-12① 反映了 1978—2012 年全国农产品和干鲜瓜果零售价格指数的变化。可以看出，干鲜瓜果零售价格指数变化与农产品零售价格总指数变化表现出高度的一致性，但前者年度变动幅度高于后者。干鲜瓜果零售价格在部分年份出现下降（1982 年、1986 年、1989—1990 年、1997—2000 年、2012 年），但多数年份价格比上年增加，总体呈现出递增态势。图 7-13② 反映了山东省 1999—2012 年干鲜瓜果零售价格指数变动。可以看出，除 2000 年、2003 年和 2012 年干鲜瓜果价格低于上年外，其他年份价格都高于上年，价格总体呈现出递增态势。

①② 数据来源：《中国统计年鉴》、《中国农村统计年鉴》、《中国农产品价格调查年鉴》。

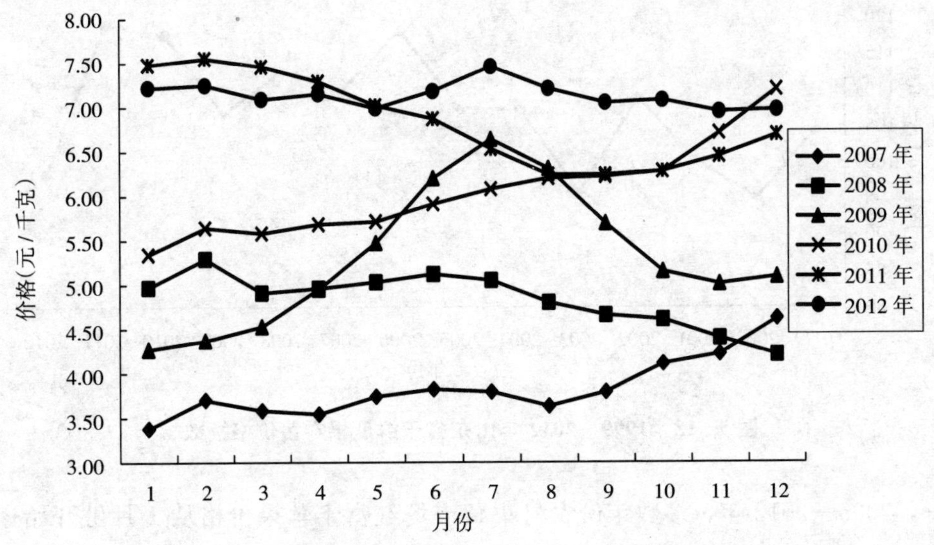

图 7-11 2007—2012 年全国苹果月度批发价格

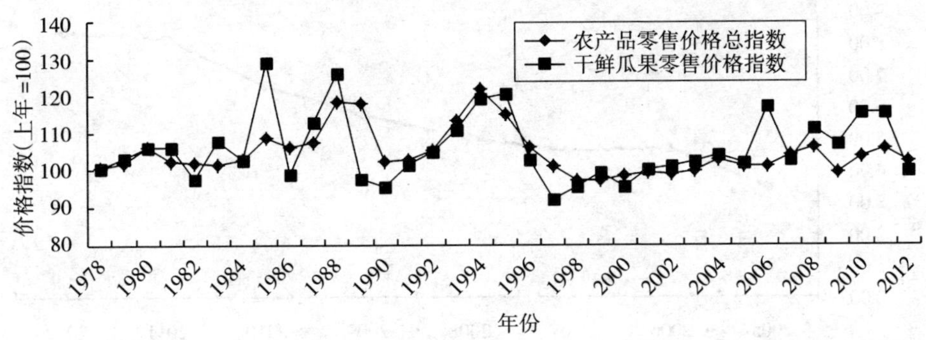

图 7-12 1978—2012 年全国农产品和干鲜瓜果零售价格指数

现在以红富士苹果为例，考察水果零售价格的年度、季度和月度变化。从年度变化来看，2005—2012 年全国农村集贸市场红富士苹果年度价格一路走高，2005 年为 3.49 元/千克，2008 年为 5.05 元/千克，2010 年为 6.72 元/千克，2012 年则达到 8.44 元/千克。从季度变化来看，从第一季度到第四季度，农贸市场红富士苹果价格各年都呈现出先增加再下降的态势，但各年间价格顶峰所处的季度不同，有些年份是第二季度，如 2008 年和 2011 年，有些年份是第三季度，如 2005—2007 年、2009—2010 年和 2012 年。多数情况下，某年某一季度价格高于往年同季度价格，但有时季度价格有交叉。从月度变化来

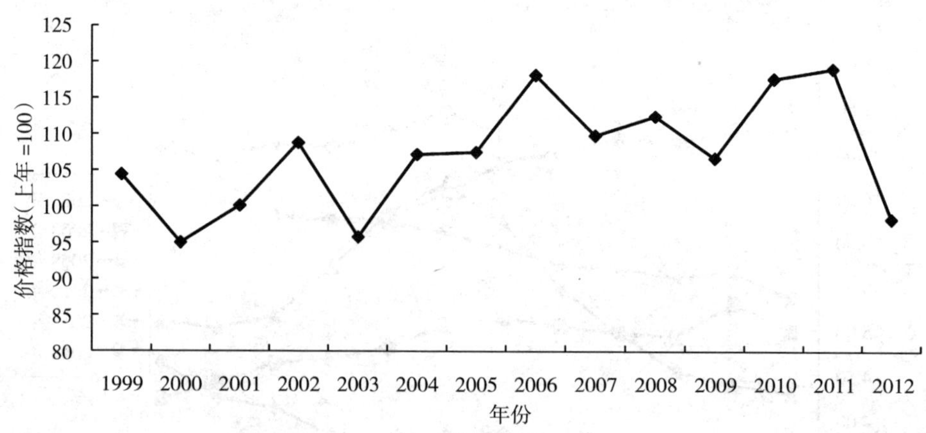

图 7-13　1999—2012 年山东省干鲜瓜果零售价格指数

看，2005—2012 年，多数年份农村集贸市场红富士苹果价格从 1 月份开始逐月上升，在 7—8 月份达到最高，此后随着当年水果上市而下降，但 2010 年表现例外，如图 7-14、图 7-15 和图 7-16①。

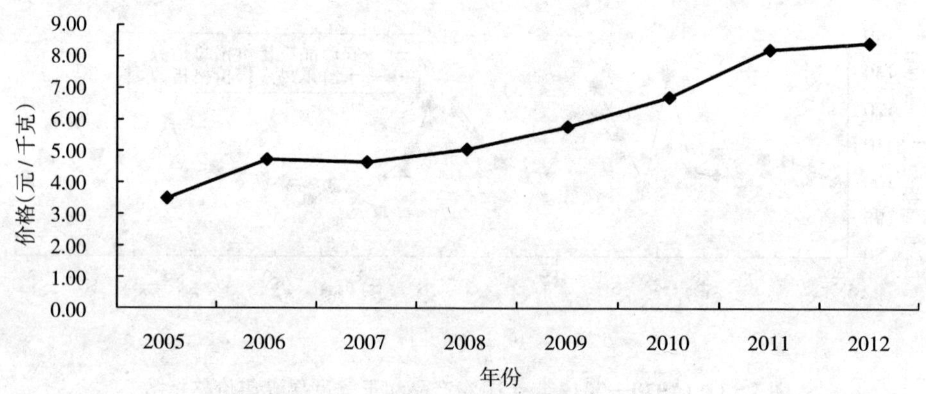

图 7-14　2005—2012 年全国农村集贸市场红富士苹果年度价格

7.6　保持水果市场稳定和价格合理水平的对策

水果价格波动反映的是水果市场供求关系的变化。当前，水果的居民消费需求、加工需求、出口需求随着人口数量增长、城镇化推进、经济增长、经济国际一体化的推进等持续增长。要保持水果市场稳定和价格合理水平，就需要

① 数据来源：《中国农产品价格调查年鉴》。

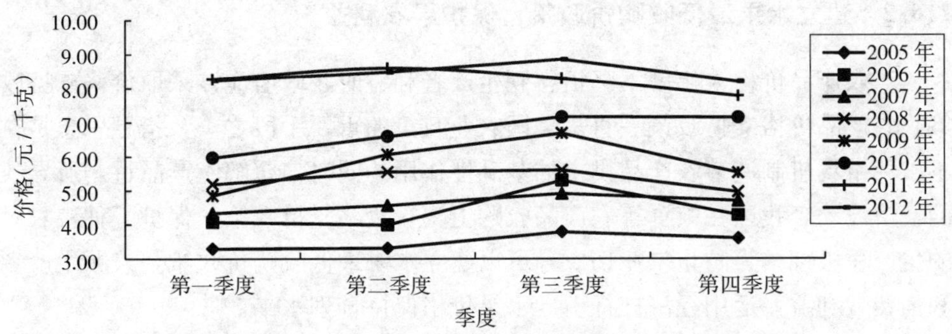

图 7-15 2005—2012 年全国农村集贸市场红富士苹果季度价格

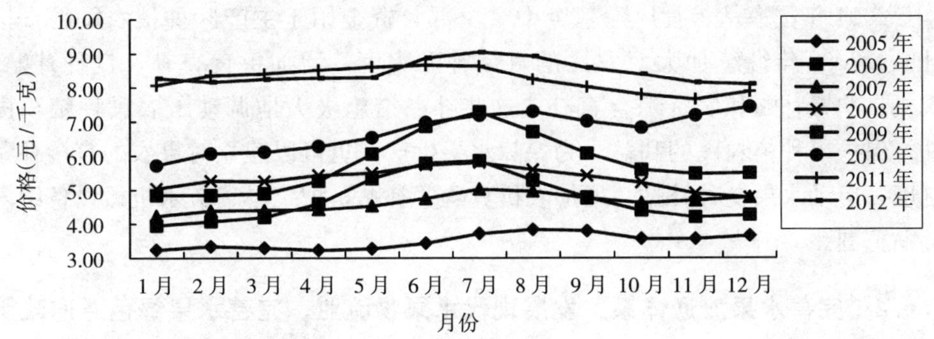

图 7-16 2005—2012 年全国农村集贸市场红富士苹果月度价格

建立以加强和完善政府调控为中心，以最低收购价政策、对农民直接补贴制度、水果绿色通道政策为激励，以水果储备制度、农业生产资料市场管理为基本手段的政策框架。

7.6.1 进一步强化和完善政府调控职能

保障和调节水果供给，保持水果市场稳定和合理价格水平，要加强和完善政府调控职能。政府要搞好产销区协作，优化产业结构，加强水果市场管理和宏观调控。要加强对水果生产、消费、库存及进出口的监测和调控，建立和完善水果预警系统，维护国内水果市场稳定。要统筹利用两个市场、两种资源，适应生产方式、产销格局和资源环境的变化，保障国内水果供给和生产的发展。要完善水果市场价格形成机制，理顺比价关系，充分发挥市场价格对增产增收的促进作用。要密切跟踪国内外水果市场变化，适时加强政府调控，灵活运用多种手段，努力避免水果价格下行，防止果贱伤农，保障水果经营收入稳定增长。

7.6.2 建立水果最低收购价政策，保护果农利益

当农产品价格大幅度下降损害到生产者利益时，政府应该采取价格支持政策。农产品价格支持政策一直是美国农业政策的重要手段之一，指导思想是在不破坏市场机制调节农产品供求的基础性作用的同时，缓解农产品过剩所导致的经济波动。我国在粮食等农产品收购上实行价格支持政策，保护了种粮农民的生产积极性。为防止果贱伤农，可以建立水果最低收购价政策，兼顾生产者和消费者利益，运用经济杠杆引导水果价格保持合理水平。

7.6.3 建立对果农支持补贴制度

2004年国家从粮食风险基金中拿出部分资金用于主产区种粮农民的直接补贴，2008年继续加大对农民的直接补贴力度，增加粮食直补、良种补贴、农机具购置补贴和农资综合直补，这些补贴措施极大地调动了农民种粮积极性，保护了种粮农民的利益。为保障水果生产，也可以建立对果农的直接补贴制度，启动水果良种补贴、增加农机具购置补贴，把抗旱、节水机械设备纳入补贴范围。

7.6.4 完善水果流通体系，发展现代水果物流业，完善水果绿色通道政策

现代水果物流业的发展，水果流通体系的完善，对于促进水果快速流通，保障市场供给具有重要意义。当前，我国水果等农产品物流体系建设取得了较大成绩，但也还存在着许多问题。大部分果农只能为水果流通提供简单的运输、仓储和初加工服务，农产品物流中心、农产品仓储等设施建设还不能满足水果流通的需要。因此，要进一步加强水果流通体系建设，增加对农产品物流中心和农产品仓储设施建设的投资，引导民间资本投资农产品仓储业，鼓励流通企业参与水果采摘、仓储、运输和上市全过程或部分过程，在全国建立高效率的水果绿色通道，改善水果流通环境，加快形成流通成本低、运行效率高的水果营销网络，完善水果绿色通道政策。

7.6.5 建立水果储备制度，调节市场供给

水果生产有特定的周期性，当某一时期内水果市场供给增加时，水果价格就会下降，当某一时期内水果市场供给减少时，水果价格就会升高，导致价格的频繁波动。可以借鉴国家在粮食、肉类等农产品上实行的储备制度，对水果也建立储备制度，加强水果储备体系建设，完善吞吐调节机制，引导企业建立

商业性储备，当价格下跌或者上涨到一定程度时，运用水果储备制度平抑市场价格。

7.6.6 加强农业生产资料市场管理，稳定水果生产资料价格

水果生产资料价格影响着水果生产成本，进而影响水果价格。近年来，水果生产所需要的化肥、农药、地膜、燃料等价格一再上涨，导致水果价格不断上升。要加强对农业生产资料市场的管理，保证水果生产资料货源充足、价格基本稳定，严厉打击制售假冒伪劣农资等坑农伤农行为，控制农资价格过快上涨，完善与农业生产资料价格上涨挂钩的农资综合补贴动态调整机制。

8 山东水果对外贸易

8.1 中国水果贸易态势与主要特征

(1) 中国水果出口面临良好发展环境和机遇。首先，加入 WTO 后，中国水果出口面临的各种关税和非关税壁垒大大降低。过去，一些国家经常以食品卫生安全、反倾销、反补贴和环境保护为名，对中国水果出口设置障碍。加入 WTO 后，中国能充分利用 WTO 的有关规则，有效解决中国水果出口遇到的不公平待遇问题。其次，近年来，全世界水果贸易量不断增加，发达国家对水果的需求量越来越大，这为中国水果出口带来了巨大的机遇。国际货运、物流业的迅速发展以及水果的产后加工和保鲜技术不断提高，为水果国际贸易的发展提供了很好的基础和条件。再次，中国水果出口具有价格优势和资源优势。中国劳动力资源丰富，劳动力成本低，中国水果在国际市场上具有较强的价格竞争力。同时，中国多样的气候类型孕育了丰富的品种资源。

(2) 水果贸易继续保持强劲，贸易数量和贸易金额不断增长。中国是水果出口和进口贸易大国。从出口数量来看，2002—2009 年，中国水果出口数量总体保持增加态势，出口量从 2002 年的 112.5 万吨，增长到 2009 年的 329.9 万吨，橘（橙）出口量从 19.7 万吨增长到 98.5 万吨，鲜苹果出口量从 43.9 万吨增长到 117.2 万吨，均为历史最高水平。2009—2011 年，水果出口总量、橘（橙）及鲜苹果出口数量有所下降。2012 年出口数量分别为 304.0 万吨、94.3 万吨和 97.6 万吨。从出口金额来看，2002—2012 年，中国水果出口金额持续增长，从 2002 年的 4.638 亿美元增长到 2012 年的 34.046 亿美元，橘（橙）出口金额从 5 120 万美元增长到 8.399 亿美元，鲜苹果出口金额从 1.494 亿美元增长到 9.599 亿美元。在出口水果产品中，苹果占最重要地位。我国是世界最大的苹果生产国，苹果是我国出口创汇最多的园艺产品之一。2002—2012 年，我国出口的鲜苹果数量和金额持续增长，出口数量占水果出口数量比重的平均值为 39.1%，出口金额占水果出口金额比重的平均值为 34.0%，如表 8-1。

表 8-1　2002—2012 年中国水果出口数量和出口金额

单位：万吨,%，百万美元

年份	水果出口数量	橘、橙出口数量	鲜苹果出口数量	鲜苹果占比重	水果出口金额	橘、橙出口金额	鲜苹果出口金额	鲜苹果占比重
2002	112.5	19.7	43.9	38.8	463.8	51.2	149.4	32.2
2003	145.9	26.5	60.9	41.7	604.3	69.4	209.8	34.7
2004	174.9	33.3	77.4	44.2	771.5	97.5	274.4	35.6
2005	200.2	42.6	82.4	41.2	904.9	128.3	306.3	33.8
2006	198.3	38.6	80.4	40.6	1 097.8	137.4	372.6	33.9
2007	240.7	47.3	101.9	42.5	1 377.6	205.5	512.6	37.2
2008	285.1	74.8	115.3	40.5	1 822.0	362.3	698.3	38.3
2009	329.9	98.5	117.2	35.5	2 162.2	506.4	712.1	32.9
2010	300.4	81.4	112.3	37.4	2 411.2	521.0	831.6	34.5
2011	288.7	79.3	103.5	35.8	2 838.7	636.9	914.3	32.2
2012	304.0	94.3	97.6	32.1	3 404.6	839.9	959.9	28.2

注：水果包括鲜、干水果及坚果。
数据来源：《中国农村统计年鉴》。

从进口来看，2002—2012 年中国水果进口数量和进口金额持续增长，分别从 2002 年的 101.0 万吨、3.719 亿美元增长到 2012 年的 327.0 万吨、36.72 亿美元。其中，香蕉的进口数量和进口金额分别从 2002 年的 35 万吨、7 540 万美元变动到 2012 年的 63 万吨、3.658 亿美元。2002—2012 年，香蕉在进口水果数量和金额中所占比重年均分别为 27.8%和 14.6%，如表 8-2。

表 8-2　2002—2012 年中国水果进口数量和进口金额

单位：万吨,%，百万美元

年份	水果进口数量	香蕉进口数量	香蕉所占比重	水果进口金额	香蕉进口金额	香蕉所占比重
2002	101.0	35	34.5	371.9	75.4	20.3
2003	105.7	42	39.7	470.8	93.4	19.8
2004	112.2	38	33.9	594.6	93.5	15.7
2005	116.5	36	30.9	626.9	100.0	16.0
2006	129.7	39	30.1	681.2	116.2	17.1
2007	136.7	33	24.1	831.0	111.0	13.4
2008	171.6	36	21.0	1 151.7	138.6	12.0

（续）

年份	水果进口数量	香蕉进口数量	香蕉所占比重	水果进口金额	香蕉进口金额	香蕉所占比重
2009	234.8	49	20.9	1 649.3	179.0	10.9
2010	261.1	67	25.7	2 061.3	246.7	12.0
2011	320.1	82	25.6	2 926.8	401.3	13.7
2012	327.0	63	19.3	3 672.0	365.8	10.0

注：水果包括鲜、干水果及坚果。

数据来源：《中国农村统计年鉴》。

从贸易总量来看，2002—2012 年中国水果贸易数量和贸易金额都表现出强劲的增长态势。2002 年中国水果贸易数量为 213.5 万吨，2012 年增长到 631.0 万吨。2002 年中国水果贸易金额为 8.357 亿美元，2012 年增长到 70.766 亿美元。2002—2010 年，中国水果出口数量和出口金额超过进口数量和进口金额，呈现出顺差态势，但在 2011—2012 年，中国水果出口数量和出口金额少于进口数量和进口金额，水果贸易出现了逆差，如图 8－1 和图 8－2①。

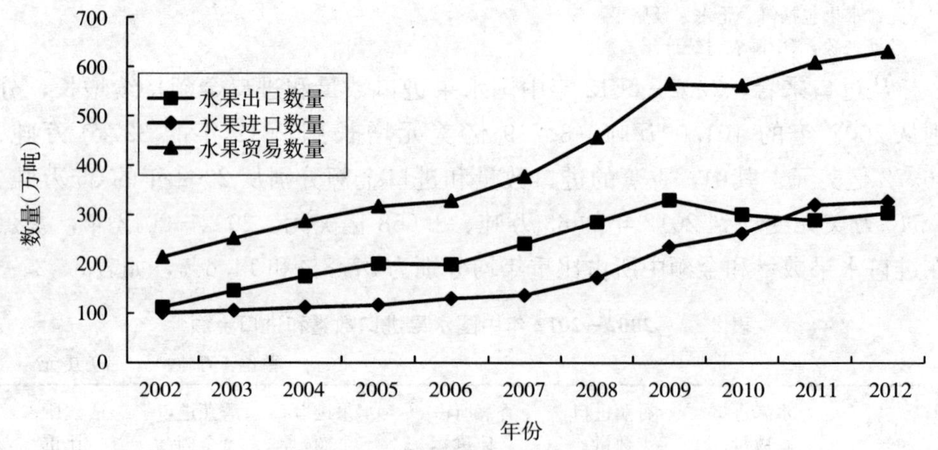

图 8－1　2002—2012 年中国水果贸易数量

（3）出口量较大，国际市场占有率较高。中国水果出口在世界市场上具有重要地位。2011 年，中国鲜水果出口金额为 2.708 2 亿美元，占世界鲜水果出

① 数据来源：《中国农业年鉴》。

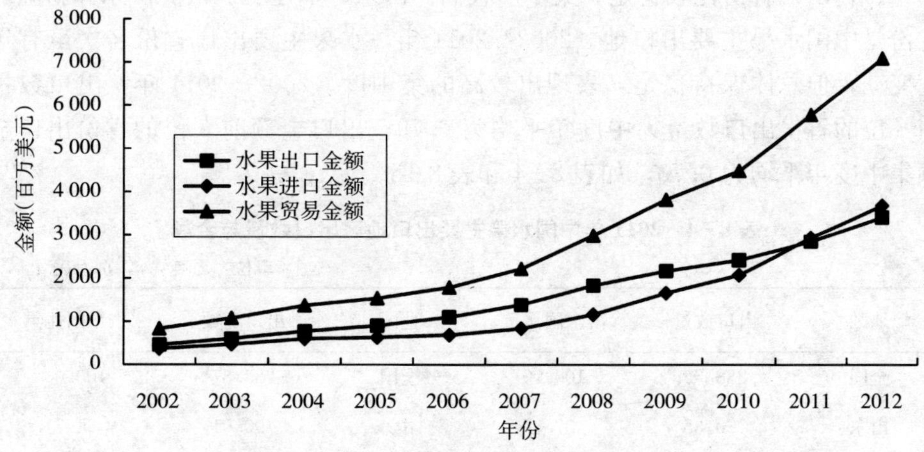

图 8-2　2002—2012 年中国水果贸易金额

口金额的 12.78%，2002—2011 年，中国鲜水果出口金额占世界鲜水果出口金额平均为 10.39%。2011 年，中国干水果出口金额为 1.074 2 亿美元，占世界干水果出口金额的 8.69%，2002—2011 年，中国干水果出口金额占世界干水果出口金额比重平均为 10.35%，如表 8-3。

表 8-3　2002—2011 年中国水果的国际市场占有率

单位：百万美元，%

年份	中国鲜水果出口金额	世界鲜水果出口金额	占比	中国干水果出口金额	世界干水果出口金额	占比
2002	71.35	454.86	15.69	28.25	334.63	8.44
2003	38.03	485.72	7.83	46.29	468.29	9.88
2004	57.98	575.61	10.07	52.80	481.49	10.97
2005	56.86	742.46	7.66	47.38	510.07	9.29
2006	63.74	861.42	7.40	63.35	572.19	11.07
2007	88.25	1 019.19	8.66	85.01	719.91	11.81
2008	116.35	1 236.10	9.41	92.62	833.49	11.11
2009	180.33	1 399.25	12.89	92.59	793.87	11.66
2010	189.54	1 650.52	11.48	94.02	892.71	10.53
2011	270.82	2 119.06	12.78	107.42	1 236.71	8.69

数据来源：联合国粮农组织数据库（http：//faostat. fao. org），经作者计算。鲜水果为“Fruit Fresh Nes”项下的数据，干水果为“Fruit Dried Nes”项下的数据。

（4）出口省份比较稳定，集中度较高。山东、福建、广西、广东和新疆等省份是中国水果主要出口地。2002—2011 年，水果主要出口省份名次虽有年度变动，但总体保持稳定，表现出较高的集中度。2002—2011 年，出口数量前 6 位的省份出口数量集中度年平均为 0.79，出口金额前 6 位的省份出口金额集中度年平均为 0.73，如表 8-4 和表 8-5。

表 8-4　2011 年中国水果主要出口地区出口数量与金额

单位：万吨，%，百万美元

地区	出口数量	占全国比重	地区	出口金额	占全国比重
全国	288.65	100.00	全国	283.87	100.00
山东	80.38	27.85	山东	90.01	31.71
广西	40.48	14.03	福建	39.19	13.80
福建	38.19	13.23	广东	24.23	8.54
广东	30.34	10.51	广西	20.82	7.33
新疆	17.81	6.17	新疆	18.82	6.63

数据来源：《中国农业年鉴》。

表 8-5　2002—2011 年中国水果出口数量和金额前 6 位产业集中度

单位：万吨，百万美元

年份	全国出口数量	前 6 位出口数量	数量 CR_6	全国出口金额	前 6 位出口金额	金额 CR_6
2002	112.54	89.08	0.79	463.80	332.08	0.72
2003	145.86	114.31	0.78	604.32	443.22	0.73
2004	174.87	136.70	0.78	771.54	572.50	0.74
2005	200.18	159.10	0.79	905.09	641.67	0.71
2006	198.29	154.87	0.78	1 097.75	773.74	0.70
2007	240.74	188.72	0.78	1 378.10	1 014.91	0.74
2008	285.12	237.92	0.83	1 821.98	1 413.68	0.78
2009	329.94	270.69	0.82	2 161.78	1 615.32	0.75
2010	300.40	240.68	0.80	2 410.98	1 770.03	0.73
2011	288.65	224.25	0.78	2 838.71	2 113.64	0.74

数据来源：《中国农业年鉴》。

（5）出口市场主要是亚洲，但对欧美出口不断增加。近年来，中国水果的主体出口市场得到巩固发展，骨干出口市场显著扩大，辅助出口市场明显拓展。亚洲和欧洲是中国苹果的主要出口市场，2012 年中国出口到这两个大洲的苹果分别为 8.337 4 亿美元和 1.146 3 亿美元，分别占中国苹果出口总额的 86.86%和 11.94%。中国苹果对非洲和北美洲出口量较小，2012 年中国出口到这两个大洲的苹果分别为 512 万美元和 515 万美元，分别占中国苹果出口总额的 0.53%和 0.54%。从年度变动来看，亚洲市场所占比重越来越大，其他市场所占比重有下降趋势，如表 8-6。中国柑橘主要出口亚洲、欧洲和北美洲，2012 年中国出口到这三个大洲的柑橘分别为 7.695 5 亿美元、1.761 9 亿美元和 2 612 万美元，分别占中国柑橘出口总额的 79.18%、18.13%和 2.69%，如表 8-7。

表 8-6　2005—2012 年中国苹果分大洲出口金额

单位：百万美元,%

年份	出口总额	亚洲	占比	欧洲	占比	非洲	占比	北美洲	占比
2005	306.31	236.85	77.32	63.98	20.89	2.07	0.68	2.62	0.85
2006	372.55	282.63	75.86	83.69	22.46	1.34	0.36	4.09	1.10
2007	512.67	379.99	74.12	123.91	24.17	3.40	0.66	4.34	0.85
2008	698.66	518.22	74.17	160.78	23.01	12.40	1.77	6.32	0.90
2009	712.09	573.47	80.53	120.73	16.95	13.10	1.84	3.82	0.54
2010	831.53	689.21	82.88	125.89	15.14	11.20	1.35	4.71	0.57
2011	914.33	776.30	84.90	127.79	13.98	5.09	0.56	3.16	0.35
2012	959.91	833.74	86.86	114.63	11.94	5.12	0.53	5.15	0.54

数据来源：中华人民共和国商务部《中国农产品出口月度统计报告》。

表 8-7　2005—2012 年中国柑橘属水果分大洲出口金额

单位：百万美元,%

年份	出口总额	亚洲	占比	欧洲	占比	北美洲	占比
2005	143.20	106.01	74.03	20.21	14.12	16.93	11.82
2006	161.51	116.09	71.88	30.23	18.72	15.16	9.38
2007	257.66	165.28	64.15	72.54	28.16	19.79	7.68
2008	437.37	321.78	73.57	95.56	21.85	20.01	4.58
2009	592.23	444.68	75.09	128.14	21.64	19.35	3.27
2010	615.77	465.76	75.64	128.62	20.89	21.38	3.47
2011	726.46	579.48	79.77	121.51	16.73	25.66	3.53
2012	971.91	769.55	79.18	176.19	18.13	26.12	2.69

数据来源：中华人民共和国商务部《中国农产品出口月度统计报告》。

东南亚国家和俄罗斯是中国苹果和柑橘主要出口国家。2012 年，中国出口到印度尼西亚和俄罗斯的苹果分别为 1.429 亿美元和 1.060 9 亿美元，出口到泰国、菲律宾和越南的苹果分别为 9 732 万美元、7 811 万美元和 6 939 万美元。出口到印度尼西亚和马来西亚的柑橘分别为 1.712 1 亿美元和 1.824 9 亿美元，出口到越南和俄罗斯的柑橘分别为 1.198 1 亿美元和 1.112 0 亿美元，如表 8－8 和表 8－9。

表 8－8　2005—2012 年中国苹果分国家出口金额

单位：百万美元

年份	印度尼西亚	俄罗斯联邦	泰国	菲律宾	越南
2005	38.98	39.94	27.29	26.11	24.83
2006	49.53	52.13	33.18	39.49	19.93
2007	66.51	89.60	43.63	45.84	21.32
2008	80.93	124.75	62.21	57.08	49.72
2009	78.23	103.06	72.57	59.28	57.95
2010	132.17	115.64	83.12	57.05	50.15
2011	149.12	118.63	96.11	65.92	52.45
2012	142.90	106.09	97.32	78.11	69.39

数据来源：中华人民共和国商务部《中国农产品出口月度统计报告》。

表 8－9　2005—2012 年中国柑橘属水果分国家出口金额

单位：百万美元

年份	印度尼西亚	马来西亚	越南	俄罗斯联邦
2005	14.80	28.68	26.07	16.45
2006	18.39	34.40	24.09	19.27
2007	41.19	49.84	16.67	39.84
2008	71.46	93.86	71.09	42.67
2009	124.95	87.74	99.78	65.89
2010	127.94	120.65	87.05	71.07
2011	167.42	143.31	89.21	70.29
2012	171.21	182.49	119.81	111.20

数据来源：中华人民共和国商务部《中国农产品出口月度统计报告》。

8.2　山东水果贸易在全国的地位

山东省是中国水果生产和贸易大省，不仅水果种植面积大、产量高，而且出口量大、出口种类多。2002—2011年，山东水果出口数量和出口金额持续增长，出口数量从2003年起占据全国首位，2011年山东水果出口数量占全国水果出口数量的27.85%，出口金额从2002年起一直居于首位，2011年山东水果出口金额占全国水果出口金额的31.71%。山东水果出口在中国水果出口贸易中占据重要地位，如表8-10。

表8-10　2002—2011年山东水果出口贸易在全国的地位

单位：万吨，%，百万美元

年份	山东水果出口数量	全国水果出口数量	占比	位次	山东水果出口金额	全国水果出口金额	占比	位次
2002	23.14	112.54	20.56	2	109.51	463.80	23.61	1
2003	33.50	145.86	22.97	1	172.79	604.32	28.59	1
2004	43.72	174.87	25.00	1	238.20	771.54	30.87	1
2005	48.30	200.19	24.13	1	276.76	905.09	30.58	1
2006	53.14	198.29	26.80	1	371.97	1 097.75	33.88	1
2007	70.29	240.74	29.20	1	495.68	1 378.10	35.97	1
2008	73.05	285.12	25.62	1	604.41	1 821.98	33.17	1
2009	78.21	329.94	23.70	1	630.69	2 161.78	29.17	1
2010	81.51	300.40	27.14	1	754.99	2 410.98	31.31	1
2011	80.38	288.65	27.85	1	900.08	2 838.71	31.71	1

注：水果包括鲜、干水果及坚果。

数据来源：《中国农村统计年鉴》、《中国农业年鉴》。

从进出口贸易总量来看，2002—2011年山东水果贸易数量和贸易金额逐年增长，2011年贸易量为87.36万吨，占全国水果贸易量的14.35%，10年间的年平均比重为15.41%；2011年山东水果贸易金额为9.738 2亿美元，占全国水果贸易金额的16.88%，2002—2011年年平均比重为19.24%。山东水果贸易在全国占有重要地位，如表8-11。

表 8-11 2002—2011 年山东水果贸易在全国的地位

单位：万吨，%，百万美元

年份	山东水果贸易数量	全国水果贸易数量	占比	位次	山东水果贸易金额	全国水果贸易金额	占比	位次
2002	24.05	213.57	11.26	4	120.12	835.71	14.37	2
2003	34.63	251.56	13.77	3	191.87	1 075.11	17.85	2
2004	45.42	287.08	15.82	2	264.17	1 366.16	19.34	2
2005	50.55	316.67	15.96	3	308.39	1 531.75	20.13	2
2006	55.50	328.01	16.92	2	400.86	1 778.94	22.53	1
2007	72.77	377.38	19.28	2	528.53	2 211.01	23.90	1
2008	77.27	456.74	16.92	3	651.18	2 974.86	21.89	2
2009	81.49	564.72	14.43	3	669.51	3 813.56	17.56	2
2010	86.11	561.50	15.34	3	804.28	4 472.91	17.98	2
2011	87.36	608.75	14.35	3	973.82	5 768.36	16.88	2

注：水果包括鲜、干水果及坚果。

数据来源：《中国农村统计年鉴》、《中国农业年鉴》。

8.3 山东水果贸易规模

8.3.1 水果产品总体贸易规模

山东省是中国水果生产和贸易大省。2002—2007 年山东水果产品出口数量稳定增长，随后受金融危机的影响，出口数量有所下降，2010 年得到恢复，达到历史最高水平 126.23 万吨。除 2009 年，2002—2012 年山东水果产品进口数量保持了总体增长态势，2012 年为 8.98 万吨。由于山东水果产品贸易存在大量顺差，因此山东水果产品对外贸易数量表现出与出口数量相同的发展态势。2002—2008 年山东水果产品出口金额持续增长，2009 年有所回落，2011 年达到历史最高出口金额 16.256 7 亿美元，2012 年下降到 15.965 7 亿美元。山东水果产品进口总体保持增长，2012 年达到最高值 1.067 9 亿美元。2002—2012 年山东水果产品对外贸易金额表现出与出口金额相同的变化态势，如图 8-3 和图 8-4①。

① 数据来源：山东省商务厅。水果产品是干鲜水果与水果制品的总和。干鲜水果包括 HS 分类中的 08.03—08.14 中的商品，水果制品包括 HS 分类中的 20.06、20.07、200820—200899 和 20.09 品目中的商品。

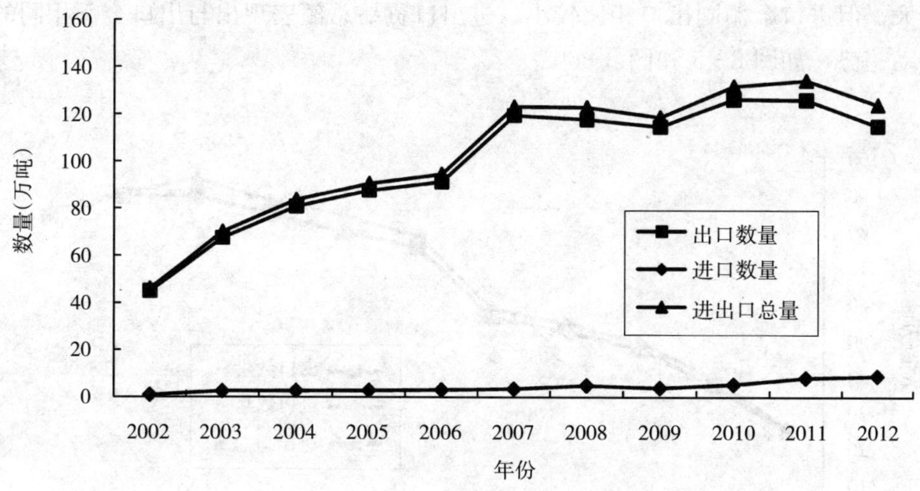

图 8-3　2002—2012 年山东省水果产品进出口数量

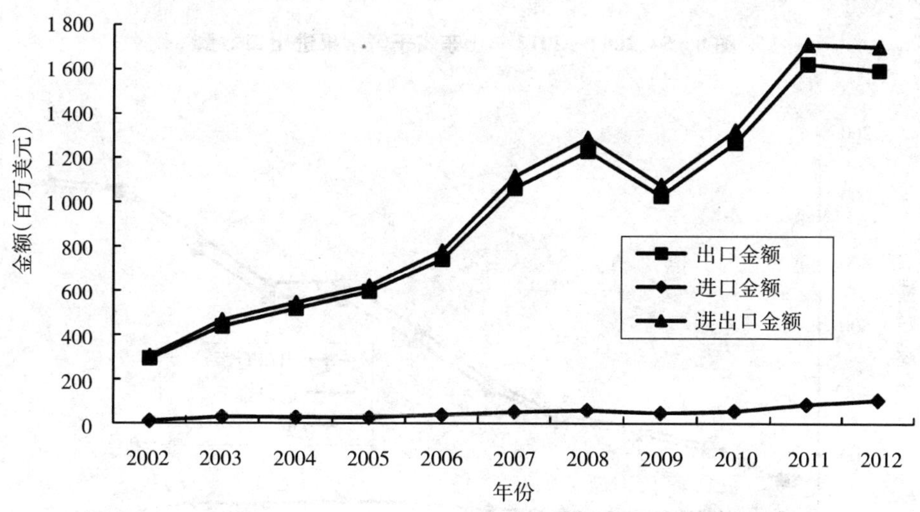

图 8-4　2002—2012 年山东省水果产品进出口金额

8.3.2　干鲜水果贸易规模

2002—2010 年山东省干鲜水果出口数量持续增长，2011 年开始有所回落，2012 年为 83.15 万吨，进口数量年度变动较大，但进口量同出口相比较小，干鲜水果贸易总量变动与出口变动具有相同的态势。2002—2012 年山东省干鲜水果出口金额持续增长，2012 年达到 10.281 2 亿美元，进口金额年度变动较大，但进口金额同出口相比较小，进出口贸易总额表现出与出口金额相同的变动趋势，如图 8-5 和图 8-6①。

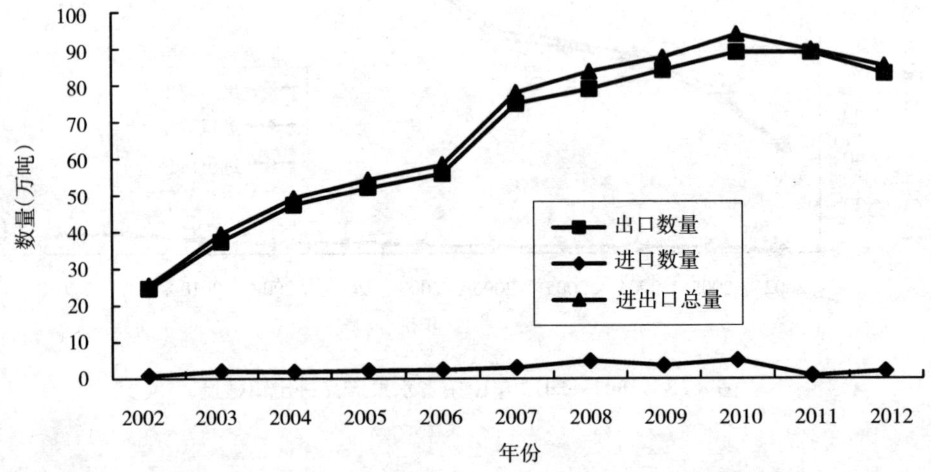

图 8-5　2002—2012 年山东省干鲜水果进出口数量

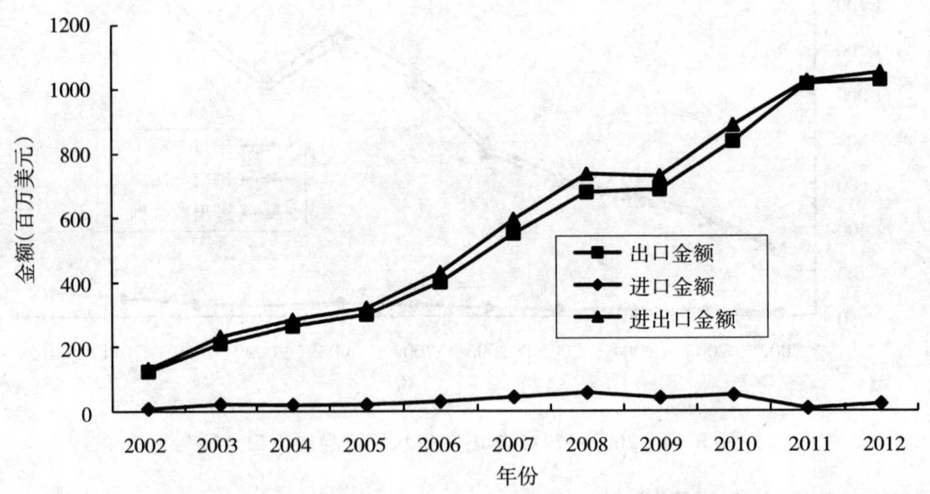

图 8-6　2002—2012 年山东省干鲜水果进出口金额

① 数据来源：山东省商务厅。干鲜水果包括 HS 分类中的 08.03—08.14 中的商品。

8.3.3 水果制品贸易规模

2002—2012年山东水果制品出口波动较大，2007年达到最高出口量44.43万吨，此后两年回落，2010年有所升高，2011—2012年再次回落，2012年为31.75万吨。进口数量年度变动较大，与出口数量相比较小，2002—2012年山东水果制品对外贸易总量变动与出口量变动趋势相似。2002—2008年山东水果制品出口金额保持增长，2009年出现大幅回落，此后两年出现增长，2012年回落至5.684 5亿美元。进口金额年度变动较大，2011年达到最高1 782万美元，2012年回落至950万美元。2002—2012年山东水果制品对外贸易金额变动与出口金额变动趋势相似，如图8-7和图8-8①。

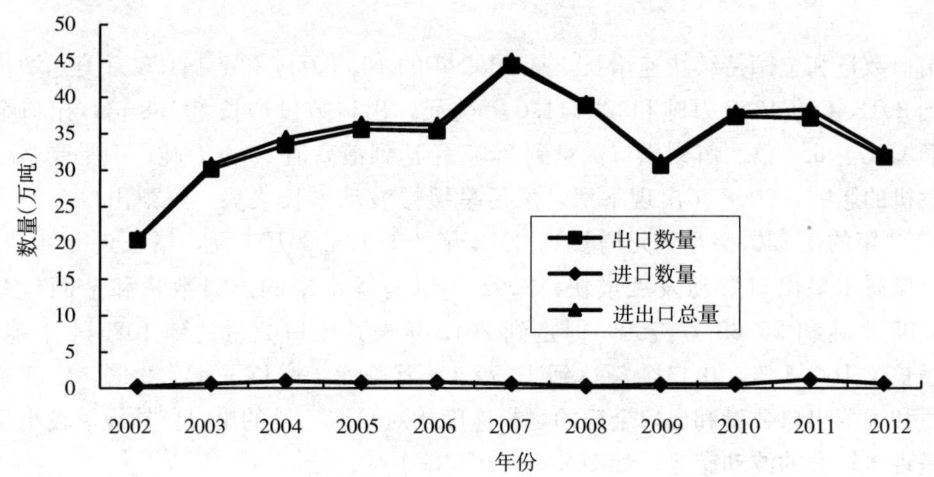

图8-7 2002—2012年山东省水果制品进出口数量

8.3.4 主要干鲜水果出口贸易规模

自中国加入世界贸易组织以来，山东主要干鲜水果出口数量和出口金额持续增长。山东出口的主要干鲜水果包括鲜苹果、鲜梨、冷冻草莓、柑橘属水果、葡萄和桃。其中鲜苹果的出口规模在山东干鲜水果的出口中位居首位，且

① 数据来源：山东省商务厅。水果制品包括HS分类中的20.06、20.07、200820—200899和20.09品目中的商品，其中200899中只包括20089910、20089920和20099990。

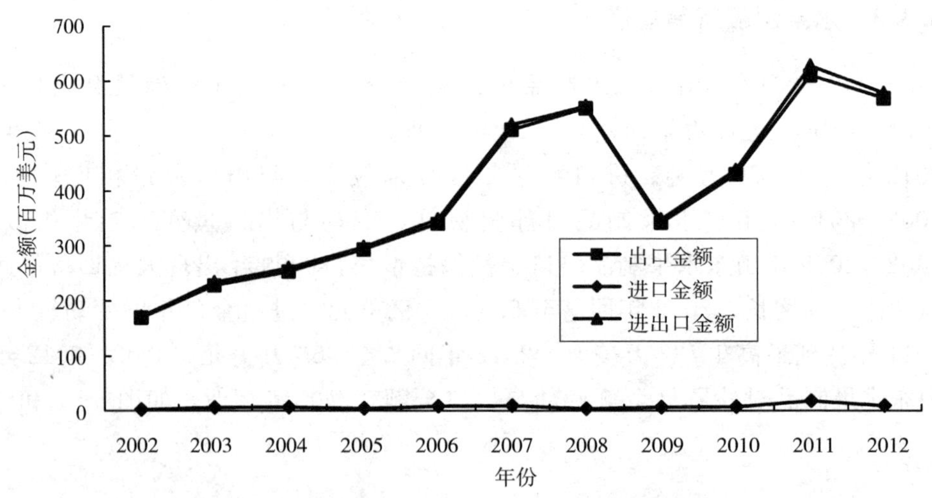

图 8-8　2002—2012 年山东省水果制品进出口金额

出口数量和金额持续快速增长，从 2002 年的 16.5 万吨和 7 141.3 万美元增长到 2012 年的 46.5 万吨和 52 711.0 万美元，出口数量增长了 1.8 倍，出口金额增长了 6.4 倍。鲜梨出口数量到 2007 年达到最高值 12.0 万吨，但是受金融危机的影响，2008 年出现下滑，之后呈缓慢波动增长之势。鲜梨出口金额从 2002 年的 1 340.5 万美元增长到 2012 年的 9 104.6 万美元，增长近 5.8 倍。柑橘属水果出口贸易发展最快，2002 年柑橘属水果的出口数量和金额只有 0.95 千吨和 25.65 万美元，但是到 2012 年，其出口数量达到 102.44 千吨，增长了 106.8 倍，出口金额达到 10 726.0 万美元，增长了 417.2 倍。冷冻草莓和葡萄出口数量和出口金额的增长速度相对平缓，桃的出口贸易规模较小且呈现出较大的波动态势，如图 8-9 和图 8-10①。

8.3.5　主要水果制品出口规模

山东水果产品贸易中除去干鲜水果贸易，另一部分主要是水果制品贸易。近年来，山东水果制品贸易不断增长，出口数量和出口金额不断扩大。山东主要水果制品包括糖渍水果、烹煮水果、水果罐头和果汁。果汁在 2008 年以前的山东水果制品出口贸易中占据首要地位，2002 年山东果汁出口数量和金额

① 数据来源：山东省商务厅。表中产品与 HS 分类中产品对应关系：鲜苹果（08081000）、鲜梨（08082012、08082013、08082019）、冷冻草莓（08111000）、柑橘属水果（0805）、葡萄（08061000、08062000）、桃（08093000）。

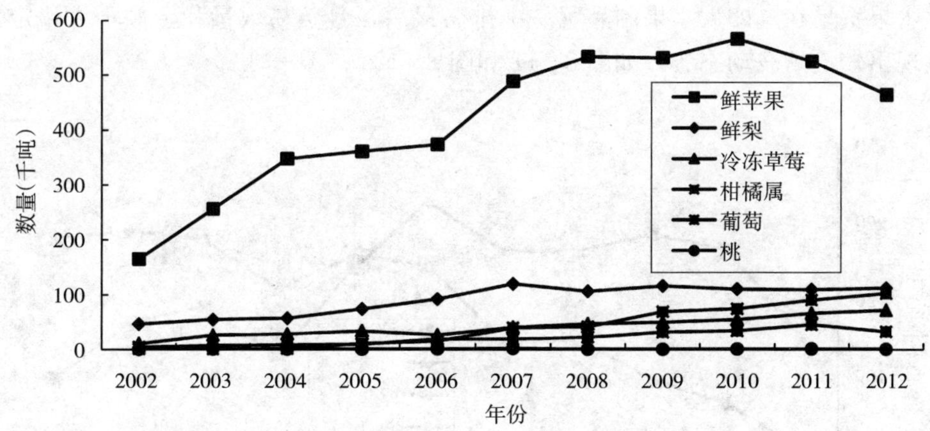

图 8-9 2002—2012 年山东省主要干鲜水果进出口数量

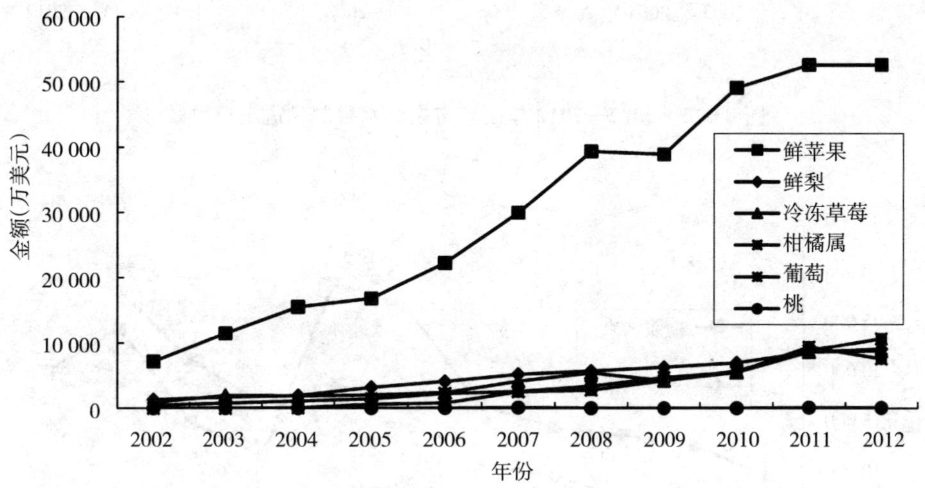

图 8-10 2002—2012 年山东省主要干鲜水果进出口金额

分别为 12.5 万吨和 9 104.2 万美元增长到 2008 年分别达到 17.0 万吨和 28 650.7万美元。此后，果汁的出口数量和出口金额有所下降，且近几年波动较大。水果罐头的出口规模增长速度较快且增长较为稳定，其出口数量和金额从 2002 年的 5.3 万吨、4350.1 万美元增长到 2012 年的 19.0 万吨、29 238.4 万美元，从 2009 年开始成为山东最大的水果制品出口种类。糖渍水果和烹煮水果是山东另外两种主要水果制品出口种类，其中糖渍水果的出口贸易位列第三，其出口数量和金额在2008年前保持连续增长，但2008年后波动较大。烹煮水果贸易在这四大水果制品贸易中排名最后，且贸易数量和金额不太稳定，呈现出较大的波动态势，如图8-11和图8-12①。

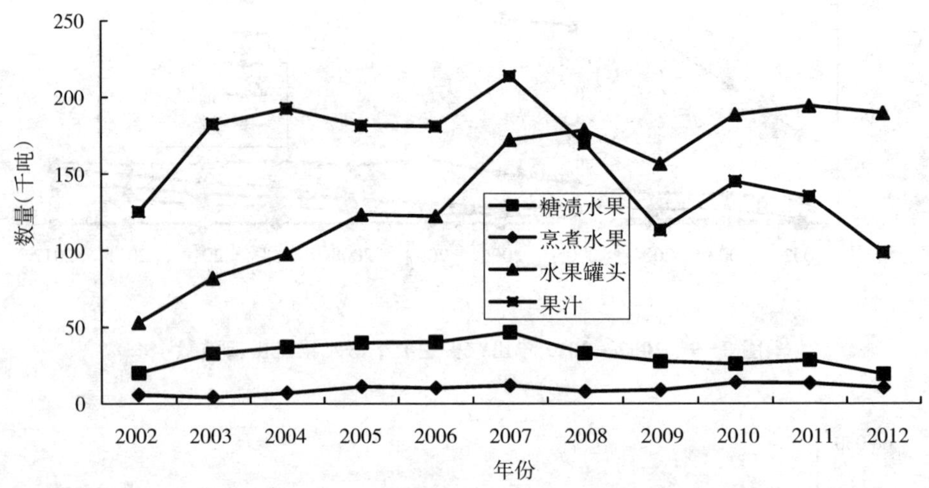

图8-11　2002—2012年山东省主要水果制品进出口数量

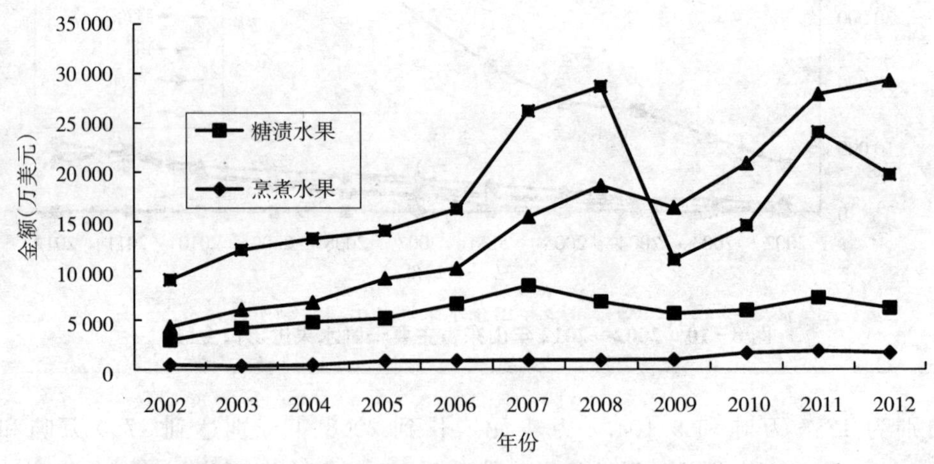

图8-12　2002—2012年山东省主要水果制品进出口金额

① 数据来源：山东省商务厅。表中产品与HS分类中产品对应关系：糖渍水果（2006）、烹煮水果（2007）、水果罐头（200820—200899）、果汁（2009）。

8.4　山东出口水果产品结构

山东水果对外贸易存在明显顺差，出口远大于进口。因此，在这里主要分析山东出口水果的产品结构。山东出口的水果产品包括干鲜水果和水果制品，干鲜水果包括 HS 分类中的 08.03—08.14 中的商品，水果制品包括 HS 分类中的 20.06、20.07、200820—200899（其中 200899 品目下只包括 20089910、20089920 和 20089990）和 20.09 品目中的商品。其中山东主要干鲜水果包括鲜苹果（HS 商品编码：08081000）、鲜梨（HS 商品编码：08082012、08082013、08082019）、冷冻草莓（HS 商品编码：08111000）、柑橘属水果（HS 商品编码 0805 下的商品）、葡萄（HS 商品编码：08061000、08062000）、桃（HS 商品编码：08093000）。水果制品包括糖渍水果（HS 商品编码 2006 下的商品）、烹煮水果（HS 商品编码 2007 下的商品）、水果罐头（HS 商品编码 200820—200899 下的商品）、果汁（HS 商品编码 2009 下的商品）。

入世以来，山东水果产品的出口贸易规模不断扩大，其中干鲜水果和水果制品的出口贸易数量和金额都不断增加。2004 年以前山东水果制品出口金额在山东水果产品出口金额中所占比重过半，是山东第一大水果产品出口种类，但是干鲜水果的出口贸易发展速度较快且比较稳定，而水果制品出口贸易增长相对缓慢且受金融危机影响较大，呈现波动增长的态势，所以 2004 年以后干鲜水果的出口金额超过水果制品出口金额成为第一大水果产品出口贸易种类，并且不断快速增长，到 2012 年其在山东水果产品出口金额中所占比重上升到 64.40%。水果制品的出口金额所占比重呈现出下降态势，2012 年为 35.60%，如表 8-12。

表 8-12　2002—2012 年山东水果产品出口金额所占比重

单位：百万美元，%

年份	水果产品出口金额	干鲜水果出口金额	比重	水果制品出口金额	比重
2002	293.24	123.64	42.16	169.60	57.84
2003	437.18	209.32	47.88	227.86	52.12
2004	517.15	264.02	51.05	253.12	48.95
2005	594.15	300.66	50.60	293.49	49.40
2006	741.00	400.62	54.06	340.38	45.94

（续）

年份	水果产品出口金额	干鲜水果出口金额	比重	水果制品出口金额	比重
2007	1 063.01	551.68	51.90	511.33	48.10
2008	1 229.45	678.85	55.22	550.60	44.78
2009	1 028.93	686.97	66.77	341.96	33.23
2010	1 268.38	837.79	66.05	430.60	33.95
2011	1 625.67	1 015.62	62.47	610.05	37.53
2012	1 596.57	1 028.12	64.40	568.45	35.60

数据来源：山东省商务厅。水果产品是干鲜水果与水果制品的总和。干鲜水果包括 HS 分类中的 08.03—08.14 中的商品，水果制品包括 HS 分类中的 20.06、20.07、200820—200899 和 20.09 品目中的商品。

鲜苹果是山东出口的干鲜水果中最主要的产品，2002—2012 年鲜苹果出口金额在山东干鲜水果出口金额中所占比重始终在 50%以上，2012 年为 51.27%，年平均比重为 55.88%。鲜梨和冷冻草莓的出口在山东干鲜水果中位居第 2 位和第 3 位，2012 年其出口金额所占比重分别为 8.86%和 8.57%，2002—2012 年的年平均比重分别为 9.12%和 7.49%。2002—2012 年山东柑橘属水果出口贸易发展迅速，其出口金额所占比重从 2002 年的 0.21%增长到 2012 年的 10.43%，到 2012 年柑橘属水果已成为山东第二大主要干鲜水果出口种类。葡萄和桃的出口贸易规模相对较小，出口金额所占比重小，如表 8-13。

表 8-13　2002—2012 年山东部分干鲜水果出口金额所占比重

单位：%

年份	鲜苹果	鲜梨	冷冻草莓	柑橘属	葡萄	桃
2002	57.76	10.84	7.44	0.21	3.70	0.01
2003	54.91	8.17	9.40	0.08	3.78	0.11
2004	59.02	7.51	7.20	0.31	4.25	0.13
2005	56.09	10.75	6.85	2.10	4.93	0.07
2006	55.72	10.32	6.05	2.17	5.78	0.16
2007	54.41	9.46	7.58	4.61	4.69	0.21
2008	58.09	8.41	8.02	4.15	5.05	0.07
2009	56.78	9.16	6.20	6.18	6.91	0.05
2010	58.69	8.33	6.58	6.85	6.62	0.06

（续）

年份	鲜苹果	鲜梨	冷冻草莓	柑橘属	葡萄	桃
2011	51.92	8.51	8.53	8.74	9.31	0.13
2012	51.27	8.86	8.57	10.43	7.38	0.07

注：表中产品与HS分类中产品对应关系：鲜苹果（08081000）、鲜梨（08082012、08082013、08082019）、冷冻草莓（08111000）、柑橘属水果（0805）、葡萄（08061000、08062000）、桃（08093000）。

数据来源：山东省商务厅。

山东出口的水果制品中最主要的产品是果汁，其次是水果罐头，再次是糖渍水果和烹煮水果。2012年，四种产品分别占比为34.65%、51.44%、10.94%和2.98%。2002—2012年果汁和糖渍水果出口金额所占比重总体呈现出递减趋势，水果罐头所占比重总体呈现出上升态势，2009年水果罐头出口金额超过果汁成为出口水果制品的第一大种类。烹煮水果年度间变动频繁，如表8-14。

表8-14　2002—2012年山东部分水果制品出口金额所占比重

单位：%

年份	果汁	水果罐头	糖渍水果	烹煮水果
2002	53.68	25.65	17.67	3.00
2003	53.25	26.57	18.50	1.68
2004	52.37	26.78	18.96	1.90
2005	47.87	31.47	17.68	2.97
2006	47.73	30.12	19.50	2.64
2007	51.22	30.24	16.65	1.89
2008	52.04	33.78	12.46	1.72
2009	32.54	47.90	16.62	2.93
2010	33.83	48.41	13.91	3.84
2011	39.37	45.67	11.91	3.05
2012	34.65	51.44	10.94	2.98

注：表中产品与HS分类中产品对应关系：糖渍水果（2006）、烹煮水果（2007）、水果罐头（200820—200899）、果汁（2009）。

数据来源：山东省商务厅。

8.5 山东水果出口市场结构

山东水果出口亚洲、欧洲、非洲、南美洲、北美洲和大洋洲，亚洲是最主要的出口市场，其次是欧洲。2002 年，山东水果对亚洲的出口数量和出口金额分别占山东水果出口数量和出口金额的 91.04%和 88.94%，此后比重有所下降，2012 年分别为 79.22%和 77.52%，2002—2012 年平均占比分别为 78.40%和 73.23%。2002 年山东水果对欧洲的出口数量和出口金额分别占山东水果出口数量和出口金额的 7.18%和 8.16%，此后比重上升，2007—2008 年达到最高，2012 年分别为 17.26%和 15.47%，2002—2012 年平均占比分别为 17.69%和 17.84%。山东水果对其他大洲的出口量相对较小，2012 年出口到非洲、南美洲、北美洲和大洋洲的水果数量分别占山东水果出口数量的 0.74%、0.65%、1.02%和 1.10%，水果金额分别占山东水果出口金额的 0.63%、0.88%、4.04%和 1.47%。山东水果出口贸易表现出明显的地缘性特点，如表 8-15 和表 8-16。

表 8-15　2002—2012 年山东水果分大洲出口数量份额

单位：%

年份	亚洲	欧洲	非洲	南美洲	北美洲	大洋洲
2002	91.04	7.18	0.55	0.02	0.80	0.41
2003	80.76	16.72	0.25	0.18	1.37	0.72
2004	76.69	19.27	0.57	0.36	2.12	0.99
2005	79.91	14.55	0.83	0.51	3.46	0.75
2006	78.09	17.19	0.39	0.50	2.98	0.85
2007	73.91	22.38	0.72	0.40	1.75	0.84
2008	72.68	22.81	1.84	0.38	1.53	0.77
2009	76.67	18.65	1.91	0.51	1.41	0.86
2010	76.92	18.82	1.44	0.53	1.24	1.05
2011	76.52	19.73	0.77	0.53	1.15	1.30
2012	79.22	17.26	0.74	0.65	1.02	1.10

注：水果包括 HS 分类中的 08.03—08.14 中的商品。

数据来源：山东省商务厅。

表 8-16　2002—2012 年山东水果分大洲出口金额份额

单位：%

年份	亚洲	欧洲	非洲	南美洲	北美洲	大洋洲
2002	88.94	8.16	0.49	0.01	1.84	0.54
2003	73.29	18.39	0.18	0.08	7.14	0.91
2004	68.90	19.60	0.53	0.27	9.22	1.47
2005	76.99	13.77	0.82	0.42	6.98	1.02
2006	70.92	17.80	0.28	0.55	9.27	1.18
2007	66.15	23.01	0.58	0.36	8.62	1.27
2008	65.31	23.43	1.65	0.31	7.99	1.30
2009	70.40	19.14	2.10	0.47	6.59	1.30
2010	73.68	18.35	1.46	0.49	4.56	1.46
2011	73.53	19.07	0.74	0.52	4.25	1.88
2012	77.52	15.47	0.63	0.88	4.04	1.47

注：水果包括 HS 分类中的 08.03—08.14 中的商品。
数据来源：山东省商务厅。

苹果是山东出口水果中最主要的产品。亚洲和欧洲是山东苹果的主要出口市场，2002—2012 年，山东苹果向亚洲的出口数量和金额分别占山东苹果出口数量和金额的比重平均为 88.07%和 86.26%，2012 年分别为 94.01%和 94.38%。2002—2012 年，山东苹果向欧洲的出口数量和金额分别占山东苹果出口数量和金额的比重平均为 10.05%和 11.62%，2012 年分别为 4.22%和 3.79%。山东苹果向非洲、南美洲、北美洲和大洋洲的出口规模相对较小，如表 8-17 和表 8-18。

表 8-17　2002—2012 年山东苹果分大洲出口数量份额

单位：%

年份	亚洲	欧洲	非洲	南美洲	北美洲	大洋洲
2002	93.63	5.58	0.72	0.03	0.04	0.00
2003	88.36	10.98	0.28	0.22	0.17	0.01
2004	79.42	18.72	0.64	0.41	0.80	0.01
2005	86.59	11.70	0.98	0.52	0.20	0.00
2006	85.82	12.95	0.44	0.30	0.48	0.00
2007	84.32	13.78	0.94	0.36	0.61	0.00

（续）

年份	亚洲	欧洲	非洲	南美洲	北美洲	大洋洲
2008	84.06	12.43	2.44	0.21	0.83	0.03
2009	90.14	6.70	2.49	0.18	0.49	0.01
2010	90.40	6.99	1.90	0.13	0.57	0.01
2011	91.97	6.52	0.94	0.13	0.34	0.11
2012	94.01	4.22	1.00	0.17	0.56	0.04

注：苹果指 HS 分类中的 08081000 商品。

数据来源：山东省商务厅。

表 8-18　2002—2012 年山东苹果分大洲出口金额份额

单位：%

年份	亚洲	欧洲	非洲	南美洲	北美洲	大洋洲
2002	91.04	8.11	0.78	0.01	0.07	0.00
2003	84.23	15.08	0.26	0.11	0.31	0.01
2004	74.95	22.39	0.72	0.37	1.55	0.01
2005	84.27	13.68	1.22	0.46	0.37	0.00
2006	84.06	14.53	0.39	0.26	0.75	0.00
2007	82.89	14.95	0.91	0.31	0.94	0.00
2008	82.41	13.75	2.48	0.14	1.19	0.03
2009	89.02	7.56	2.58	0.11	0.71	0.01
2010	89.85	7.32	1.92	0.09	0.82	0.01
2011	91.75	6.65	0.83	0.09	0.49	0.20
2012	94.38	3.79	0.89	0.13	0.75	0.06

注：苹果指 HS 分类中的 08081000 商品。

数据来源：山东省商务厅。

分国家来看，印度尼西亚、菲律宾、印度、泰国、马来西亚和日本是山东水果的主要出口市场，印度尼西亚和菲律宾分列第一位和第二位。2002—2012 年，山东水果向印度尼西亚出口数量和出口金额占山东水果出口数量和金额比重平均分别为 17.98% 和 14.20%，2012 年分别为 22.80% 和 19.49%。2002—2012 年，山东水果向菲律宾出口数量和出口金额占山东水果出口数量和金额比重平均分别为 10.82%和 8.42%，2012 年分别为 9.11%和 8.46%。2002—2012 年，山东水果向这六个国家的出口数量和出口金额占山东水果出口数量和金额比重平均分别为 54.32%和 52.23%，2012 年分别为 58.34%和 57.04%，表明山东水果出口市场集中度较高，如表 8-19 和表 8-20。

表 8-19 2002—2012 年山东水果分国家出口数量份额

单位:%

年份	印度尼西亚	菲律宾	印度	泰国	马来西亚	日本	其他
2002	17.83	14.57	1.91	6.64	16.41	7.13	35.51
2003	13.46	16.23	1.22	9.92	13.08	4.50	41.59
2004	15.32	11.69	1.23	10.20	11.82	4.36	45.38
2005	18.17	10.84	1.54	9.43	12.02	4.75	43.25
2006	17.66	13.09	1.63	8.85	9.71	3.82	45.24
2007	18.74	10.39	3.28	8.92	7.39	2.64	48.64
2008	16.62	9.95	3.19	8.50	6.20	2.56	52.98
2009	15.36	9.25	5.37	7.89	5.33	2.44	54.36
2010	19.71	7.28	7.28	8.02	6.35	2.57	48.79
2011	22.15	6.59	8.45	7.95	6.96	2.79	45.11
2012	22.80	9.11	8.67	8.03	6.83	2.90	41.66

注：水果包括 HS 分类中的 08.03 - 08.14 中的商品。

数据来源：山东省商务厅。

表 8-20 2002—2012 年山东水果分国家出口金额份额

单位:%

年份	印度尼西亚	菲律宾	印度	日本	马来西亚	泰国	其他
2002	13.66	10.98	1.57	21.44	12.25	5.94	34.15
2003	10.61	10.53	1.01	15.36	9.31	7.08	46.10
2004	11.24	7.83	1.06	13.99	8.38	7.45	50.06
2005	13.42	8.13	1.38	15.88	10.22	8.16	42.81
2006	13.35	9.40	1.40	11.24	7.96	7.79	48.88
2007	13.20	7.97	2.82	8.78	6.20	7.64	53.38
2008	12.68	8.08	2.95	7.27	5.28	7.42	56.31
2009	12.73	8.08	5.00	6.61	4.77	7.15	55.66
2010	17.32	6.88	6.78	6.40	6.06	7.49	49.06
2011	18.45	6.25	7.37	6.16	7.89	7.80	46.07
2012	19.49	8.46	7.53	7.31	7.08	7.17	42.96

注：水果包括 HS 分类中的 08.03—08.14 中的商品。

数据来源：山东省商务厅。

山东苹果主要向印度尼西亚、菲律宾、印度、泰国、孟加拉国和沙特出口，印度尼西亚和菲律宾分列第一位和第二位。2002—2012 年，山东苹果对这六个国家的出口数量和出口金额占山东苹果出口数量和金额的比重呈现出递增态势，年平均分别为 61.56% 和 59.39%，2012 年分别为 74.20% 和 72.58%，表明山东苹果出口市场越来越集中，如表 8 - 21 和表 8 - 22。

表 8 - 21　2002—2012 年山东苹果分国家出口数量份额

单位：%

年份	印度尼西亚	菲律宾	印度	泰国	孟加拉国	沙特	其他
2002	18.08	19.70	1.85	9.28	1.76	1.12	48.21
2003	15.67	22.40	1.32	11.79	2.53	1.98	44.31
2004	16.87	15.15	1.29	10.97	3.10	3.83	48.78
2005	20.97	15.13	1.74	10.44	5.47	3.53	42.73
2006	19.58	18.56	1.89	9.88	5.18	4.16	40.75
2007	20.07	15.17	4.14	9.86	5.22	5.91	39.62
2008	19.06	14.41	3.60	9.42	4.84	7.56	41.11
2009	18.33	14.30	6.54	9.57	11.20	6.47	33.60
2010	25.03	10.81	9.30	9.51	10.15	4.21	30.98
2011	27.72	10.56	12.41	9.09	9.52	3.77	26.93
2012	26.12	14.16	12.92	9.53	6.50	4.96	25.80

注：苹果指 HS 分类中的 08081000 商品。

数据来源：山东省商务厅。

表 8 - 22　2002—2012 年山东苹果分国家出口金额份额

单位：%

年份	印度尼西亚	菲律宾	印度	泰国	孟加拉国	沙特	其他
2002	17.80	18.02	2.00	9.63	1.34	1.46	49.74
2003	16.40	18.52	1.55	10.83	1.71	2.16	48.84
2004	16.22	12.72	1.55	10.24	1.94	4.72	52.60
2005	19.42	14.07	2.13	11.00	3.56	4.25	45.59
2006	19.97	16.36	2.16	10.47	3.75	4.31	42.99
2007	19.73	14.20	4.60	10.12	4.42	5.92	41.01
2008	18.24	13.71	4.36	9.65	3.78	7.46	42.80

（续）

年份	印度尼西亚	菲律宾	印度	泰国	孟加拉国	沙特	其他
2009	18.38	14.01	7.53	9.60	8.49	6.52	35.47
2010	25.15	11.03	10.22	9.36	7.93	4.38	31.92
2011	26.40	11.19	13.03	9.28	8.04	3.75	28.30
2012	25.29	13.73	13.07	9.16	5.76	5.57	27.42

注：苹果指 HS 分类中的 08081000 商品。

数据来源：山东省商务厅。

8.6 山东出口水果原产地结构

山东各市均有水果产品出口，2012 年水果出口规模排在前 5 位的分别是烟台市、青岛市、菏泽市、威海市和临沂市，其水果出口数量占全省水果出口数量的比重分别为 39.46％、15.98％、11.48％、7.39％和 6.42％，水果出口金额占全省水果出口金额的比重分别为 37.56％、21.53％、8.73％、6.99％和 6.15％。以上 5 市的水果出口数量之和与金额之和分别占全省水果出口数量和出口金额的 80.73％和 80.96％，如表 8－23。

表 8－23 2012 年山东各地水果产品出口数量、金额及占比

单位：千吨，％，百万美元

地区	出口数量	占比	出口金额	占比
全　省	1 161.20	100.00	1 629.77	100.00
济南市	6.39	0.55	7.93	0.49
青岛市	185.61	15.98	350.81	21.53
淄博市	7.32	0.63	9.82	0.60
枣庄市	6.51	0.56	6.87	0.42
东营市	3.58	0.31	4.67	0.29
烟台市	458.22	39.46	612.2	37.56
潍坊市	56.04	4.83	95.31	5.85
济宁市	70.64	6.08	60.02	3.68
泰安市	1.48	0.13	2.09	0.13
威海市	85.77	7.39	113.9	6.99

（续）

地区	出口数量	占比	出口金额	占比
日照市	19.65	1.69	42.04	2.58
莱芜市	45.49	3.92	75.13	4.61
临沂市	74.56	6.42	100.17	6.15
德州市	0.13	0.01	0.14	0.01
聊城市	2.36	0.20	1.95	0.12
滨州市	4.12	0.35	4.44	0.27
菏泽市	133.36	11.48	142.30	8.73

注：水果产品是干鲜水果与水果制品的总和。干鲜水果包括HS分类中的08.03—08.14中的商品，水果制品包括HS分类中的20.06、20.07、200820—200899和20.09品目中的商品。

数据来源：山东省商务厅。

烟台市、青岛市、菏泽市、济宁市和威海市是山东干鲜水果主要出口地。2012年，这5个市的干鲜水果出口数量分别为368.99千吨、125.46千吨、121.71千吨、68.70千吨和58.32千吨，分别占山东干鲜水果出口数量的44.38%、15.09%、14.64%、8.26%和7.01%；干鲜水果出口金额分别为42 284万美元、22 607万美元、12 303万美元、5 629万美元和5 425万美元，分别占山东干鲜水果出口金额的41.13%、21.99%、11.97%、5.47%和5.28%。这5个市的干鲜水果出口数量之和与出口金额之和占山东干鲜水果出口数量和出口金额的比重分别为89.38%和85.84%，如表8-24。

表8-24　2012年山东各地干鲜水果出口数量、金额及占比

单位：千吨，%，百万美元

地区	出口数量	占比	出口金额	占比
全　省	831.50	100.00	1028.12	100.00
济南市	5.07	0.61	5.32	0.52
青岛市	125.46	15.09	226.07	21.99
淄博市	7.32	0.88	9.82	0.96
枣庄市	0.03	0.00	0.03	0.00
东营市	3.10	0.37	3.57	0.35
烟台市	368.99	44.38	422.84	41.13
潍坊市	25.94	3.12	39.92	3.88
济宁市	68.70	8.26	56.29	5.47

（续）

地区	出口数量	占比	出口金额	占比
泰安市	1.29	0.15	1.73	0.17
威海市	58.32	7.01	54.25	5.28
日照市	3.69	0.44	7.48	0.73
莱芜市	27.14	3.26	41.14	4.00
临沂市	10.68	1.28	32.49	3.16
德州市	0.06	0.01	0.05	0.00
聊城市	1.40	0.17	1.48	0.14
滨州市	2.61	0.31	2.62	0.25
菏泽市	121.71	14.64	123.03	11.97

注：干鲜水果包括 HS 分类中的 08.03—08.14 中的商品。

数据来源：山东省商务厅。

烟台市、临沂市、青岛市、潍坊市和威海市是山东水果制品主要出口地。2012 年，这 5 个市水果制品出口数量分别为 89.23 千吨、63.88 千吨、60.15 千吨、30.10 千吨和 27.45 千吨，分别占山东水果制品出口数量的 27.06%、19.37%、18.24%、9.13%和 8.33%；水果制品出口金额分别为 18 936 万美元、6 768 万美元、12 474 万美元、5 539 万美元和 5 965 万美元，分别占山东水果制品出口金额的 31.47%、11.25%、20.73%、9.21%和 9.91%，如表8-25。

表 8-25 2012 年山东各地水果制品出口数量、金额及占比

单位：千吨，%，百万美元

地区	出口数量	占比	出口金额	占比
全　省	329.70	100.00	601.65	100.00
济南市	1.32	0.40	2.61	0.43
青岛市	60.15	18.24	124.74	20.73
淄博市	0.00	0.00	0.00	0.00
枣庄市	6.48	1.97	6.84	1.14
东营市	0.48	0.14	1.10	0.18
烟台市	89.23	27.06	189.36	31.47
潍坊市	30.10	9.13	55.39	9.21

（续）

地区	出口数量	占比	出口金额	占比
济宁市	1.94	0.59	3.73	0.62
泰安市	0.19	0.06	0.36	0.06
威海市	27.45	8.33	59.65	9.91
日照市	15.96	4.84	34.56	5.74
莱芜市	18.35	5.57	33.99	5.65
临沂市	63.88	19.37	67.68	11.25
德州市	0.07	0.02	0.09	0.01
聊城市	0.96	0.29	0.47	0.08
滨州市	1.51	0.46	1.82	0.30
菏泽市	11.65	3.53	19.27	3.20

注：水果制品包括 HS 分类中的 20.06、20.07、200820—200899 和 20.09 品目中的商品。
数据来源：山东省商务厅。

8.7 山东水果贸易中存在的主要问题

8.7.1 产品种类单一，出口市场集中，贸易结构不合理

从产品结构来看，近年来山东省出口的水果产品中具有较高附加值的水果制品比重不断下降，而作为初级产品的干鲜水果的比重不断上升，出口产品结构明显不合理。出口的干鲜水果主要是鲜苹果、鲜梨和柑橘属水果，出口的水果制品主要是果汁和水果罐头，可见出口产品种类较单一。从市场结构来看，山东省水果主要出口亚洲，其次是欧洲和北美洲，对大洋洲、非洲和南美洲的出口较少。入世以来山东水果对亚洲的出口金额平均占山东水果出口总额的75%以上，且出口集中在印度尼西亚、印度、马来西亚和日本等少数国家。出口市场的高度集中，导致水果出口的市场风险加大，降低了整个水果行业的抗风险能力。出口市场结构的不合理导致了山东水果加工、贸易企业间的不良竞争，降低了行业利润，影响了水果出口贸易的长期发展。

8.7.2 产品质量不高，品牌建设落后

当前山东水果生产仍然以自由分散式的生产方式为主，加上多数果农的科技文化水平不高，生产中主要依靠传统的种植经验，导致水果产品质量不高，优质水果比率相对较低。在水果的加工和包装上，山东省对出口比重较高的

干鲜水果只进行简单的分级、清洗、消毒等操作，科技含量较低，与国际市场要求的果品外观精美、果形端正、大小均匀、糖酸度适中、无农药残留等标准还有一定差距。出口的水果制品也大多为技术要求不高的果汁和水果罐头等产品，水果的产后处理水平不高。此外，山东省水果出口企业的品牌意识淡薄，很大一部分企业没有自己的独立品牌，仅按照外商要求的品牌来进行生产和包装。有些出口到国外的水果也不直接进入当地消费市场，而是由进口国的中间商再进行进一步的加工，利用其自身品牌进行销售，从而谋取更多的利益。

8.7.3　绿色贸易壁垒的影响日益明显，出口受到限制

中国加入WTO以后，关税对水果贸易的影响越来越小，绿色贸易壁垒成为制约我国水果出口的主要障碍，已经给我国水果出口产生了巨大不良影响。绿色贸易壁垒比关税更有隐蔽性、灵活性和有效性，所以更多的国家选择用这种方式来保护国内水果产业的发展。例如近年来，山东省水果出口数量较多的欧美、日本和韩国等国，就时常运用绿色壁垒的方式来限制水果进口，从而极大地影响了山东水果出口。2006年日本、欧盟的食品安全卫生新法规正式实施，特别是日本的“肯定列表制度”，涉及734项农药残留检测指标，大幅提高了进口农产品的门槛。此类法规和措施的出台，极大地增加了山东省水果开拓欧盟和日本市场的难度，降低了山东水果的国际竞争力水平，也加大了山东水果出口中小企业的生存难度，影响了山东水果出口贸易的可持续发展。

8.8　推动山东水果出口贸易发展的对策

8.8.1　优化产业结构，实现产量和出口的协调发展

山东是水果生产大省，但优质水果比率较低，而且大部分果实采摘后并未进行较高程度的商品化处理，果品供求存在明显的品种、时间结构性失衡，严重影响山东水果在中高端国际市场上的竞争力。要进行科学规划、合理布局，实现产业结构升级。以实现水果优质高产、安全高效、生态绿色为目标，努力发展出口创汇果品和无公害优质果品，调整产业结构，优化产业布局，实现水果生产由零星分散的粗放经营向产业化、规模化的集约经营转变。同时实施“科技兴贸”战略，培植山东水果产业和出口产品的动态比较优势，在国际分工和国际贸易中争取有利地位，增强抵御各种外部风险与冲击的能力，不断提高山东水果出口竞争力水平。

8.8.2 调整出口产品结构，积极开拓国际市场

随着人们生活水平的不断提高，对水果的需求呈现多样化并不断升级，对水果深加工产品的需求量迅速增加。发展水果加工业，实现价值增值，扩大出口水果产品的种类，更好地满足国际市场的需求，是解决山东水果出口产品单一化问题，扩大水果出口的重要途径。为充分利用现有资源，应重点开发果品系列加工品，在继续优化果汁类和果品罐头类产品质量的基础上，努力发展果酒类、果醋类、果干类和果品糖制类等加工品，逐步开发更多具有高附加值的水果保健品，形成一定规模的各类果品加工企业，并以此为龙头，带动果品行业的持续发展，从而实现山东水果出口贸易产品的多样化。与此同时，山东省应该积极开拓国际市场，实现出口市场多元化，增强抵御市场风险的能力。要改变水果出口亚洲金额占比百分之七十以上的高依存度现状。应继续拓展欧美地区市场，选择合适的区域市场和细分市场，实现出口市场的多元化发展，创办跨国公司，建立国际性运销网，实现水果国际化经营。

8.8.3 构建水果出口营销体系，实施品牌竞争战略

国际水果产品的竞争方式已经由单一的产品竞争、价格竞争转变为以系统营销组合策略获取的品牌优势之间的竞争。山东水果产品向品牌竞争战略的转变要求水果产业由扩散向聚合转变。首先，应该依靠科技突破和技术推广来提高出口水果产品质量，因为优质水果是品牌竞争的基础。提高水果产品质量，一是要建立健全产品质量标准体系、水果质量识别标志制度和地域标志保护制度，逐步与国际标准接轨。二是因地制宜地进行水果产业结构调整，加强新优品种的引进和选育以及现有品种的调整和更新，从而实现地区间的优势互补。其次，发挥政府和企业力量，不断进行组织创新，通过合作生产的方式把农民连接起来，建立出口果品生产基地，提高农民专业化生产组织程度，以发展水果生产规模，实现规模经济，作为支持品牌竞争的坚强后盾。最后，通过市场营销组合策略来推进出口水果品牌的形成。从不同区域果品比较优势出发，对不同特色果品进行不同的品牌市场定位和包装。积极进行品牌策划和国内外商标注册，通过4P营销策略的组合运用，全方位发展一批优质水果品牌。

8.8.4 加强政府外贸管理，维护正当贸易利益

山东水果出口贸易企业多为中小型私营企业，规模较小，生产加工技术水平较低，获取市场信息的手段落后，抗击市场风险的能力较差。在国际市场

上，水果出口的无序竞争会直接导致出口产品质量和效益的严重下降，所以政府应该加强对水果出口贸易企业的规范和管理，充分发挥其集散商品功能、信息功能和价格调节功能，统一规划和协调水果出口企业的外贸发展，整顿行业秩序，支持行业健康有序发展，防止出口企业间的盲目竞争和竞价销售，以减少国外频繁的反倾销行为等造成的贸易摩擦。针对进口国以维护消费者安全和利益为由设置的绿色贸易壁垒等不公正贸易保护，政府要利用 WTO 争端解决机制和协议的有关条款维护水果出口企业的正当权益。利用 WTO/TBT 通报咨询中心的现有资源和人才优势，加强对日本、欧盟等国家和地区水果技术标准和相关法规的跟踪研究，做好风险预警，加强贸易磋商，维护企业的正当贸易利益。各行业协会要充分发挥桥梁纽带作用，组织相关专家认真分析研究国外贸易政策和措施，加强与企业的沟通并提供相应的技术支持，加强中外企业之间的信息交流，最大程度地减少风险，取得共赢。

9 水果国际竞争力

9.1 分析指标与框架

分析一个国家某种产品的国际竞争力是复杂而困难的，很多学者通过研究提出了多种指标。这些指标可以分成两类，一类是能够反映产品国际竞争力现状的，可以称为状态指标，另一类则能揭示产品国际竞争力的形成原因，这样的指标可以称为因素指标。本书在对中国水果国际竞争力进行分析时，采用状态指标，主要是产品国际市场占有率、贸易竞争指数和显示性比较优势指数。

（1）国际市场占有率。国际市场占有率（International Market Share，IMS）是指一国某产品出口额占世界该产品出口总额的百分比。计算公式为：$IMS_{ij}=(X_{ij}/X_{wj})\times100\%$，式中，$IMS_{ij}$是$i$国第$j$种商品的国际市场占有率，$X_{ij}$是$i$国第$j$种商品的出口额，$X_{wj}$是世界第$j$种商品的出口额。它表示在国际市场竞争中，一国某产品所占据的“势力范围”。一般而言，国际市场占有率越高，国际竞争力就越强，反之则弱。本文对IMS和产品国际竞争力关系的界定为：若$IMS>20\%$，产品具有很强的出口竞争力；若$10\%<IMS\leqslant20\%$，产品具有较强的出口竞争力；若$5\%<IMS\leqslant10\%$，产品出口竞争力一般；若$IMS\leqslant5\%$，产品竞争力弱（黄祖辉等，2002；陈云，2003；杨顺江等，2005）。

（2）贸易竞争指数。贸易竞争指数，也称贸易专业化系数（Trade Specialization Coefficient，TSC），是指在一定时期内，一国某产品出口额与进口额之差除以该产品进口额和出口额之和。计算公式为：$TSC_{jk}=(X_{jk}-M_{jk})/(X_{jk}+M_{jk})$，式中，$TSC_{jk}$代表$j$国$k$商品的贸易竞争指数，$X_{jk}$代表$j$国$k$商品的出口额，$M_{jk}$代表$j$国$k$商品的进口额。$TSC$值在$-1$和$1$之间，一般条件下，贸易竞争指数大于零表示该国该产品的生产效率高于国际水平，出口高于进口，具有竞争优势，越接近1，表明竞争力越强。贸易竞争指数小于零表示该国该产品的生产效率低于国际水平，进口大于出口，处于竞争劣势，越接近-1，表明竞争力越弱。贸易竞争指数等于零则表示该国该产品的生产效率与国际水平相当，进出口相等，其进出口纯属与国际间进行品种交换。本书对TSC和产品国际竞争力的关系界定为：若$TSC>0.9$，产品具有很强的国际竞争力；若 $0.7 < TSC \leqslant 0.9$，产品具有较强的竞争力；若 $0.5 < TSC \leqslant 0.7$，产品竞争力一般；若 $TSC \leqslant 0.5$，产品竞争力弱。

（3）显示性比较优势指数。显示性比较优势指数（Revealed Comparative Advantage，RCA），是指一个国家某种商品出口占该国商品出口总值的份额与世界该种商品出口占世界商品出口总值的份额之比。计算公式为 $RCA_{ij} = (X_{ij}/X_{it}) / (X_{wj}/X_{wt})$，其中 RCA_{ij} 表示 i 国 j 产品的显示性比较优势指数，X_{ij} 表示 i 国 j 产品出口额，X_{it} 表示 i 国所有产品出口总额，X_{wj} 表示世界 j 产品出口额，X_{wt} 表示世界所有产品出口总额。一般而言，某国某产品的 *RCA* 越高，表明该国该产品国际竞争力越强，*RCA* 越小表明该国该产品国际竞争力越弱。本书对 *RCA* 和产品出口竞争力关系的界定为：若 $RCA > 2.5$，产品具有很强的国际竞争力；若 $1.25 < RCA \leqslant 2.5$，产品具有较强的国际竞争力；若 $0.7 < RCA \leqslant 1.25$ 产品国际竞争力一般；若 $RCA \leqslant 0.7$，产品国际竞争力弱（黄祖辉等，2002；陈云，2003；杨顺江等，2005）。

以上三个指标是从不同角度来衡量产品国际竞争力，一般情况下可以作为判断竞争力的有效指标，但它们也都存在一定缺陷，反映出来的竞争力水平可能与实际有差异，对同一水果产品国际竞争力进行判定也可能会出现结果的不一致。*IMS* 会受到一个国家水果生产总量、消费习惯和出口政策等因素的影响，如果某个国家是水果生产大国，大量水果在满足国内消费基础上，在刺激性政策下出口到了国际市场上，显然这时的高 *IMS* 并不能说明该国在生产该产品的资源和生产力水平上具有优势和竞争力（陈云，2003）。用 *TSC* 指标评价产品竞争力的缺陷表现在：如果某国某产品的进出口量都非常小并且进口量更小，则可能导致 *TSC* 很高，而这显然不能说明该国该产品具有强的竞争力（杨顺江等，2005）。一国的总商品出口额会很大程度地影响 *RCA*，如果一国工业化程度较高，工业品创汇能力普遍比农产品要强，则即使两国水果出口数量相当，工业化程度高的国家的 *RCA* 会偏小，因此，该指标可能低估美国等工业化程度高的国家的水果出口竞争力，高估工业化程度低的国家的水果竞争力（黄祖辉等，2002）。为避免这种不足，本书在分析水果产品国际竞争力时，综合应用这三个指标。

在分析具体水果的国际竞争力时，依据联合国粮农组织数据库中的产量和贸易数据，以中国产量较大、出口较多的苹果（Apples）、梨（Pears）、葡萄（Grapes）、桃（Peaches and nectarines）、李子（Plums and sloes）、西瓜（Watermelons）和柑橘（Oranges）7 种水果为研究对象，以每种水果出口大国为对照，如表 9-1 和表 9-2。

表 9-1 2011 年部分国家水果产量及中国位次

单位：千吨

水果种类	世界产量	前四位生产国及产量								中国位次
		第 1 位		第 2 位		第 3 位		第 4 位		
苹果	75 485	中国	35 985	美国	4 275	印度	2 891	土耳其	2 680	1
梨	23 952	中国	15 795	意大利	927	美国	876	阿根廷	691	1
葡萄	69 093	中国	9 067	意大利	7 116	美国	6 756	法国	6 589	1
桃	21 510	中国	11 500	意大利	1 637	西班牙	1 336	美国	1 177	1
李子	10 999	中国	5 850	塞尔维亚	582	罗马尼亚	574	智利	293	1
西瓜	102 889	中国	68 900	土耳其	3 864	伊朗	3 250	巴西	2 198	1
柑橘	69 462	巴西	19 800	美国	8 078	中国	5 835	印度	4 571	3

数据来源：联合国粮农组织网站 http://faostat.fao.org。

表 9-2 2011 年部分国家水果出口金额及中国位次

单位：百万美元

水果种类	世界出口金额	前四位出口国及出口金额								中国位次
		第 1 位		第 2 位		第 3 位		第 4 位		
苹果	7 147	意大利	993	美国	953	中国	914	法国	738	3
梨	2 513	阿根廷	412	荷兰	382	中国	286	比利时	263	3
葡萄	7 027	智利	1 506	美国	908	意大利	803	荷兰	703	10
桃	2081	西班牙	793	意大利	322	美国	159	智利	131	12
李子	786	智利	136	西班牙	121	美国	87	南非	73	14
西瓜	1 164	西班牙	261	墨西哥	238	美国	116	爱尔兰	85	12
柑橘	4 820	西班牙	1 325	美国	650	南非	592	埃及	538	12

数据来源：联合国粮农组织网站 http://faostat.fao.org。

9.2 中国水果国际市场占有率变动及国际比较

2002—2011 年，中国苹果的国际市场占有率持续增加，从 2002 年的 6.2%增加到 2011 年的 13.8%，越来越多的中国苹果进入国际市场。在此期间，意大利和美国苹果的国际市场占有率变化不大，法国苹果的国际市场占有率出现下滑。2002—2008 年，中国苹果的国际市场占有率低于意大利、美国和法国，2009—2011 年，中国苹果国际市场占有率逐渐超过部分对照国家，2011 年低于意大利，高于美国和法国，如图 9-1①。

① 数据来源：根据联合国粮农组织网站 http://faostat.fao.org 数据计算。

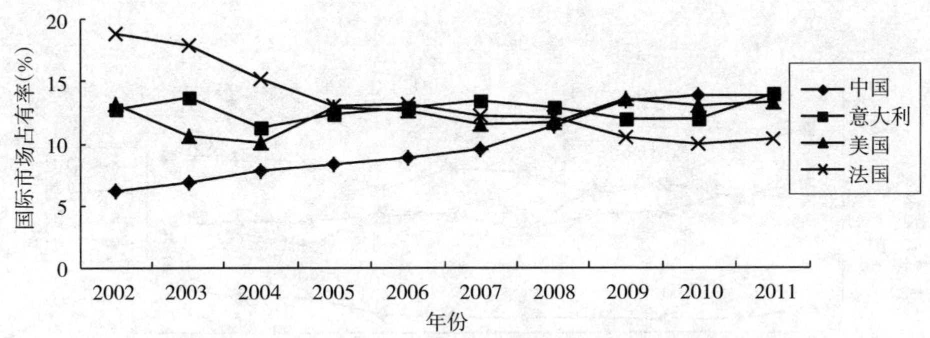

图 9-1 2002—2011 年中国和对照国家苹果国际市场占有率

2002—2011 年，中国梨的国际市场占有率总体呈现出增加态势，从 2002 年的 6.1%增加到 2011 年的 11.4%，中国梨更多地进入国际市场。在此期间，阿根廷梨的国际市场占有率呈现增长态势，荷兰梨的国际市场占有率先增加后降低，比利时梨的国际市场占有率表现出下降态势。2002—2010 年，中国梨的国际市场占有率低于阿根廷、荷兰和比利时，2011 年高于比利时，但仍然低于阿根廷和荷兰，如图 9-2①。

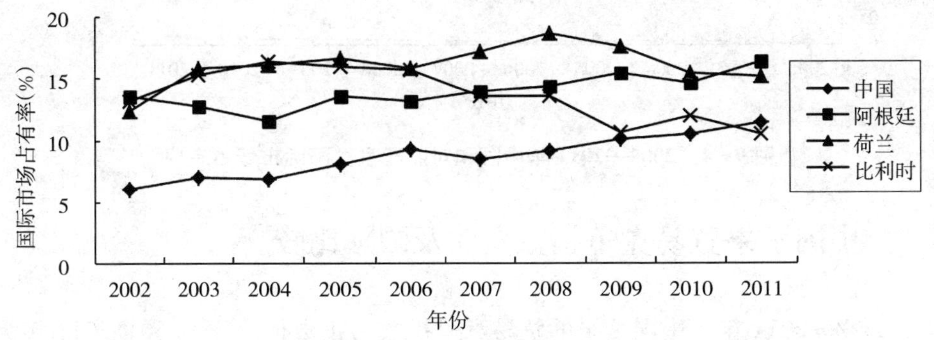

图 9-2 2002—2011 年中国和对照国家梨国际市场占有率

2002—2011 年，中国葡萄、桃、李子、西瓜和柑橘的国际市场占有率总体都呈现出增长态势，2011 年分别为 5.6%、1.4%、6.0%、1.4%和

① 数据来源：根据联合国粮农组织网站 http://faostat.fao.org 数据计算。

2.7%，但远低于对照国家。如图 9－3、图 9－4、图 9－5、图 9－6 和图 9－7①。

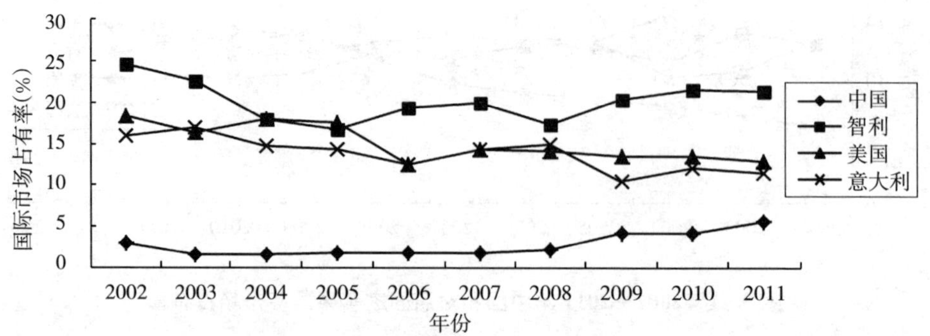

图 9－3　2002—2011 年中国和对照国家葡萄国际市场占有率

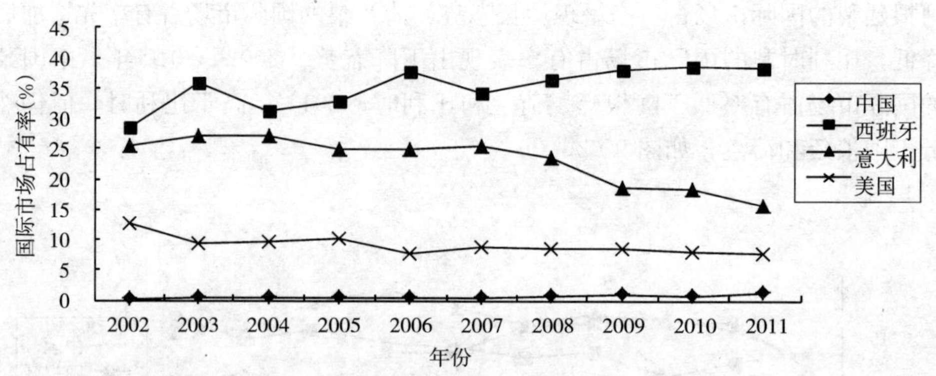

图 9－4　2002—2011 年中国和对照国家桃国际市场占有率

9.3　中国水果贸易竞争指数变动及国际比较

2002—2011 年，中国苹果的贸易竞争指数为正数但小于 0.50，2011 年为 0.42，表明中国是苹果净出口国，出口大于进口，但出口优势不明显。在此期间，意大利苹果的贸易竞争指数在 0.70～0.94 之间，美国苹果贸易竞争指数在 0.28～0.70 之间，法国苹果贸易竞争指数在 0.54～0.74 之间，对照国家苹果出口优势明显高于中国，如图 9－8②。

①② 数据来源：根据联合国粮农组织网站 http：//faostat.fao.org 数据计算。

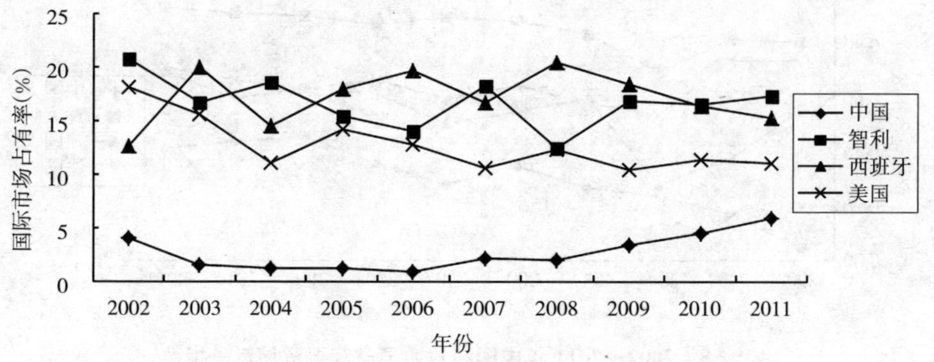

图 9-5 2002—2011 年中国和对照国家李子国际市场占有率

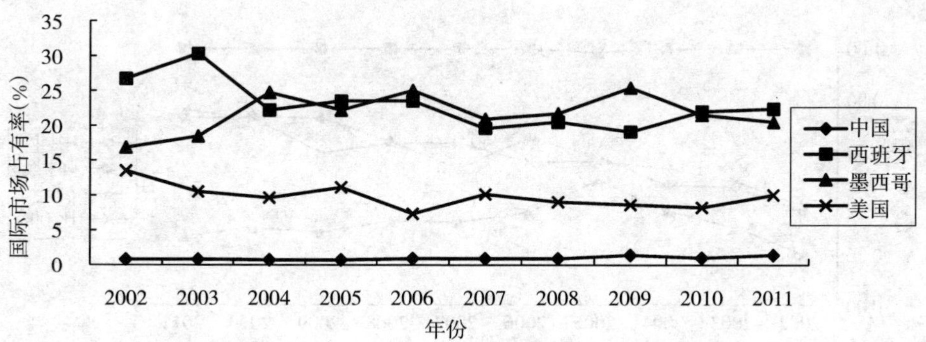

图 9-6 2002—2011 年中国和对照国家西瓜国际市场占有率

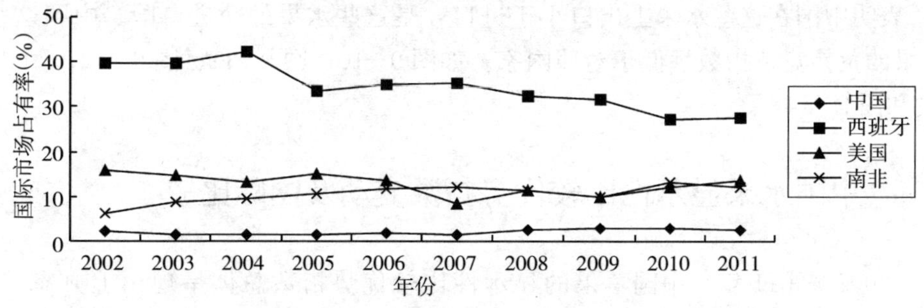

图 9-7 2002—2011 年中国和对照国家柑橘国际市场占有率

2002—2011 年，中国梨的贸易竞争指数在 0.36～0.74 之间，梨出口大于进口，中国是梨的净出口国，出口优势明显。在此期间，阿根廷梨的贸易竞争

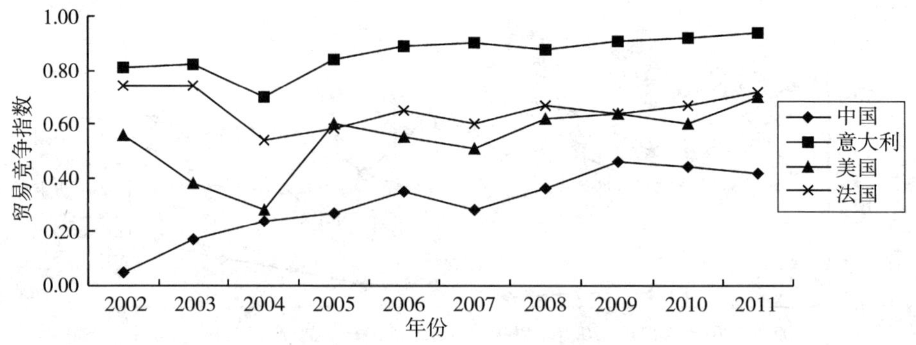

图 9-8　2002—2011 年中国和对照国家苹果贸易竞争指数

指数为 1.0，具有很强的出口优势，比利时梨的贸易竞争指数和中国相近，荷兰梨的贸易竞争指数低于中国。如图 9-9①。

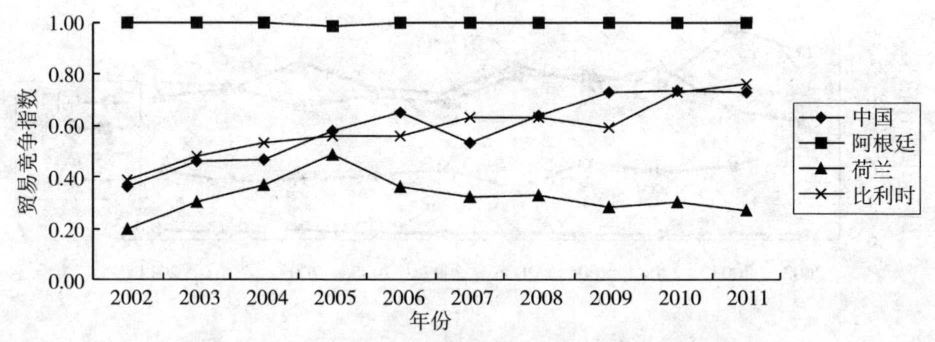

图 9-9　2002—2011 年中国和对照国家梨贸易竞争指数

2002—2011 年，中国葡萄、桃、李子、西瓜和柑橘的贸易竞争指数小于 0，表明中国在这些水果上出口小于进口，是这些水果的净进口国。中国这些水果的贸易竞争指数远低于对照国家。如图 9-10、图 9-11、图 9-12、图 9-13 和图 9-14②。

9.4　中国水果显示性比较优势指数变动及国际比较

2002—2011 年，中国苹果的显示性比较优势指数总体呈现出上升态势，2009 年达到最高值为 0.97，2011 年为 0.95。同一时期，意大利和美国苹果的显示比较优势也保持上升态势，法国苹果的比较优势指数呈现出先降低后升高

①② 数据来源：根据联合国粮农组织网站 http：//faostat.fao.org 数据计算。

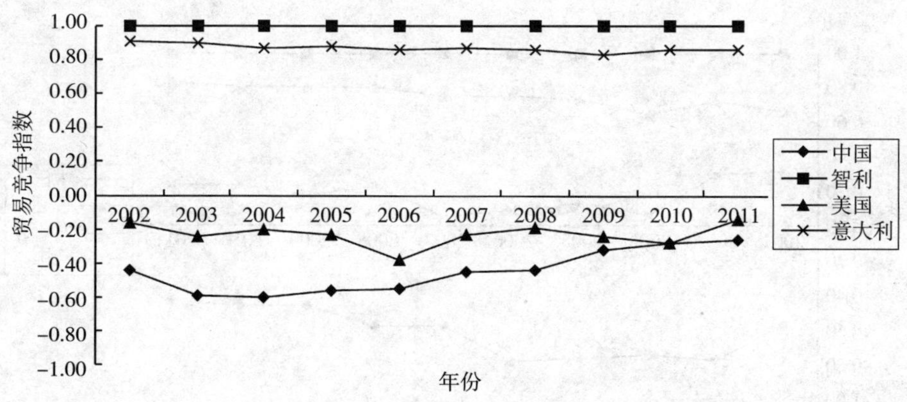

图 9-10　2002—2011 年中国和对照国家葡萄贸易竞争指数

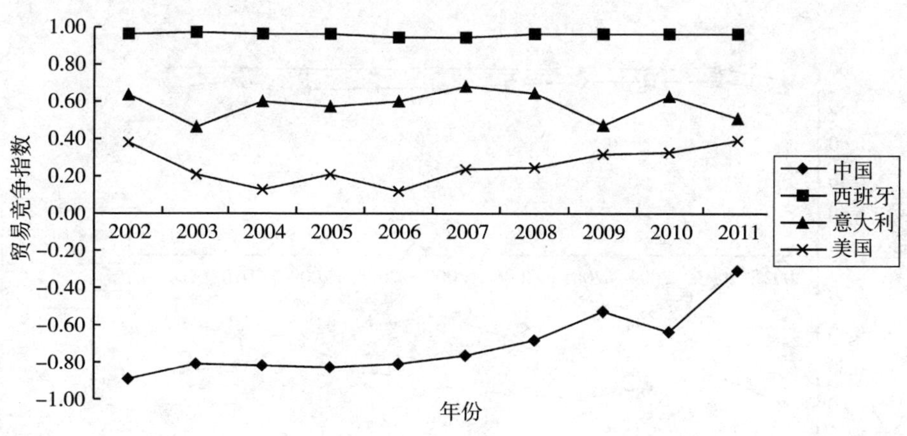

图 9-11　2002—2011 年中国和对照国家桃贸易竞争指数

的变动趋势。中国苹果的比较优势指数低于对照国家，如图 9-15[①]。2002—2011 年，中国梨的贸易竞争指数总体保持增加态势，2011 年最高为 0.78。同一时期，阿根廷梨的显示性比较优势指数远高于中国，具有很强的国际竞争力，荷兰和比利时梨的显示性比较优势指数相差不大，都高于中国，如图 9-16[②]。同一时期，中国葡萄、桃、李子、西瓜、柑橘的显示性比较优势指数尽管保持了总体增长态势，但都远低于对照国家，如图 9-17、图 9-18、图 9-

①② 数据来源：根据联合国粮农组织网站 http：//faostat.fao.org 数据计算。

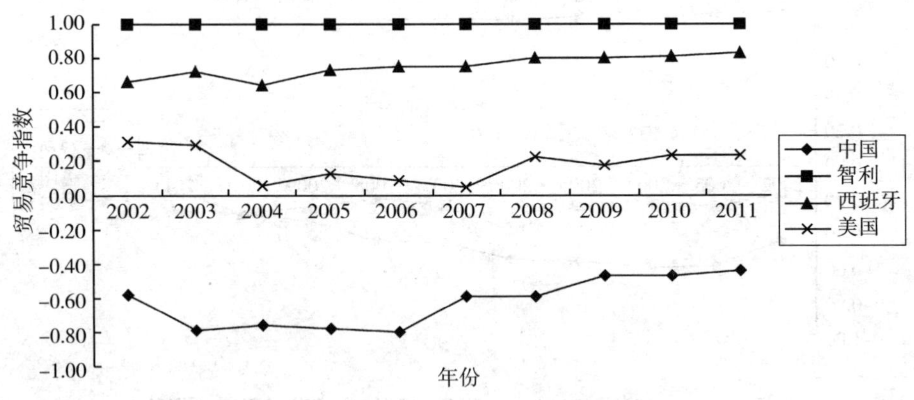

图 9-12　2002—2011 年中国和对照国家李子贸易竞争指数

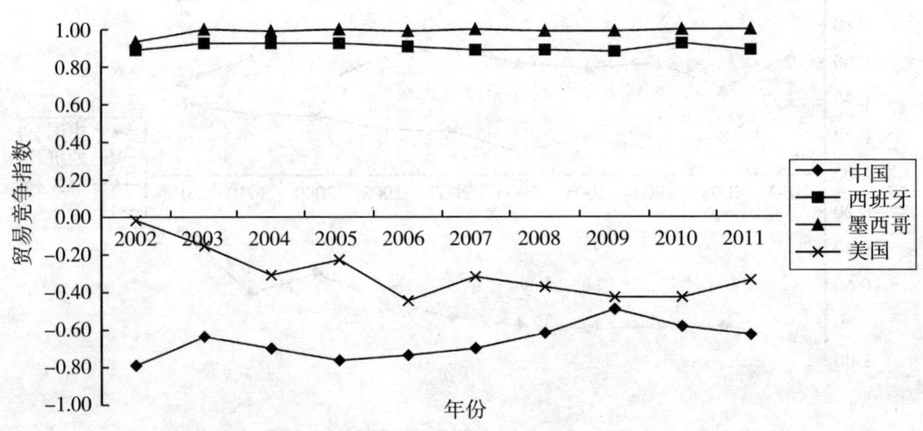

图 9-13　2002—2011 年中国和对照国家西瓜贸易竞争指数

19、图 9-20 和图 9-21①。

9.5　中国水果国际竞争力的基本判定

综合 *IMS*、*TSC* 和 *RCA* 三个反映产品国际竞争力的指标，可以对中国水果的国际竞争力进行基本判定。中国苹果的国际市场占有率在 2002—2007 年

① 数据来源：根据联合国粮农组织网站 http：//faostat. fao. org 数据计算。

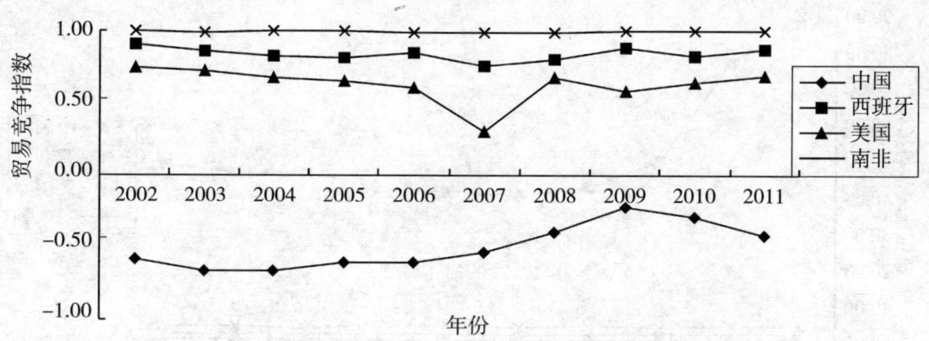

图 9-14 2002—2011 年中国和对照国家柑橘贸易竞争指数

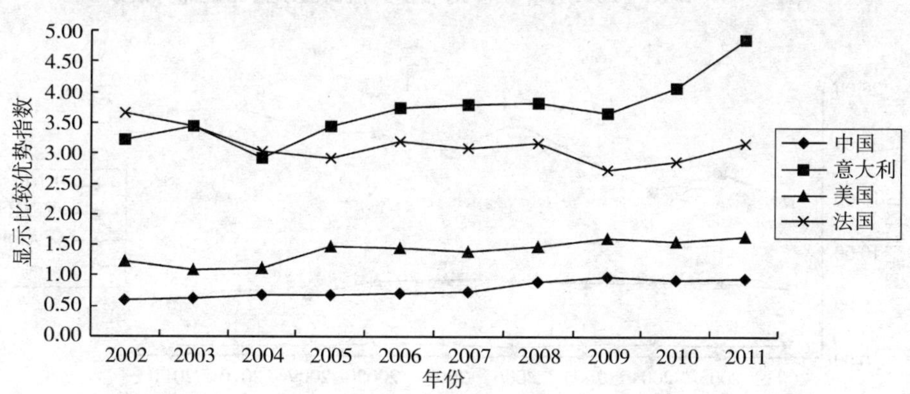

图 9-15 2002—2011 年中国和对照国家苹果显示性比较优势指数

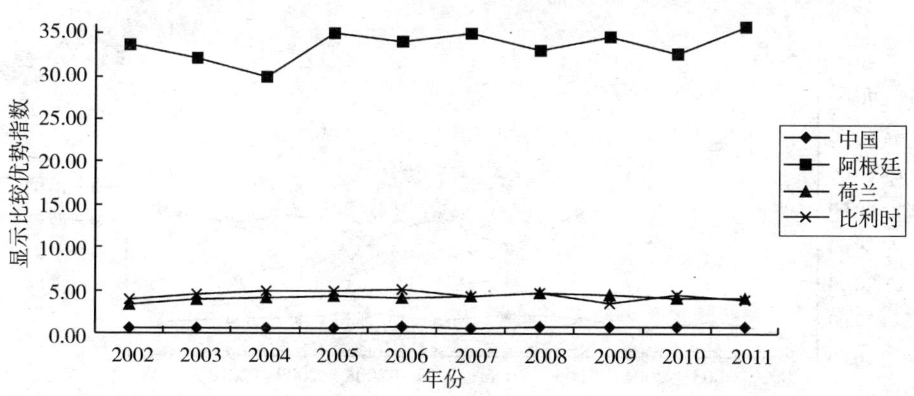

图 9-16 2002—2011 年中国和对照国家梨显示性比较优势指数

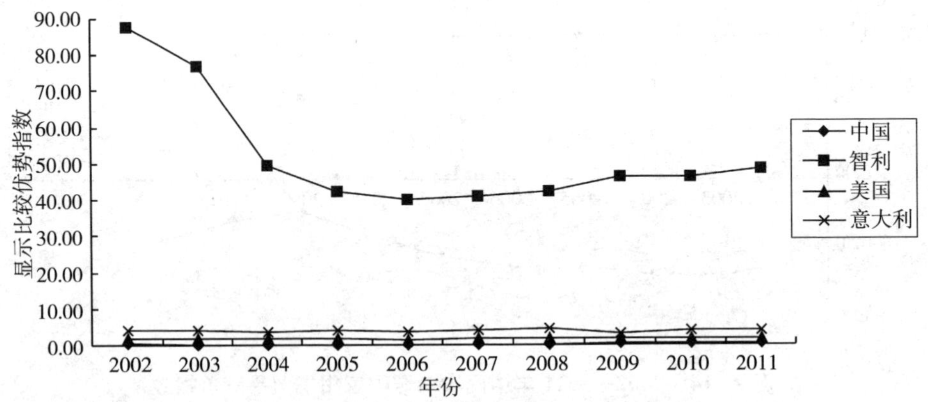

图 9-17　2002—2011 年中国和对照国家葡萄显示性比较优势指数

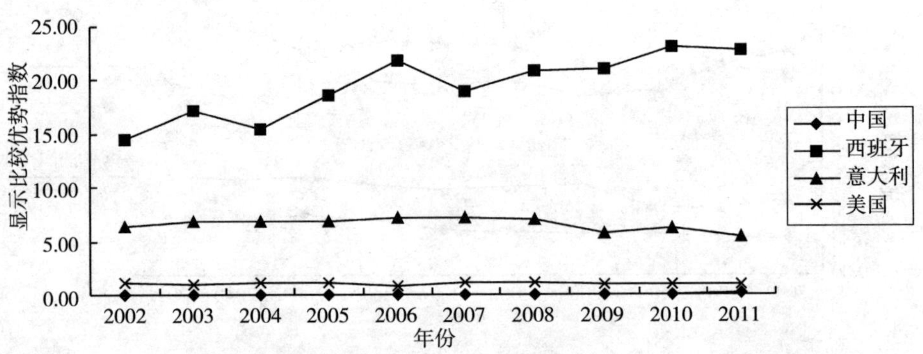

图 9-18　2002—2011 年中国和对照国家桃显示性比较优势指数

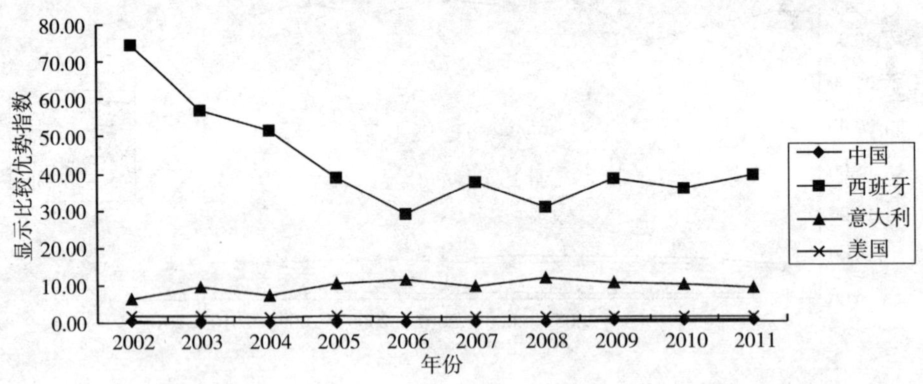

图 9-19　2002—2011 年中国和对照国家李子显示性比较优势指数

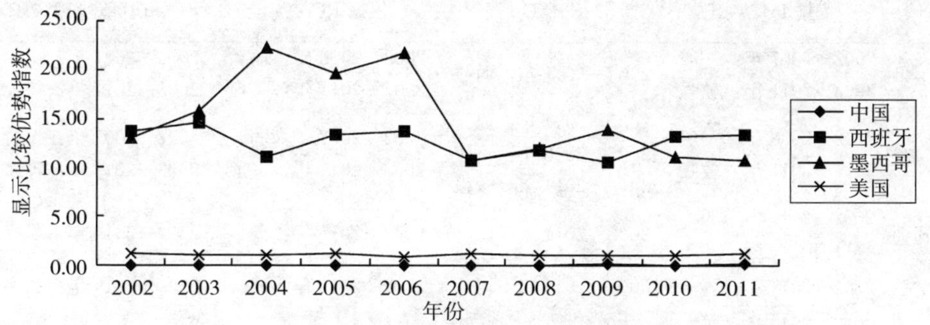

图 9-20 2002—2011 年中国和对照国家西瓜显示性比较优势指数

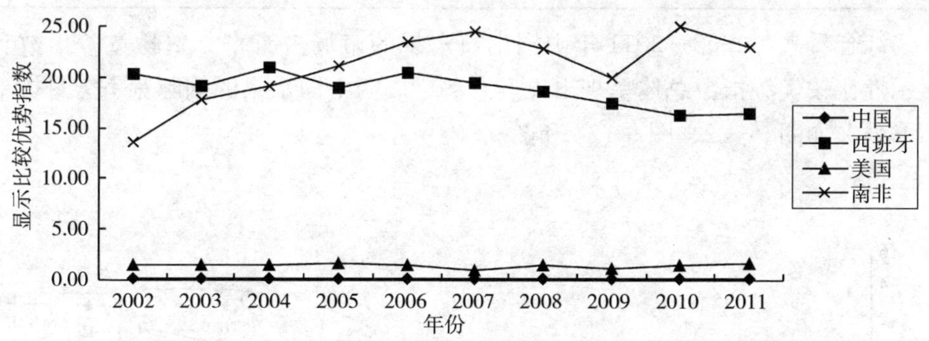

图 9-21 2002—2011 年中国和对照国家柑橘显示性比较优势指数

低于 10%，2008—2011 年在 10%～15%之间，贸易竞争指数在 2002—2011 年低于 0.5，显示性比较优势指数在 2002—2006 年低于 0.7，2007—2011 年在 0.7～1.25 之间，因此中国苹果国际竞争力大致可判定为：在 2002—2007 年为弱，在 2008—2011 年为一般。中国梨的国际市场占有率在 2002—2008 年低于 10%，2009—2011 年在 10%～15%之间，贸易竞争指数在 2002—2004 年低于 0.5，2005—2008 年在 0.5～0.7 之间，2009—2011 年在 0.7～0.9 之间，显示性比较优势指数在 2002—2007 年低于 0.7，2008—2011 年在 0.7～1.25 之间，因此中国梨的国际竞争力大致可判定为：在 2002—2007 年为一般，在 2008—2011 年为较强。2002—2011 年中国葡萄、桃、李子、西瓜和柑橘的国际竞争力可判定为弱，如表 9-3。这些水果的国际竞争力与中国作为世界水果生产大国的地位极不相称。

表 9-3　2002—2011 年中国水果国际竞争力的基本判定

产品	依据 IMS 判定	依据 TSC 判定	依据 RCA 判定	国际竞争力
苹果	2002—2007 年：一般 2008—2011 年：较强	2002—2011 年：弱	2002—2006 年：弱 2007—2011 年：一般	2002—2007 年：弱 2008—2011 年：一般
梨	2002—2008 年：一般 2009—2011 年：较强	2002—2004 年：弱 2005—2008 年：一般 2009—2011 年：较强	2002—2007 年：弱 2008—2011 年：一般	2002—2007 年：一般 2008—2011 年：较强
葡萄	2002—2010 年：弱 2011 年：一般	2002—2011 年：弱	2002—2011 年：弱	2002—2011 年：弱
桃	2002—2011 年：弱	2002—2011 年：弱	2002—2011 年：弱	2002—2011 年：弱
李子	2002—2010 年：弱 2011 年：一般	2002—2011 年：弱	2002—2011 年：弱	2002—2011 年：弱
西瓜	2002—2011 年：弱	2002—2011 年：弱	2002—2011 年：弱	2002—2011 年：弱
柑橘	2002—2011 年：弱	2002—2011 年：弱	2002—2011 年：弱	2002—2011 年：弱

综合看来，2002—2011 年中国出口水果的市场占有率、贸易竞争指数和显示性比较优势指数总体呈现出上升态势，表明中国水果的国际竞争力总体不断增强，如图 9-22、图 9-23 和图 9-24①。

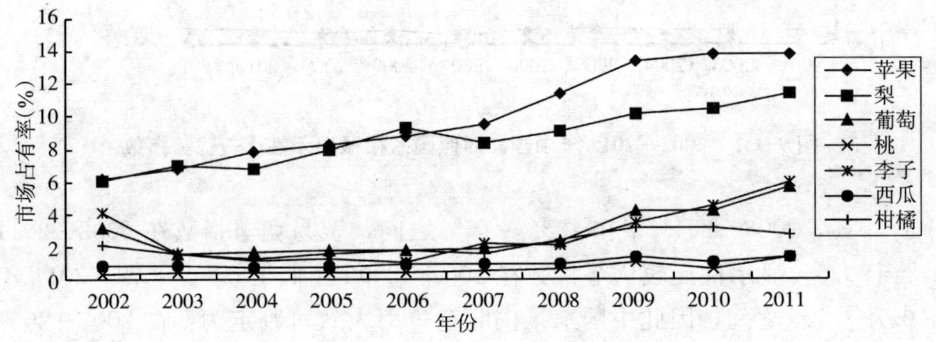

图 9-22　2002—2011 年中国水果国际市场占有率

9.6　中国水果国际竞争力不高的原因

9.6.1　生产规模虽大，但生产效率较低

大规模的生产能够在满足国内需求的前提下，有充足的产品出口到国际市

① 数据来源：根据联合国粮农组织网站 http：//faostat.fao.org 数据计算。

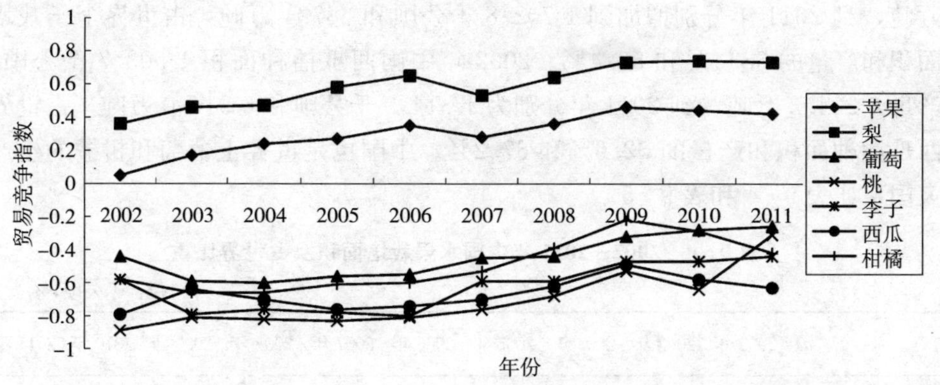

图 9-23 2002—2011 年中国水果贸易竞争指数

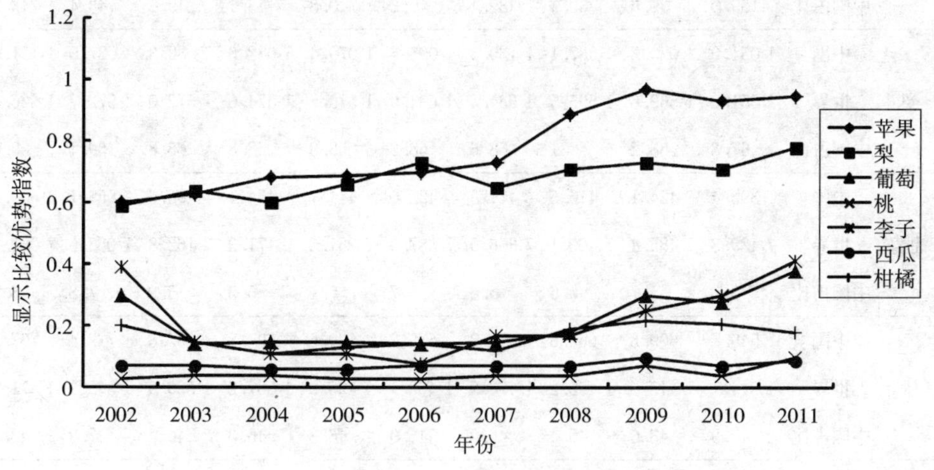

图 9-24 2002—2011 年中国水果显示性比较优势指数

场上，与其他国家的产品进行竞争。中国地处北温带，光照充足，雨量适宜，良好的生态气候条件适宜水果生产。2002 年中国苹果栽培面积 1 939.1 千公顷，产量 1 925.1 万吨，到 2011 年分别增加到 2 052.2 千公顷和 3 598.7万吨，占世界苹果栽培面积和产量的 43.2%和 47.7%。2002 年中国梨栽培面积 1 051.0 千公顷，产量 943.2 万吨，到 2011 年分别增加到 1 131.6千公顷和 1 594.5 万吨，占世界梨栽培面积和产量的 69.6%和 66.6%。2002 年中国桃栽培面积 549.8 千公顷，产量 526.0 万吨，到 2011 年分别增加到 767.3 千公顷和 1 153.0 万吨，占世界桃栽培面积和产量的

48.8%和 53.6%。2002 年中国李子栽培面积 1 364.1 千公顷，产量 439.7 万吨，到 2011 年分别增加到 1 702.8 千公顷和 587.4 万吨，占世界李子栽培面积和产量的 68.4%和 53.4%。2002 年中国西瓜播种面积 1 903.7 千公顷，产量 6 204.2 万吨，到 2011 年分别为 1 814.9 千公顷和 6 914.0 万吨，占世界西瓜播种面积和产量的 52.6%和 67.2%。中国也是世界上葡萄和柑橘的生产大国，如表 9-4 和表 9-5。

表 9-4　2002—2011 年中国水果栽培面积及占世界比重

单位：千公顷，%

		2002 年	2003 年	2004 年	2005 年	2006 年	2007 年	2008 年	2009 年	2010 年	2011 年
苹果	中国	1 939.1	1 901.1	1 877.3	1 890.9	1 899.4	1 962.4	1 992.7	2 049.5	2 056.2	2 052.2
	世界	4 973.1	4 799.5	4 767.5	4 802.7	4 722.0	4 813.5	4 618.7	4 733.3	4 733.9	4 745.4
	中国占比	39.0	39.6	39.4	39.4	40.2	40.8	43.1	43.3	43.4	43.2
梨	中国	1 051.0	1 070.2	1 087.1	1 120.5	1 095.6	1 079.4	1 082.6	1 082.3	1 087.0	1 131.6
	世界	1 551.0	1 569.6	1 595.5	1 634.5	1 604.0	1 579.5	1 574.0	1 572.0	1 572.7	1 626.3
	中国占比	67.8	68.2	68.1	68.6	68.3	68.3	68.8	68.8	69.1	69.6
葡萄	中国	395.4	424.1	416.6	411.3	422.0	441.7	454.4	496.6	555.1	600.0
	世界	7 429.3	7 485.4	7 400.1	7 366.5	7 387.9	7 261.6	7 171.2	7 162.8	7 085.6	7 060.2
	中国占比	5.3	5.7	5.6	5.6	5.7	6.1	6.3	6.9	7.8	8.5
桃	中国	549.8	609.8	665.6	679.8	672.2	699.6	697.8	705.8	732.4	767.3
	世界	1 344.1	1 419.0	1 465.2	1 478.9	1 465.4	1 495.0	1 507.2	1 520.9	1 549.1	1 571.9
	中国占比	40.9	43.0	45.4	46.0	45.9	46.8	46.3	46.4	47.3	48.8
李子	中国	1 364.1	1 413.8	1 497.6	1 503.5	1 518.3	1 549.7	1 653.1	1 662.9	1 682.9	1 702.8
	世界	2 058.4	2 203.2	2 326.9	2 292.5	2 348.3	2 422.5	2 482.5	2 485.1	2 431.3	2 488.7
	中国占比	66.3	64.2	64.4	65.6	64.7	64.0	66.6	66.9	69.2	68.4
西瓜	中国	1 903.7	1 852.0	1 674.7	1 719.8	1 797.4	1 748.2	1 745.8	1 776.6	1 824.1	1 814.9
	世界	3 380.7	3 471.5	3 262.4	3 286.0	3 402.3	3 371.5	3 303.0	3 433.5	3 437.2	3 452.4
	中国占比	56.3	53.3	51.3	52.3	52.8	51.9	52.9	51.7	53.1	52.6
柑橘	中国	283.6	298.7	339.5	359.8	364.9	402.0	389.6	398.4	431.3	463.9
	世界	3 684.5	3 667.4	3 797.8	3 789.5	3 830.9	3 956.5	4 026.6	3 981.0	4 057.2	3 912.8
	中国占比	7.7	8.1	8.9	9.5	9.5	10.2	9.7	10.0	10.6	11.9

数据来源：联合国粮农组织数据库 http：//fatstat.fao.org。

表 9-5 2002—2011 年中国水果产量及占世界比重

单位：万吨，%

		2002 年	2003 年	2004 年	2005 年	2006 年	2007 年	2008 年	2009 年	2010 年	2011 年
苹果	中国	1 925.1	2 110.5	2 368.2	2 401.7	2 606.5	2 786.6	2 985.1	3 168.4	3 326.5	3 598.7
	世界	5 519.7	5 834.5	6 273.6	6 246.4	6 423.9	6 519.0	6 881.7	7 063.5	6 994.8	7 548.5
	中国占比	34.9	36.2	37.7	38.4	40.6	42.7	43.4	44.9	47.6	47.7
梨	中国	943.2	992.1	1 072.4	1 143.7	1 211.3	1 304.5	1 367.7	1 441.6	1 523.2	1 594.5
	世界	1 695.3	1 758.5	1 849.1	1 938.8	1 995.3	2 089.4	2 120.5	2 242.7	2 270.4	2 395.2
	中国占比	55.6	56.4	58.0	59.0	60.7	62.4	64.5	64.3	67.1	66.6
葡萄	中国	456.4	526.8	577.1	586.6	637.3	678.7	723.6	803.9	865.2	917.4
	世界	6 203.0	6 360.0	6 771.3	6 740.6	6 725.4	6 543.2	6 745.2	6 785.2	6 692.1	6 909.3
	中国占比	7.4	8.3	8.5	8.7	9.5	10.4	10.7	11.8	12.9	13.3
桃	中国	526.0	617.9	704.0	765.0	824.3	908.0	956.4	1 017.0	1 082.8	1 153.0
	世界	1 482.7	1 486.0	1 677.6	1 776.9	1 809.9	1 910.1	1 996.6	2 042.1	2 078.2	2 151.0
	中国占比	35.5	41.6	42.0	43.1	45.5	47.5	47.9	49.8	52.1	53.6
李子	中国	439.7	443.5	483.5	522.9	532.6	482.6	522.3	537.3	566.5	587.4
	世界	847.4	989.7	966.6	995.5	1 048.7	962.1	1 030.3	1 089.7	1 073.1	1 099.9
	中国占比	51.9	44.8	50.0	52.5	50.8	50.2	50.7	49.3	52.8	53.4
西瓜	中国	6 204.2	5 833.8	5 783.0	6 010.6	6 285.0	6 225.7	6 302.5	6 500.2	6 840.7	6 914.0
	世界	9 060.9	8 752.1	8 826.3	9 125.9	9 454.6	9 416.8	9 466.1	9 875.0	10 133.8	10 288.9
	中国占比	68.5	66.7	65.5	65.9	66.5	66.1	66.6	65.8	67.5	67.2
柑橘	中国	164.3	201.3	233.3	274.1	307.5	368.9	419.1	486.5	560.3	601.4
	世界	6 210.9	5 977.6	6 497.8	6 310.1	6 607.2	6 561.8	6 961.1	6 761.7	6 896.2	6 946.2
	中国占比	2.6	3.4	3.6	4.3	4.7	5.6	6.0	7.2	8.1	8.7

数据来源：联合国粮农组织数据库 http：//fatstat. fao. org。

尽管中国是水果生产大国，水果生产规模远高于对照国家，但水果的生产效率却低于这些国家。2002—2011 年中国苹果的单位面积产量平均为 13.8 吨/公顷，意大利、美国和法国分别为 42.4 吨/公顷、32.0 吨/公顷和 44.4 吨/公顷。中国梨的单位面积产量平均为 11.6 吨/公顷，阿根廷、荷兰和比利时分别为 29.5 吨/公顷、31.7 吨/公顷和 31.4 吨/公顷。中国葡萄的单位面积产量平均为 14.6 吨/公顷，智利和美国分别为 12.6 吨/公顷和 16.8 吨/公顷。中国桃的单位面积产量平均为 12.5 吨/公顷，西班牙、意大利和美国分别为15.6吨/公顷、18.0吨/公顷和19.4吨/公顷。中国李子的单位面积产量平均为3.3吨/公顷，智利、西班牙和美国分别为16.4吨/公顷、10.9吨/公顷和11.4吨/公顷。中国西瓜和柑橘的单位面积产量同对照国家相比也有差距，如表9-6。

表9-6　2002—2011年世界水果主产国水果单位面积产量

单位：吨/公顷

水果	国家	2002年	2003年	2004年	2005年	2006年	2007年	2008年	2009年	2010年	2011年
苹果	中国	9.9	11.1	12.6	12.7	13.7	14.2	15.0	15.5	16.2	17.5
	意大利	36.3	34.3	37.1	38.4	37.3	39.8	37.5	39.8	38.1	42.4
	美国	24.2	25.0	30.4	28.7	29.9	29.0	30.8	31.3	30.5	32.0
	法国	37.1	35.7	37.9	38.8	37.7	39.9	40.5	42.4	42.9	44.4
梨	中国	9.0	9.3	9.9	10.2	11.1	12.1	12.6	13.3	14.0	14.1
	阿根廷	29.9	37.6	30.1	29.9	29.0	29.5	30.6	25.6	26.4	26.5
	荷兰	27.0	24.9	32.4	29.1	32.1	35.6	22.9	37.8	34.3	41.0
	比利时	27.2	26.9	33.9	29.4	34.0	35.4	21.0	34.2	37.4	34.7
葡萄	中国	11.5	12.4	13.9	14.3	15.1	15.4	15.9	16.2	15.6	15.3
	智利	10.3	11.5	10.8	12.6	12.6	12.9	12.1	13.1	14.5	15.6
	美国	17.3	15.3	15.0	18.7	15.2	16.9	17.5	17.3	17.6	17.4
	意大利	8.8	9.0	11.0	10.8	10.6	9.5	9.9	10.3	10.0	9.8
桃	中国	9.6	10.1	10.6	11.3	12.3	13.0	13.7	14.4	14.8	15.0
	西班牙	16.4	16.2	12.6	15.9	15.5	15.2	16.5	16.1	15.6	16.4
	意大利	17.1	13.2	19.0	19.4	19.4	19.0	18.5	18.2	17.6	18.5
	美国	19.2	18.2	19.4	18.1	16.3	20.0	20.6	19.9	21.1	20.7
李子	中国	3.2	3.1	3.2	3.5	3.5	3.1	3.2	3.2	3.4	3.4
	智利	15.9	18.1	17.3	17.4	16.8	16.8	16.0	16.0	16.0	14.0
	西班牙	11.0	11.3	7.4	12.0	8.7	9.7	10.6	12.6	12.2	13.5
	美国	14.5	16.1	6.6	10.0	15.0	9.4	12.6	15.0	7.0	8.1
西瓜	中国	32.6	31.5	34.5	34.9	35.0	35.6	36.1	36.6	37.5	38.1
	西班牙	39.7	45.8	47.4	44.3	45.2	46.9	46.1	47.1	42.0	43.1
	墨西哥	22.4	22.4	23.9	20.6	22.6	22.5	23.6	24.9	23.5	24.3
	美国	29.1	28.7	29.2	31.2	33.0	32.4	35.7	35.2	34.8	0.3

（续）

水果	国家	2002年	2003年	2004年	2005年	2006年	2007年	2008年	2009年	2010年	2011年
柑橘	中国	5.8	6.7	6.9	7.6	8.4	9.2	10.8	12.2	13.0	13.0
	西班牙	24.4	22.3	20.4	17.1	24.3	18.8	22.2	17.5	20.3	18.4
	美国	34.9	32.7	37.8	28.1	35.9	25.2	34.1	31.2	28.7	31.7
	南非	23.6	28.2	26.6	30.4	35.5	35.3	35.4	33.4	34.0	35.6

数据来源：联合国粮农组织数据库 http：//fatstat.fao.org。

9.6.2 水果出口价格较低，水果品质不高

价格是影响水果国际竞争力的重要因素。同等品质的水果，其他条件相同时，价格越低竞争力越强。2002—2011年，除少数年份外，中国水果出口价格低于世界平均价格水平，中国水果出口价格与世界价格比小于1，如表9-7。

表9-7 2002—2011年中国水果出口价格与世界价格比

产品	2002年	2003年	2004年	2005年	2006年	2007年	2008年	2009年	2010年	2011年
苹果	0.73	0.65	0.61	0.68	0.75	0.71	0.75	0.87	1.00	1.03
梨	0.44	0.44	0.42	0.50	0.53	0.50	0.50	0.53	0.62	0.75
葡萄	1.10	0.64	0.65	0.77	0.77	0.68	0.74	0.82	0.92	1.01
桃	0.33	0.24	0.33	0.30	0.27	0.27	0.33	0.40	0.39	0.63
李子	0.95	0.45	0.47	0.41	0.54	0.67	0.67	0.70	0.93	1.06
西瓜	0.66	0.46	0.43	0.43	0.54	0.60	0.72	0.68	0.64	0.78
柑橘	1.48	1.01	0.83	0.84	0.93	0.82	0.71	0.82	0.99	1.17

数据来源：联合国粮农组织数据库 http：//fatstat.fao.org，经作者计算得出。

表面看来，中国水果在世界市场上具有价格竞争力，其实不然。因为导致中国水果出口价格较低，不仅有中国是劳动丰裕的国家从而水果生产成本相对较低的原因，更有中国出口的水果品质不高、出口企业自我竞争等原因。在以质论价、优质优价的国际市场上，低品质的水果只能以低价出售。在水果出口企业各自为战、相互恶性竞争导致秩序混乱的出口市场上，水果出口价格被人为地压低了。

水果品质是影响中国水果出口竞争力的重要因素。随着经济的发展和社会的进步，人们对水果品质尤其是卫生安全方面的要求越来越高，世界各国对水

果进口的质量标准越来越严格。由于中国果农受教育水平还比较低，农业科技知识欠缺，在水果种植过程中不能很好地进行科学管理，存在着水果产品农药残留严重，有害物质含量超标等问题，严重影响了中国水果在国际市场中的声誉。而且，长期的农产品供给不足使得人们重视农产品产量提高而忽视了质量的提升，对水果品质重视程度不够，在品种选育、污染防除技术、优质栽培技术等方面，缺乏系统深入研究，没有取得突破性进展。中国水果产量虽然高，但主要是大路货，优质果率低，达到出口标准的高档果数量少，而世界主要水果出口国的优质果率高达70%，可供出口的高档果占总产量的50%。从产品结构上看，中国出口的水果绝大多数是鲜果，适合不同需要的特色品种和不同上市期的品种相对较少。树种结构中，苹果、柑橘、梨三大果树面积偏大，占水果栽培总面积一半以上。从整个世界市场来看，虽然新鲜水果消费量很大，且在不断增长，但加工用水果的需求量也在快速增加，中国适合加工的水果种类较少。中国水果品质和结构直接影响了出口和国际竞争力。

对照国家的水果出口价格普遍高于中国水果出口价格，反映出在“优质优价”的国际市场上，这些国家出口的水果品质高于中国水果，如图9-25、图9-26、图9-27、图9-28、图9-29、图9-30和图9-31①。

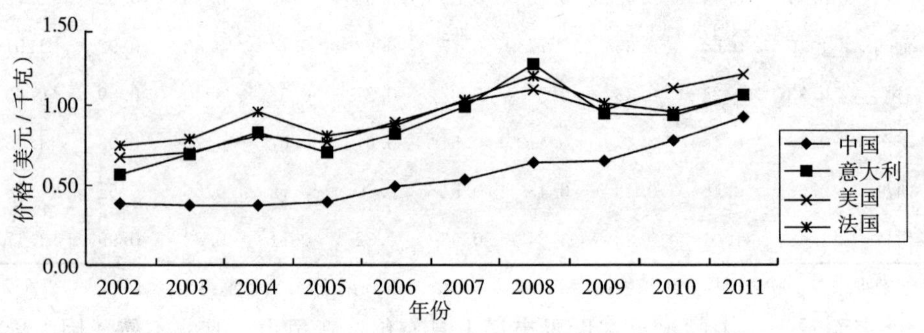

图9-25　2002—2011年中国和对照国家苹果出口价格

但也应该看到，近年来中国水果出口价格与世界价格比表现出增长态势，中国水果出口价格与世界价格差距越来越小，某些年份甚至高于世界价格，这表明中国出口水果的品质逐渐提升。如图9-32②。

①② 数据来源：根据联合国粮农组织网站 http://faostat.fao.org 数据计算。

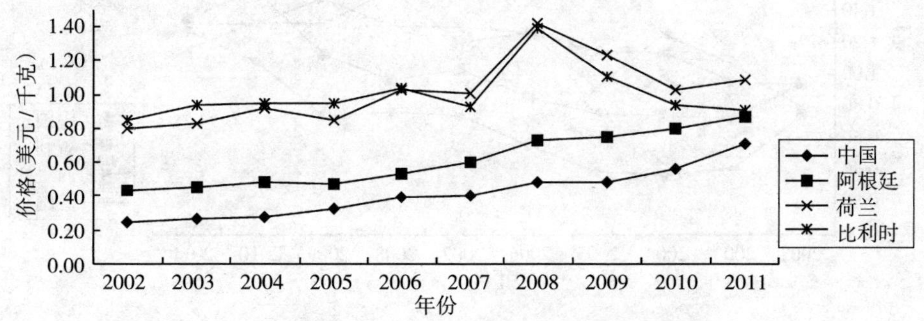

图 9-26　2002—2011 年中国和对照国家梨出口价格

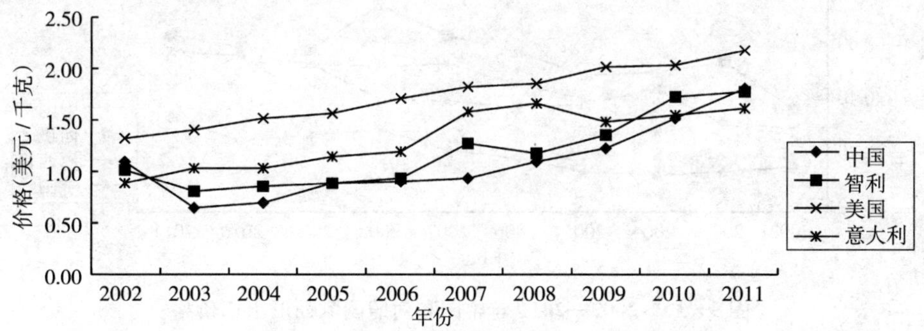

图 9-27　2002—2011 年中国和对照国家葡萄出口价格

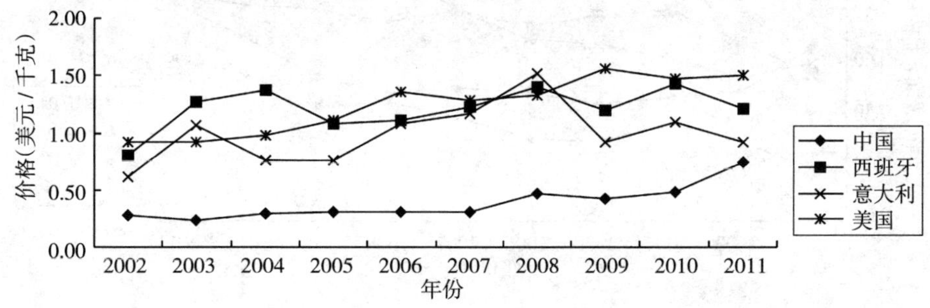

图 9-28　2002—2011 年中国和对照国家桃出口价格

9.6.3　国际营销能力制约了中国水果竞争力

加入 WTO 以来，世界水果贸易大门进一步向中国敞开，市场准入机会增加，出口的谈判成本和贸易成本降低，有力地刺激了中国水果出口。但是，中

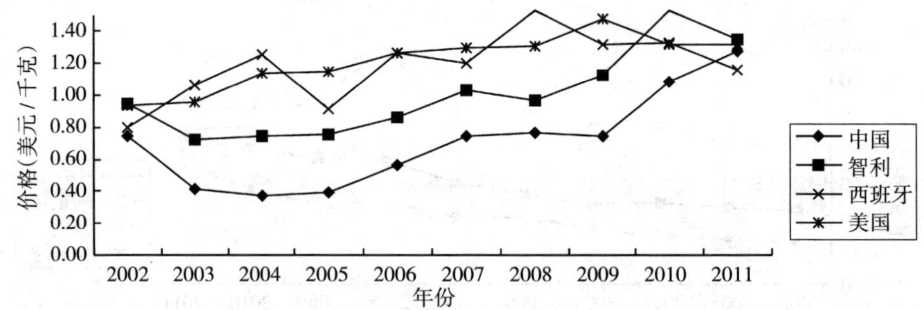

图 9-29　2002—2011 年中国和对照国家李子出口价格

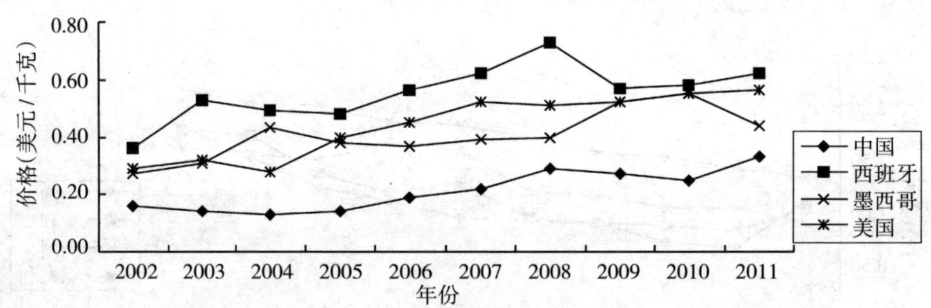

图 9-30　2002—2011 年中国和对照国家西瓜出口价格

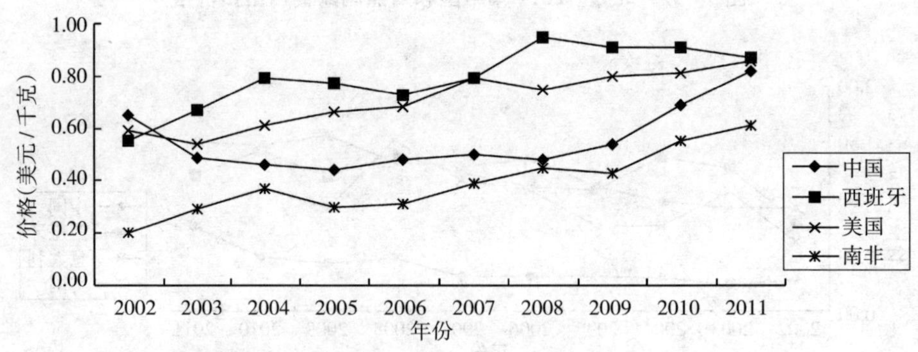

图 9-31　2002—2011 年中国和对照国家柑橘出口价格

国水果流通体制还不够健全，没有形成竞争有序、全国统一的水果大市场。市场基础设施比较薄弱，批发市场、期货市场发育不健全，影响了水果进入市场的机会，而且缺乏一个比较完备、系统的信息体系。与此同时，多头出口、无序竞争的问题日益凸现。由于出口经营单位过多，并且没有形成有约束力的行

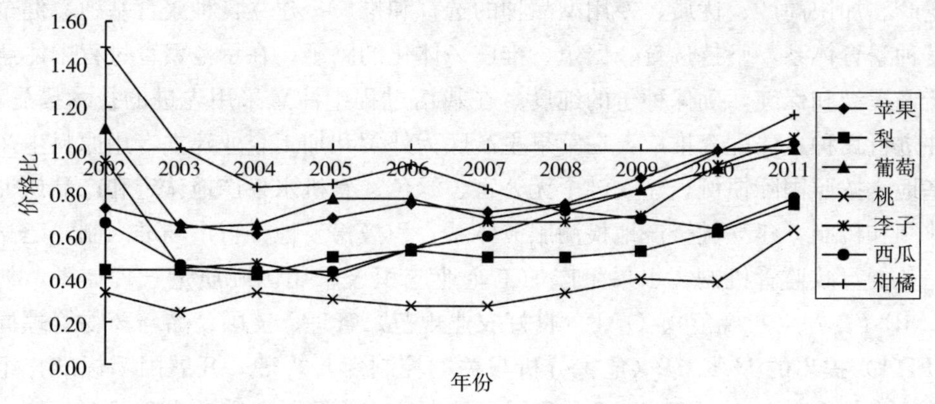

图 9-32　2002—2011 年中国水果出口价格与世界价格比

业协会，在市场需求量增长不大的情况下，容易造成供大于求的局面，致使国内出口公司在国际市场中竞相压价，从而导致在供货上以次充好，不仅严重影响了水果出口商的经济利益，也严重影响了中国水果在国际市场上的声誉。中国水果的国际营销能力制约了其出口竞争力。

9.7　结论与建议

在考察的 2002—2011 年间，中国的苹果、梨、葡萄、桃、李子、西瓜和柑橘尽管产量很大，在世界上占重要地位，但这些水果的国际竞争力并不高，与对照国家存在明显差异。除苹果和梨的国际竞争力近几年表现一般或较强外，其他水果的国际竞争力较弱。但中国这些水果的国际市场占有率、贸易竞争指数和显示性比较优势指数总体上保持增长态势，表明中国水果的国际市场竞争力不断增强。中国出口水果具有一定的价格优势，但水果生产效率、品质以及国际市场营销能力制约了中国水果国际竞争力的提升。中国水果的出口竞争形势非常严峻，中国应努力做大做强水果产业，努力提升水果的国际竞争力，实现由水果生产大国向水果出口大国的转变。

第一，要进一步拓展国际市场，实现水果出口市场多元化。水果出口企业不要把目光集中在传统的单一市场上，应选择合适的区域市场和细分市场，实现水果国际化经营。亚洲是中国水果出口的支撑市场，在巩固亚洲市场的同时，要积极开拓欧洲和美洲市场。

第二，为提高水果质量，应全面贯彻质量管理的思想，实施严格的标准化生产。加快高产、优质、专用型品种的选育和推广，建立良种繁育基地，健全良种繁育体系，坚持选育、繁殖、推广一体化的路子，在示范繁育过程中注意严格提纯和保纯，确保种子的纯度，在栽培过程中注意采用先进的技术措施，并进行良种良法配套推广，在苹果主产区为外贸和加工企业建立专用原料生产基地。按照国际惯例，建立健全无公害、绿色、有机水果产地认定和产品认证体制和机制，建立健全产地检测服务体系，积极稳妥地推行市场准入制，建立完备的行政监管机制。水果生产加工企业应积极采用国际质量管理体系，如GMP（良好生产规范）、GAP（良好农业规范）管理、美国食品与药物管理局（FDA）提出的HACCP（危害分析与关键控制点）管理，开展国际标准化组织推出的IS09002、IS014000及美国、日本、欧盟等国的质量认证。

第三，实现政府、水果中介组织和企业联合作战，提高组织化水平。水果贸易受各国关税和各种非关税壁垒尤其是技术性壁垒的影响很大。因此，要占领市场就必须由政府、团队搭台，企业唱戏，形成有组织的联合体作战。政府要在国外设立专事农业市场服务的机构和专职人员，编发专题报告及市场供求报告，及时提供信息服务，定期与不定期地召集有关企业、团体、协会会员商讨贸易政策和组织有关沟通活动及谈判。建立与国际接轨的农产品质量安全和卫生标准体系，建立风险分析和预警制度，制定水果生产、加工、销售管理办法，完善农药生产、经营、使用的管理制度。

第四，要拓展销售渠道，健全营销体系，提高水果国际市场营销能力。长期以来，中国水果产品出口渠道比较单一，通常是找到外商签订合同，然后按照外商的要求为其提供货物，很少有企业走出国门推销自己的产品，外商在掌握市场信息和拥有客户群方面具有优势。这种销售渠道使得中国水果出口企业比较被动，缺乏讨价还价能力，易受国际市场变化和竞争对手的影响。必须创新和拓展水果出口销售渠道，出口企业要走出国门，通过考察和参加展销会，到出口国批发市场、经销大户、产地等一线调查、走访，并搜集、了解各方面资料，充分掌握市场信息。出口企业也可以在国外建立自己的分公司或代理公司，直接经营水果产品。

第五，进一步协调、规范出口经营秩序。水果出口无序竞争的直接恶果是导致出口价格不高，出口企业效益大幅下滑，有的甚至亏本经营，而一些商人尤其是国外商人却坐收渔利。低成本的数量扩张直接导致出口质量和效益不高，价格竞争加剧，利润未能与市场份额同步增长，且容易招致国外反倾销、技术壁垒等贸易摩擦。因此，必须尽快采取有效措施规范现有的出口秩序。

参考文献

于国合 . 2007. 山东的果品生产现状及果业发展方向 [J] . 落叶果树 (4): 13 - 16.

于新匣 . 2007. 我国农产品加工产业政策选择与产业组织创新 [J] . 中国物价 (12): 51 - 54.

万金 . 2012. 中国农产品贸易比较优势动态研究 [D] . 武汉: 华中农业大学 .

上海市价格监督检查与反垄断局课题组 . 2013. 降低鲜活农产品流通费用的对策研究 [J] . 中国价格监督检查 (3): 37 - 39.

马明伟, 鹿永华, 孔凡娜 . 2012. 烟台市葡萄产业发展对策研究 [J] . 农业经济 (12): 63 - 65.

马骊 . 2013. 零关税下中国苹果对东盟出口的研究 [J] . 世界农业 (7): 22 - 25.

王为涛 . 2012. 山东苹果产业竞争力研究 [D] . 上海: 上海海洋大学 .

王伟东, 王文辉, 杨振锋, 等 . 2003. 入世后中国梨产业形势与发展对策 [J] . 世界农业 (4): 14 - 16+42.

王伟新, 祁春节 . 2013. 我国农产品流通现代化评价指标体系的构建与测算 [J] . 经济问题探索 (1): 128 - 133.

王宇霖 . 2001. 从世界苹果、梨生产及发展趋势与国际贸易看我国苹果、梨产业存在的问题 [J] . 果树学报 (3): 127 - 132.

王芳, 王光华 . 2009. 山东省主要农作物成本收益和价格变动情况分析 [J] . 农业知识 (22): 30 - 32.

王苗苗 . 2011. 贸易壁垒对我国苹果出口贸易的影响研究 [D] . 长春: 吉林大学 .

王国扣, 张宏宇 . 2011. 我国农产品加工业优势布局的基本特征 [J] . 农产品加工 (创新版) (3): 11 - 13.

王春华 . 2004. 农产品加工供应链管理及合作机制研究 [D] . 北京: 中国农业大学 .

王俊芹, 李宪松, 赵邦宏 . 2013. 我国苹果价格波动特征及影响因素分析 [J] . 中国果树 (2): 69 - 72.

王艳花, 霍学喜 . 2012. 我国苹果生产省际竞争力的综合评价 [J] . 北方园艺 (16): 207 - 210.

王玺, 蒋建兵, 王芸芸 . 2013. 基于 DEA 分析的中国苹果生产效率实证研究 [J] . 山西农业大学学报 (社会科学版) (7): 679 - 684.

王海波, 王宝亮, 王孝娣, 等 . 2010. 我国葡萄产业现状与存在问题及发展对策 [J] . 中国果树 (6): 69 - 71.

王彬．2008. 鲜活农产品流通模式与流通效率的实证研究［D］．无锡：江南大学．
文学．1998. 我国农产品加工现状、发展趋势及对策［J］．农业工程学报（4）：200－205.
方松海，马晓河，黄汉权．2008. 当前农产品价格上涨的原因分析［J］．农业经济问题（6）：20－26＋110－111.
方晨靓．2012. 农产品价格波动国际传导机理及效应研究［D］．杭州：浙江大学．
尹肖妮．2006. 国际农产品贸易政策下中国农产品贸易发展分析［J］．北方经贸（4）：27－29.
帅传敏．2005. 调控农产品贸易的重要政策工具——国营贸易企业在农产品贸易中的作用与启示［J］．国际贸易（10）：34－38.
田东，冯建英，陈旭，穆维松．2010. 世界葡萄产业生产及贸易形势分析［J］．世界农业（6）：46－50.
冯建英．2011. 我国葡萄产业贸易基本形势［J］．西北园艺（果树）（2）：44－46.
朱佳满，贾定贤．1997. 我国苹果和梨生产现状与布局调整［J］．中国农业资源与区划（1）：40－44.
朱剑凯．2008. 浅谈我国苹果加工业的现状与发展趋势［J］．河南农业（5）：45.
刘芳，何忠伟．2012. 中国鲜活果蔬产品价格波动与形成机制研究［M］．北京：中国农业出版社．
刘英杰．2003. 发挥比较优势 推动产业发展——我国苹果产业发展对策研究［J］．农业经济问题（10）：44－48.
刘明，刘晓红．2006. 我国农产品加工贸易存在的问题及对策［J］．安徽农业科学（24）：6675－6676.
刘学忠，张爱华．2012. 影响我国苹果出口价格及其效益的因素分析［J］．价格月刊（11）：37－40.
刘爽，牛鹏飞，苏肖洁．2011. 我国苹果及浓缩苹果汁生产贸易变化分析及应对策略［J］．陕西农业科学（1）：206－209.
刘婧，王征兵．2008. 我国苹果国际竞争力实证分析与提升对策［J］．生产力研究（3）：86－87＋150.
刘维，刘天军，董子铭．2013. 我国苹果生产布局时空演变分析［J］．广东农业科学（8）：207－209＋238.
刘晶．2005. 我国农产品价格风险及其管理研究［D］．泰安：山东农业大学．
刘耀魁，李鸥．2008. 中日农产品贸易的摩擦分析与展望［J］．世界农业（9）：48－51.
闫德忠．2009. 我国苹果汁出口竞争力研究［D］．西北杨凌：西北农林科技大学．
关洁．2013. 我国农村居民水果消费量影响因素探析——以陕西农村居民水果消费量为例［J］．生产力研究（5）：23－25＋201.
祁春节等．2012. 柑橘产业经济与发展研究 2011［M］．北京：中国农业出版社．
许军．2013. 我国农产品流通面临的突出问题与应对思路［J］．经济纵横（3）：92－95

+99.

许统生，李志萌，涂远芬，余昌龙．2012. 中国农产品贸易成本测度［J］．中国农村经济（3）：14－24.

农业部种植业管理司．2007. 中国苹果产业发展报告 1995—2005［M］．北京：中国农业出版社．

纪萍．2011. 中国桃产业国际竞争力及出口影响因素研究［D］．西北农林科技大学．

孙玉刚，高文胜，李芳东等．2010. 山东省桃产业现状、存在问题及发展建议［J］．山东农业科学（3）：119－123.

孙伟．2013. 电子商务环境下农产品流通的现状与对策［J］．商业经济（2）：69－71.

孙爱民．2009. 山东省农产品加工企业内部控制问题研究［D］．泰安：山东农业大学．

苏梅．2013. 我国苹果产业发展存在的问题及对策［J］．现代农业科技（2）：306.

杨公朴，夏大慰．1998. 产业组织经济学教程［M］．上海：上海财经大学出版社．

杨青松．2011. 农产品流通模式研究［D］．北京：中国社会科学院研究生院．

李先明，程维新，秦仲麒．2013. 韩国梨产业发展模式［J］．世界农业（5）：120－124.

李志博，米新丽，安玉发．2013. 农产品流通政策体系的现状、问题及完善方向［J］．价格理论与实践（8）：46－47.

李杏园，梅燕．2005. 从产品出口结构看中国与欧盟农产品贸易关系［J］．世界经济研究（2）：44－49+55.

李秀根，杨健，王龙等．2009. 近 30 年来我国梨产业的发展回顾与展望［J］．果农之友（1）：4－6.

李国祥．2011. 2003 年以来中国农产品价格上涨分析［J］．中国农村经济（2）：11－21.

李海山，谭鑫．2013. 我国葡萄产业发展现状与对策［J］．河北果树（3）：1+3.

李崇光，熊银解．1998. 论提高我国苹果生产与市场的竞争优势［J］．中国软科学（9）：121－124.

束怀瑞．2013. 果树产业可持续发展战略研究［M］．济南：山东科学技术出版社．

肖黎．2012. 中国农产品贸易逆差：格局、影响因素及其应对研究［D］．长沙：湖南农业大学．

辛毅．2003. 中国主要农产品的完全生产成本及其对农产品贸易的含义［D］．北京：中国农业大学．

宋莎，温亚利，刘庆博．2013. 我国水果价格波动特征的实证研究——以苹果、芦柑、香蕉、西瓜为例的分析［J］．价格理论与实践（2）：67－68.

张友连．2003. 论国际贸易中的贸易技术壁垒——兼谈我国农产品贸易的应对措施［J］．首都经济贸易大学学报（5）：33－36.

张立华．2010. “农超对接”流通模式对农产品价格的影响分析［J］．价格理论与实践（8）：78－79.

张吉国，郑芳泉．2013. 中国水果生产发展态势：1978－2010［J］．新疆农垦经济（2）：

31 - 34.

张吉国 . 2013. 山东省水果生产发展态势：1980—2010 年 [J] . 农业科技管理 (3)：66 - 69.

张兴，霍学喜 . 2012. 我国苹果出口贸易的决定因素——基于地区数据的空间计量分析 [J] . 农业技术经济 (5)：114 - 120.

张红程，韩红莲 . 2013. 日本与美国鲜活农产品流通体系比较 [J] . 世界农业 (3)：37 - 38 +89.

张洪胜，王凤娟 . 2012. 基于 FAO 最新数据分析看我国苹果产业的发展态势 [J] . 山东林业科技 (4)：98 - 99+97.

张艳，祁春节 . 2013. 水果种植者鲜果流通模式选择意愿影响因素的实证研究——基于全国 4 省 (市) 21 县 560 个柑橘种植者的调查 [J] . 华中农业大学学报 (社会科学版) (5)：86 - 92.

张莉侠，孟令杰 . 2006. 中美农产品贸易互补性分析 [J] . 国际贸易问题 (11)：45 - 49.

张晓林 . 2013. 我国农产品流通战略变革路径与对策 [J] . 农村经济 (8)：76 - 81.

张喜才，杨谦 . 2012. 鲜活农产品流通链条中冷库节点及政府支持 [J] . 中国流通经济 (4)：46 - 52.

张喜才，张利庠，张屹楠 . 2011. 我国蔬菜产业链各环节成本收益分析——基于山东、北京的调研 [J] . 农业经济与管理 (5)：78 - 90.

陈戈 . 2010. 中国—东盟自由贸易区农产品贸易问题研究 [D] . 北京：北京工商大学 .

陈会英，周衍平，刘肖梅 . 2004. 中国农产品加工产业组织创新与政策选择 [J] . 经济地理 (2)：272 - 276+284.

陈灿煌 . 2010. 我国小宗农产品价格大幅波动的原因、影响及对策 [J] . 价格理论与实践 (9)：15 - 16.

陈学森，韩明玉，苏桂林等 . 2010. 当今世界苹果产业发展趋势及我国苹果产业优质高效发展意见 [J] . 果树学报 (4)：598 - 604.

陈艳霞 . 2011. 我国农产品出口贸易中面临的标准限制及对策研究 [D] . 南京：江苏大学 .

武丽，李志君 . 2013. 现代物流对促进农产品流通的作用研究 [J] . 经营管理者 (22)：211.

林建永，赵瑾璐 . 2009. 农产品价格波动的非典型因素探析 [J] . 理论探索 (5)：73 - 75.

罗永恒 . 2012. 中国农产品价格波动对经济增长影响的研究 [D] . 长沙：湖南农业大学 .

周宏 . 2007. 基于农产品成本收益数据的种植业效率变动因素分析 [J] . 农业技术经济 (6)：19 - 22.

周霞，胡继连 . 2013. 我国苹果供求弹性与生产波动影响因素研究 [J] . 农业技术经济 (7)：63 - 71.

郑勇 . 2010. 我国苹果汁价格波动及其风险控制研究——兼论推出浓缩苹果汁期货[J] . 价格理论与实践 (5)：61 - 62.

郑鹏．2012. 基于农户视角的农产品流通模式研究［D］．武汉：华中农业大学．

孟宪军．2011. 国内外农产品加工现状及发展趋势［J］．农业科技与装备（11）：16-17.

孟鹏．2012. 山东省鲜活农产品流通渠道优化研究［D］．青岛：青岛科技大学．

项朝阳．2012. 我国蔬菜生产成本收益波动研究［J］．长江蔬菜（21）：2-5.

赵一夫．2005. 中国农产品贸易格局的实证研究［D］．北京：中国农业大学．

赵俊晔，王川．2013. 当前水果市场形势分析及后期关注热点［J］．农业展望（5）：25-28.

赵晓飞，李崇光．2012. 农产品流通渠道变革：演进规律、动力机制与发展趋势［J］．管理世界（3）：81-95.

赵培策．2013. 我国苹果发展的基本态势与思路对策［J］．中国果菜（4）：3-6.

段燕华，王伟，裴志军．2006. 我国苹果产业国际竞争力分析及对策建议［J］．西安财经学院学报（2）：48-50+55.

姜长云，赵佳．2012. 我国农产品流通政策的回顾与评论［J］．经济研究参考（33）：18-29.

姜林，冯明祥，邵永春，等．2010. 山东桃产业现状与发展建议［J］．落叶果树（2）：11-14.

宣亚南．2002. 绿色贸易保护与中国农产品贸易研究［D］．南京：南京农业大学．

姚丽凤．2008. 中国桃产业发展的对策研究［J］．中国市场（23）：112-113.

秦晓彦．2010. 我国梨产业现状与发展对策［J］．河北果树（2）：1+3.

顾国达，方晨靓．2010. 中国农产品价格波动特征分析——基于国际市场因素影响下的局面转移模型［J］．中国农村经济（6）：67-76.

顾国达，方晨靓．2011. 农产品价格波动的国内传导路径及其非对称性研究［J］．农业技术经济（3）：12-20.

徐明峰．2012. 全球农产品贸易与中国农产品国际竞争力研究［D］．大连：东北财经大学．

徐海晶，于冷．2006. 我国苹果出口贸易的实证分析［J］．农业技术经济（2）：43-47.

徐雪高．2008. 新一轮农产品价格波动周期：特征、机理及影响［J］．财经研究（8）：110-119.

殷延海．2012. 基于“农超对接”模式的农产品流通渠道创新策略［J］．改革与战略（2）：95-97.

郭昊．2012. 我国农产品流通组织形式及治理机制［D］．南京：南京财经大学．

陶吉寒，鲁墨森，闫英，等．1997. 我国苹果营销体系现状及发展策略［J］．落叶果树（4）：28-29.

姬超，杜英，马燕玲．2010. 我国苹果产业中的分工与专业化问题分析［J］．山西农业科学（11）：77-80.

黄福高．2009. 日本农产品贸易壁垒对中国农产品出口的影响与对策研究［D］．长沙：湖南大学．

崔明，沈瑾，李延云，等．2008. 中国农产品加工技术现状及其推广体系的建设［J］．农业工程学报（10）：274 - 278.
崔家升，李晓萍．2012. 世界苹果种植概况与我国苹果生产前景展望［J］．北方果树（4）：1 - 3.
康磊．2012. 山东省粮食生产成本收益变化研究［D］．泰安：山东大学．
韩峰．2005. 中国农产品成本收益核算指标体系研究综述［J］．价格月刊（4）：33 - 34.
韩喜艳．2013. 农产品流通组织化研究［D］．北京：中国农业科学院．
程存刚，刘凤之，康国栋．2007. 我国苹果产业科技需求与发展对策［J］．中国果树（5）：58 - 59.
程国强，胡冰川，徐雪高．2008. 新一轮农产品价格上涨的影响分析［J］．管理世界（1）：57 - 62＋81＋187 - 188.
傅晓，牛宝俊．2009. 国际农产品价格波动的特点、规律与趋势［J］．中国农村经济（5）：87 - 96.
鲁晶莹．2012. 农产品贸易非关税壁垒研究［D］．延边：延边大学．
鲁德银．2005. 中国农产品加工技术与发达国家的差距与政策［J］．科学管理研究（6）：93 - 96.
蔡丽霞．2006. 肥城市桃产业可持续发展对策研究［D］．泰安：山东农业大学．
管雪强，王恒振，昌云军等．2013. 山东葡萄产业发展现状及趋势［J］．科技致富向导（1）：4 - 5.
翟衡，史大川，束怀瑞．2007. 我国苹果产业发展现状与趋势［J］．果树学报（3）：355 - 360.
翟衡，杜远鹏，孙庆华等．2007. 论我国葡萄产业的发展［J］．果树学报（6）：820 - 825.
樊西峰．2013. 鲜活农产品流通电子商务模式构想［J］．中国流通经济（4）：85 - 90.
薛晓敏，王志刚，王金政．2008. 山东省梨产业现状、存在问题及发展对策［J］．山东农业科学（6）：110 - 112.
穆维松，冯建英．2010. 中国葡萄产业经济研究［M］．北京：中国农业大学出版社．

附　表

附表 1　1978—2012 年中国主要农产品产量

单位：万吨

年份	粮食	棉花	油料	麻类	甘蔗	甜菜	烟叶	蚕茧	茶叶	水果
1978	30 476.5	216.7	521.8	135.1	2 111.6	270.2	124.2	22.8	26.8	657.0
1980	32 055.5	270.7	769.1	143.6	2 280.7	630.5	84.5	32.6	30.4	679.3
1985	37 910.8	414.7	1 578.4	444.8	5 154.9	891.9	242.5	37.1	43.2	1 163.9
1990	44 624.3	450.8	1 613.2	109.7	5 762.0	1 452.5	262.7	53.4	54.0	1 874.4
1991	43 529.3	567.5	1 638.3	88.4	6 789.8	1 628.9	303.1	58.4	54.2	2 176.1
1992	44 265.8	450.8	1 641.2	93.8	7 301.1	1 506.9	349.9	69.2	56.0	2 440.1
1993	45 648.8	373.9	1 803.9	96.0	6 419.4	1 204.8	345.1	75.7	60.0	3 011.2
1994	44 510.1	434.1	1 989.6	74.7	6 092.7	1 252.6	223.8	81.3	58.8	3 499.8
1995	46 661.8	476.8	2 250.3	89.7	6 541.7	1 398.4	231.4	80.0	58.9	4 214.6
1996	50 453.5	420.3	2 210.6	79.5	6 818.7	1 541.5	323.4	50.8	59.3	4 652.8
1997	49 417.1	460.3	2 157.4	74.9	7 889.7	1 496.8	425.1	46.9	61.3	5 089.3
1998	51 229.5	450.1	2 313.9	49.5	8 343.8	1 446.6	236.4	52.6	66.5	5 452.9
1999	50 838.6	382.9	2 601.2	47.2	7 470.3	863.9	246.9	48.5	67.6	6 237.6
2000	46 217.5	441.7	2 954.8	52.9	6 828.0	807.3	255.2	54.8	68.3	6 225.1
2001	45 263.7	532.4	2 864.9	68.1	7 566.3	1 088.9	235.0	65.5	70.2	6 658.0
2002	45 705.8	491.6	2 897.2	96.4	9 010.7	1 282.0	244.7	69.8	74.5	6 952.0
2003	43 069.5	486.0	2 811.0	85.3	9 023.5	618.2	225.7	66.7	76.8	14 517.4
2004	46 946.9	632.4	3 065.9	107.4	8 984.9	585.7	240.6	73.1	83.5	15 340.9
2005	48 402.2	571.4	3 077.1	110.5	8 663.8	788.1	268.3	78.0	93.5	16 120.1
2006	49 804.2	753.3	2 640.3	89.1	9 709.2	750.8	245.6	88.2	102.8	17 102.0
2007	50 160.3	762.4	2 568.7	72.8	11 295.1	893.1	239.5	94.7	116.5	18 136.3
2008	52 870.9	749.2	2 952.8	62.5	12 415.2	1 004.4	283.8	90.9	125.8	19 220.2
2009	53 082.1	637.7	3 154.3	38.8	11 558.7	717.9	306.6	83.2	135.9	20 395.5
2010	54 647.7	596.1	3 230.1	31.7	11 078.9	929.6	300.4	87.3	147.5	21 401.4
2011	57 120.8	658.9	3 306.8	29.6	11 443.5	1 073.1	313.2	91.6	162.3	22 768.2
2012	58 958.0	683.6	3 436.8	26.1	12 311.4	1 174.0	340.7	90.6	179.0	24 056.8

数据来源：《中国统计年鉴》。

附表2 1978—2012年中国城乡居民人口数及比重

年份	总人口（万人）	城镇人口数（万人）	城镇化水平（%）	乡村人口数（万人）	乡村人口比重（%）
1978	96 259	17 245	17.92	79 014	82.08
1979	97 542	18 495	18.96	79 047	81.04
1980	98 705	19 140	19.39	79 565	80.61
1981	100 072	20 171	20.16	79 901	79.84
1982	101 654	21 480	21.13	80 174	78.87
1983	103 008	22 274	21.62	80 734	78.38
1984	104 357	24 017	23.01	80 340	76.99
1985	105 851	25 094	23.71	80 757	76.29
1986	107 507	26 366	24.52	81 141	75.48
1987	109 300	27 674	25.32	81 626	74.68
1988	111 026	28 661	25.81	82 365	74.19
1989	112 704	29 540	26.21	83 164	73.79
1990	114 333	30 195	26.41	84 138	73.59
1991	115 823	31 203	26.94	84 620	73.06
1992	117 171	32 175	27.46	84 996	72.54
1993	118 517	33 173	27.99	85 344	72.01
1994	119 850	34 169	28.51	85 681	71.49
1995	121 121	35 174	29.04	85 947	70.96
1996	122 389	37 304	30.48	85 085	69.52
1997	123 626	39 449	31.91	84 177	68.09
1998	124 761	41 608	33.35	83 153	66.65
1999	125 786	43 748	34.78	82 038	65.22
2000	126 743	45 906	36.22	80 837	63.78
2001	127 627	48 064	37.66	79 563	62.34
2002	128 453	50 212	39.09	78 241	60.91
2003	129 227	52 376	40.53	76 851	59.47
2004	129 988	54 283	41.76	75 705	58.24
2005	130 756	56 212	42.99	74 544	57.01
2006	131 448	58 288	44.34	73 160	55.66
2007	132 129	60 633	45.89	71 496	54.11
2008	132 802	62 403	46.99	70 399	53.01
2009	133 450	64 512	48.34	68 938	51.66
2010	134 091	66 978	49.95	67 113	50.05
2011	134 735	69 079	51.27	65 656	48.73
2012	135 404	71 182	52.57	64 222	47.43

数据来源：《中国统计年鉴》。

附表3 1978—2012年全国城乡居民家庭人均收入及恩格尔系数

年份	城镇居民人均可支配收入（元）	农村居民家庭人均纯收入（元）	城乡收入差距（以农村为1）	城镇居民家庭恩格尔系数（%）	农村居民家庭恩格尔系数（%）
1978	343.4	133.6	2.6	57.5	67.7
1979	387.0	160.2	2.4	57.2	64.0
1980	477.6	191.3	2.5	56.9	61.8
1981	491.9	223.4	2.2	56.7	59.9
1982	526.6	270.1	2.0	58.7	60.7
1983	564.0	309.8	1.8	59.2	59.4
1984	651.2	355.3	1.8	58.0	59.2
1985	739.1	397.6	1.9	53.3	57.8
1986	899.6	423.8	2.1	52.4	56.4
1987	1 002.2	462.6	2.2	53.5	55.8
1988	1 181.4	544.9	2.2	51.4	54.0
1989	1 375.7	601.5	2.3	54.4	54.8
1990	1 510.2	686.3	2.2	54.2	58.8
1991	1 700.6	708.6	2.4	53.8	57.6
1992	2 026.6	784.0	2.6	53.0	57.6
1993	2 577.4	921.6	2.8	50.3	58.1
1994	3 496.2	1 221.0	2.9	50.0	58.9
1995	4 283.0	1 577.7	2.7	50.1	58.6
1996	4 838.9	1 926.1	2.5	48.8	56.3
1997	5 160.3	2 090.1	2.5	46.6	55.1
1998	5 425.1	2 162.0	2.5	44.7	53.4
1999	5 854.0	2 210.3	2.7	42.1	52.6
2000	6 280.0	2 253.4	2.8	39.4	49.1
2001	6 859.6	2 366.4	2.9	38.2	47.7
2002	7 702.8	2 475.6	3.1	37.7	46.2
2003	8 472.2	2 622.2	3.2	37.1	45.6
2004	9 421.6	2 936.4	3.2	37.7	47.2
2005	10 493.0	3 254.9	3.2	36.7	45.5
2006	11 759.5	3 587.0	3.3	35.8	43.0
2007	13 785.8	4 140.4	3.3	36.3	43.1
2008	15 780.8	4 760.6	3.3	37.9	43.7
2009	17 174.7	5 153.2	3.3	36.5	41.0
2010	19 109.4	5 919.1	3.2	35.7	41.1
2011	21 809.8	6 977.3	3.1	36.3	40.4
2012	24 564.7	7 916.6	3.1	36.2	39.3

数据来源：《中国统计年鉴》。

附表 4　1978—2012 年中国国内生产总值及构成

年份	国内生产总值（亿元）	人均国内生产总值（元）	第一产业增加值（亿元）	第二产业增加值（亿元）	第三产业增加值（亿元）	第一产业增加值占国内生产总值比重（%）	工业化水平（%）
1978	3 645.2	381	1 027.5	1 745.2	872.5	28.2	71.8
1979	4 062.6	419	1 270.2	1 913.5	878.9	31.3	68.7
1980	4 545.6	463	1 371.6	2 192.0	982.0	30.2	69.8
1981	4 891.6	492	1 559.5	2 255.5	1 076.6	31.9	68.1
1982	5 323.4	528	1 777.4	2 383.0	1 163.0	33.4	66.6
1983	5 962.7	583	1 978.4	2 646.2	1 338.1	33.2	66.8
1984	7 208.1	695	2 316.1	3 105.7	1 786.3	32.1	67.9
1985	9 016.0	858	2 564.4	3 866.6	2 585.0	28.4	71.6
1986	10 275.2	963	2 788.7	4 492.7	2 993.8	27.1	72.9
1987	12 058.6	1 112	3 233.0	5 251.6	3 574.0	26.8	73.2
1988	15 042.8	1 366	3 865.4	6 587.2	4 590.3	25.7	74.3
1989	16 992.3	1 519	4 265.9	7 278.0	5 448.4	25.1	74.9
1990	18 667.8	1 644	5 062.0	7 717.4	5 888.4	27.1	72.9
1991	21 781.5	1 893	5 342.2	9 102.2	7 337.1	24.5	75.5
1992	26 923.5	2 311	5 866.6	11 699.5	9 357.4	21.8	78.2
1993	35 333.9	2 998	6 963.8	16 454.4	11 915.7	19.7	80.3
1994	48 197.9	4 044	9 572.7	22 445.4	16 179.8	19.9	80.1
1995	60 793.7	5 046	12 135.8	28 679.5	19 978.5	20.0	80.0
1996	71 176.6	5 846	14 015.4	33 835.0	23 326.2	19.7	80.3
1997	78 973.0	6 420	14 441.9	37 543.0	26 988.1	18.3	81.7
1998	84 402.3	6 796	14 817.6	39 004.2	30 580.5	17.6	82.4
1999	89 677.1	7 159	14 770.0	41 033.6	33 873.4	16.5	83.5
2000	99 214.6	7 858	14 944.7	45 555.9	38 714.0	15.1	84.9
2001	109 655.2	8 622	15 781.3	49 512.3	44 361.6	14.4	85.6
2002	120 332.7	9 398	16 537.0	53 896.8	49 898.9	13.7	86.3
2003	135 822.8	10 542	17 381.7	62 436.3	56 004.7	12.8	87.2
2004	159 878.3	12 336	21 412.7	73 904.3	64 561.3	13.4	86.6
2005	184 937.4	14 185	22 420.0	87 598.1	74 919.3	12.1	87.9
2006	216 314.4	16 500	24 040.0	103 719.5	88 554.9	11.1	88.9
2007	265 810.3	20 169	28 627.0	125 831.4	111 351.9	10.8	89.2
2008	314 045.4	23 708	33 702.0	149 003.4	131 340.0	10.7	89.3
2009	340 902.8	25 608	35 226.0	157 638.8	148 038.0	10.3	89.7
2010	401 512.8	30 015	40 533.6	187 383.2	173 596.0	10.1	89.9
2011	473 104.0	35 198	47 486.2	220 412.8	205 205.0	10.0	90.0
2012	518 942.1	38 420	52 373.6	235 162.0	231 406.5	10.1	89.9

注：国内生产总值按当年价格计算，工业化水平为第二、三产业增加值与国内生产总值的比重。

数据来源：《中国统计年鉴》。

附表 5 1978—2012 年中国三次产业就业人数及比重

年份	就业人数（万人）	第一产业就业人数（万人）	第二产业就业人数（万人）	第三产业就业人数（万人）	第一产业就业人数所占比重（%）	第二产业就业人数所占比重（%）	第三产业就业人数所占比重（%）
1978	40 152	28 318	6 945	4 890	70.5	17.3	12.2
1979	41 024	28 634	7 214	5 177	69.8	17.6	12.6
1980	42 361	29 122	7 707	5 532	68.7	18.2	13.1
1981	43 725	29 777	8 003	5 945	68.1	18.3	13.6
1982	45 295	30 859	8 346	6 090	68.1	18.4	13.5
1983	46 436	31 151	8 679	6 606	67.1	18.7	14.2
1984	48 197	30 868	9 590	7 739	64.0	19.9	16.1
1985	49 873	31 130	10 384	8 359	62.4	20.8	16.8
1986	51 282	31 254	11 216	8 811	60.9	21.9	17.2
1987	52 783	31 663	11 726	9 395	60.0	22.2	17.8
1988	54 334	32 249	12 152	9 933	59.4	22.4	18.3
1989	55 329	33 225	11 976	10 129	60.0	21.6	18.3
1990	64 749	38 914	13 856	11 979	60.1	21.4	18.5
1991	65 491	39 098	14 015	12 378	59.7	21.4	18.9
1992	66 152	38 699	14 355	13 098	58.5	21.7	19.8
1993	66 808	37 680	14 965	14 163	56.4	22.4	21.2
1994	67 455	36 628	15 312	15 515	54.3	22.7	23.0
1995	68 065	35 530	15 655	16 880	52.2	23.0	24.8
1996	68 950	34 820	16 203	17 927	50.5	23.5	26.0
1997	69 820	34 840	16 547	18 432	49.9	23.7	26.4
1998	70 637	35 177	16 600	18 860	49.8	23.5	26.7
1999	71 394	35 768	16 421	19 205	50.1	23.0	26.9
2000	72 085	36 043	16 219	19 823	50.0	22.5	27.5
2001	72 797	36 399	16 234	20 165	50.0	22.3	27.7
2002	73 280	36 640	15 682	20 958	50.0	21.4	28.6
2003	73 736	36 204	15 927	21 605	49.1	21.6	29.3
2004	74 264	34 830	16 709	22 725	46.9	22.5	30.6
2005	74 647	33 442	17 766	23 439	44.8	23.8	31.4
2006	74 978	31 941	18 894	24 143	42.6	25.2	32.2
2007	75 321	30 731	20 186	24 404	40.8	26.8	32.4
2008	75 564	29 923	20 553	25 087	39.6	27.2	33.2
2009	75 828	28 890	21 080	25 857	38.1	27.8	34.1
2010	76 105	27 931	21 842	26 332	36.7	28.7	34.6
2011	76 420	26 594	22 544	27 282	34.8	29.5	35.7
2012	76 704	25 773	23 241	27 690	33.6	30.3	36.1

数据来源：《中国统计年鉴》。

附表 6　1978—2012 年山东主要农产品产量

单位：万吨

年份	粮食	棉花	油料	肉类	禽蛋	奶类	水产品	水果	蔬菜
1978	2 288.0	15.4	95.9	60.8	22.5	6.8	74.0	151.6	713.7
1979	2 472.0	16.7	109.1	65.2	23.7	7.0	62.8	176.5	693.5
1980	2 384.0	53.7	143.0	90.1	25.6	6.8	62.0	151.5	674.8
1981	2 312.5	67.5	142.1	96.3	29.5	5.2	59.0	177.9	632.8
1982	2 375.0	96.0	142.5	95.0	34.3	8.8	65.8	154.6	661.7
1983	2 700.0	122.5	152.0	94.5	41.1	11.4	67.5	210.7	657.2
1984	3 040.0	172.5	182.0	104.4	62.3	13.3	75.5	186.8	647.6
1985	3 137.7	106.2	267.9	128.6	72.5	13.3	81.4	212.8	1 045.6
1986	3 250.0	94.1	207.6	141.8	69.7	15.8	91.4	198.1	1 443.6
1987	3 393.7	124.4	234.3	141.0	79.1	17.3	110.7	243.2	1 407.2
1988	3 225.0	113.7	197.8	171.5	103.0	19.5	135.6	262.5	1 370.9
1989	3 250.0	102.5	150.0	195.6	109.4	21.2	154.0	255.9	1 425.1
1990	3 570.0	102.8	212.1	221.6	124.3	22.5	167.8	246.3	1 401.2
1991	3 916.9	135.1	233.1	241.5	149.1	23.7	198.1	281.6	1 502.8
1992	3 589.3	67.7	166.3	250.7	154.3	25.2	248.2	371.8	1 944.7
1993	4 100.0	41.0	268.4	286.6	184.1	28.1	319.3	501.4	2 712.1
1994	4 091.1	55.9	338.3	338.8	240.8	32.5	350.7	592.9	3 315.4
1995	4 245.0	47.1	315.0	394.4	247.2	37.0	344.1	717.7	3 694.8
1996	4 332.7	37.2	309.3	405.5	267.3	41.1	529.9	843.9	4 851.8
1997	3 852.2	35.4	240.9	460.6	294.3	45.8	551.2	786.6	5 432.8
1998	4 264.8	41.3	335.6	497.9	322.0	54.0	587.6	839.7	5 709.8
1999	4 269.0	39.2	320.5	524.5	349.1	61.3	627.8	920.3	6 407.3
2000	3 837.7	59.0	356.9	500.0	301.0	62.7	630.7	966.6	7 256.8
2001	3 720.6	78.1	377.3	531.5	311.6	80.5	619.7	971.4	7 556.4
2002	3 292.7	72.2	340.4	559.7	328.3	103.9	627.8	864.2	8 335.4
2003	3 435.5	87.7	361.8	591.0	349.1	132.1	637.9	1 059.9	8 729.3
2004	3 516.7	109.8	369.7	621.7	355.8	167.9	648.7	1 155.6	8 883.7
2005	3 917.4	84.6	363.9	657.8	363.2	196.7	664.9	1 201.4	8 607.0
2006	4 093.0	102.3	328.2	681.0	353.9	212.4	683.7	1 258.8	8 026.4
2007	4 148.8	100.1	328.6	618.7	359.9	242.2	713.4	1 333.9	8 342.3
2008	4 260.5	104.1	340.6	660.3	365.6	254.9	730.3	1 395.9	8 635.0
2009	4 316.3	92.1	334.5	684.1	377.7	258.2	753.6	1 419.1	8 937.2
2010	4 335.7	72.4	342.2	704.4	384.8	271.6	783.8	1 438.9	9 030.7
2011	4 426.3	78.5	341.0	711.1	401.6	279.0	813.8	1 488.5	9 180.9
2012	4 511.4	69.8	351.0	764.2	402.4	294.1	841.9	1 523.8	9 386.0

数据来源：《山东统计年鉴》。

附表 7　1978—2012 年山东城乡居民人口数及比重

年份	总人口（万人）	城镇人口数（万人）	城镇化水平（%）	乡村人口数（万人）	乡村人口比重（%）
1978	7 160	627	8.76	6 533	91.24
1979	7 231	661	9.14	6 570	90.86
1980	7 296	691	9.47	6 605	90.53
1981	7 395	736	9.95	6 659	90.05
1982	7 494	774	10.33	6 720	89.67
1983	7 564	811	10.72	6 753	89.28
1984	7 637	936	12.26	6 701	87.74
1985	7 693	1 017	13.22	6 676	86.78
1986	7 776	979	12.59	6 797	87.41
1987	7 889	1 045	13.25	6 844	86.75
1988	8 009	1 307	16.32	6 702	83.68
1989	8 181	1 483	18.13	6 698	81.87
1990	8 424	1 578	18.73	6 846	81.27
1991	8 534	1 650	19.33	6 884	80.67
1992	8 580	1 761	20.52	6 819	79.48
1993	8 620	1 896	22.00	6 724	78.00
1994	8 653	2 079	24.03	6 574	75.97
1995	8 701	2 170	24.94	6 531	75.06
1996	8 747	2 263	25.87	6 484	74.13
1997	8 810	2 310	26.22	6 500	73.78
1998	8 871	2 296	25.88	6 575	74.12
1999	8 922	2 322	26.03	6 600	73.97
2000	8 975	2 409	26.84	6 566	73.16
2001	9 024	2 517	27.89	6 507	72.11
2002	9 069	2 634	29.04	6 435	70.96
2003	9 108	2 833	31.10	6 275	68.90
2004	9 163	2 951	32.21	6 212	67.79
2005	9 213	3 147	34.16	6 066	65.84
2006	9 283	3 228	34.77	6 055	65.23
2007	9 345	3 436	36.77	5 909	63.23
2008	9 392	3 532	37.61	5 860	62.39
2009	9 449	3 548	37.54	5 902	62.46
2010	9 536	3 839	40.28	5 698	59.72
2011	9 591	3 945	41.13	5 646	58.87
2012	9 580	4 021	41.97	5 559	58.03

数据来源：《山东统计年鉴》。

附表 8　1980—2012 年山东城乡居民家庭人均收入及比较

年份	城镇居民人均可支配收入（元）	农村居民家庭人均纯收入（元）	城乡收入差距（以农村为 1）
1980	448.21	210.23	2.13
1981	495.48	251.62	1.97
1982	524.90	299.95	1.75
1983	537.03	360.64	1.49
1984	638.64	394.99	1.62
1985	747.56	408.12	1.83
1986	853.50	449.27	1.90
1987	987.11	517.69	1.91
1988	1 163.46	583.74	1.99
1989	1 349.16	630.56	2.14
1990	1 466.22	680.18	2.16
1991	1 687.56	764.04	2.21
1992	1 974.48	802.90	2.46
1993	2 515.08	952.74	2.64
1994	3 444.36	1 319.73	2.61
1995	4 264.08	1 715.09	2.49
1996	4 890.24	2 086.31	2.34
1997	5 190.79	2 292.12	2.26
1998	5 380.08	2 452.83	2.19
1999	5 808.96	2 549.56	2.28
2000	6 489.97	2 659.20	2.44
2001	7 101.08	2 804.51	2.53
2002	7 614.50	2 953.97	2.58
2003	8 399.91	3 150.49	2.67
2004	9 437.80	3 507.43	2.69
2005	10 744.79	3 930.55	2.73
2006	12 192.24	4 368.33	2.79
2007	14 264.70	4 985.34	2.86
2008	16 305.41	5 641.43	2.89
2009	17 811.04	6 118.78	2.91
2010	19 945.83	6 990.30	2.85
2011	22 791.84	8 342.13	2.73
2012	25 755.20	9 446.40	2.73

数据来源：《山东统计年鉴》。

附表 9 1978—2012 年山东省地区生产总值及构成

年份	地区生产总值（亿元）	人均地区生产总值（元）	第一产业增加值（亿元）	第二产业增加值（亿元）	第三产业增加值（亿元）	第一产业增加值占地区生产总值比重（%）	工业化水平（%）
1978	225.5	316	75.1	119.4	31.0	33.3	66.7
1979	251.6	350	91.1	127.7	32.8	36.2	63.8
1980	292.1	402	106.4	146.1	39.6	36.4	63.6
1981	346.6	472	132.2	155.4	59.0	38.2	61.8
1982	395.4	531	154.1	166.1	75.3	39.0	61.0
1983	459.8	611	185.6	178.8	95.5	40.3	59.7
1984	581.6	765	222.1	239.3	120.2	38.2	61.8
1985	680.5	887	236.0	293.1	151.4	34.7	65.3
1986	742.1	956	252.7	313.2	176.1	34.1	65.9
1987	892.3	1 131	287.3	384.6	220.4	32.2	67.8
1988	1 117.7	1 395	331.9	497.1	288.6	29.7	70.3
1989	1 293.9	1 595	359.1	579.7	355.2	27.8	72.2
1990	1 511.2	1 815	425.3	636.0	449.9	28.1	71.9
1991	1 810.5	2 122	521.9	745.9	542.8	28.8	71.2
1992	2 196.5	2 556	534.6	999.1	662.8	24.3	75.7
1993	2 770.4	3 212	596.6	1 355.7	818.0	21.5	78.5
1994	3 844.5	4 441	775.0	1 891.4	1 178.0	20.2	79.8
1995	4 953.4	5 701	1 010.1	2 355.8	1 587.4	20.4	79.6
1996	5 883.8	6 746	1 200.2	2 784.1	1 899.5	20.4	79.6
1997	6 537.1	7 461	1 195.0	3 147.4	2 194.7	18.3	81.7
1998	7 021.4	7 968	1 215.8	3 408.1	2 397.5	17.3	82.7
1999	7 493.8	8 483	1 221.0	3 644.3	2 628.5	16.3	83.7
2000	8 337.5	9 326	1 268.6	4 164.5	2 904.5	15.2	84.8
2001	9 195.0	10 195	1 359.5	4 556.0	3 279.5	14.8	85.2
2002	10 275.5	11 340	1 390.0	5 185.0	3 700.5	13.5	86.5
2003	12 078.2	13 268	1 480.7	6 485.1	4 112.4	12.3	87.7
2004	15 021.8	16 413	1 778.5	8 478.7	4 764.7	11.8	88.2
2005	18 366.9	19 934	1 963.5	10 478.6	5 924.7	10.7	89.3
2006	21 900.2	23 603	2 138.9	12 574.0	7 187.3	9.8	90.2
2007	25 776.9	27 604	2 509.1	14 647.5	8 620.2	9.7	90.3
2008	30 933.3	32 936	3 002.7	17 572.0	10 358.6	9.7	90.3
2009	33 896.7	35 894	3 226.6	18 901.8	11 768.2	9.5	90.5
2010	39 169.9	41 106	3 588.3	21 238.5	14 343.1	9.2	90.8
2011	45 361.9	47 335	3 973.9	24 017.1	17 370.9	8.8	91.2
2012	50 013.2	51 768	4 281.7	25 735.7	19 995.8	8.6	91.4

注：地区生产总值按当年价格计算，工业化水平为第二、三产业增加值与地区生产总值的比重。
数据来源：《山东统计年鉴》。

附表 10　1978—2012 年中国及山东财政用于农业的支出

年份	国家财政支出（亿元）	国家财政用于农业的支出（亿元）	国家财政用于农业支出占财政支出的比重（%）	山东财政支出（亿元）	山东财政用于农业的支出（亿元）	山东财政用于农业支出占财政支出的比重（%）
1978	1 122.1	150.7	13.4	31.9	4.0	12.6
1979	1 281.8	174.3	13.6	31.6	4.2	13.2
1980	1 228.8	150.0	12.2	30.1	3.8	12.8
1981	1 138.4	110.2	9.7	25.5	2.9	11.3
1982	1 230.0	120.5	9.8	29.4	3.8	12.7
1983	1 409.5	132.9	9.4	32.4	3.8	11.7
1984	1 701.0	141.3	8.3	39.0	4.0	10.1
1985	2 004.3	153.6	7.7	51.3	4.2	8.3
1986	2 204.9	184.2	8.4	67.9	5.0	7.3
1987	2 262.2	195.7	8.7	75.2	5.8	7.7
1988	2 491.2	214.1	8.6	94.1	7.8	8.3
1989	2 823.8	265.9	9.4	113.7	10.2	9.0
1990	3 083.6	307.8	10.0	123.9	11.2	9.0
1991	3 386.6	347.6	10.3	132.1	11.6	8.8
1992	3 742.2	376.0	10.0	145.7	14.1	9.7
1993	4 642.3	440.5	9.5	188.4	16.3	8.7
1994	5 792.6	533.0	9.2	218.8	17.6	8.1
1995	6 823.7	574.9	8.4	275.9	22.5	8.1
1996	7 937.6	700.4	8.8	359.0	27.7	7.7
1997	9 233.6	766.4	8.3	423.3	36.8	8.7
1998	10 798.2	1 154.8	10.7	487.8	37.7	7.7
1999	13 187.7	1 085.8	8.2	550.0	40.3	7.3
2000	15 886.5	1 231.5	7.8	613.1	41.2	6.7
2001	18 902.6	1 456.7	7.7	753.8	47.9	6.4
2002	22 053.2	1 580.8	7.2	860.6	55.8	6.5
2003	24 650.0	1 754.5	7.1	1 010.6	61.8	6.1
2004	28 486.9	2 337.6	8.2	1 189.4	73.1	6.1
2005	33 930.3	2 450.3	7.2	1 466.2	89.6	6.1
2006	40 422.7	3 173.0	7.8	1 833.4	108.4	5.9
2007	49 781.4	3 404.7	6.8	2 261.9	163.0	7.2
2008	62 592.7	4 544.1	7.3	2 704.7	235.3	8.7
2009	76 299.9	6 720.4	8.8	3 267.7	369.4	11.3
2010	89 874.2	8 129.6	9.0	4 145.0	466.0	11.2
2011	109 247.8	9 937.6	9.1	5 002.1	564.0	11.3
2012	125 953.0	11 973.9	9.5	5 904.5	673.8	11.4

注：自 2007 年开始，采用了新的政府收支分类科目。2007 年以后的用于农业的支出是指用于农林水事务的支出，包括农业支出、林业支出、水利支出、扶贫支出、农业综合开发支出等。

数据来源：《中国统计年鉴》、《山东统计年鉴》。

附表 11　1978—2012 年中国果园面积和水果产量

年份	果园面积（万公顷）	苹果面积（万公顷）	柑橘面积（万公顷）	梨面积（万公顷）	葡萄面积（万公顷）	水果总产量（万吨）	园林水果产量（万吨）	苹果产量（万吨）	柑橘产量（万吨）	梨产量（万吨）	葡萄产量（万吨）
1978	165.7	67.9	17.8	27.9	2.6	657.0	657.0	227.5	38.3	151.7	10.4
1979	175.6	73.9		29.9	2.9	701.5	701.5	286.9	58.2	143.8	12.6
1980	178.3	74.3	26.0	29.9	3.2	679.3	679.3	236.3	71.3	146.6	11.0
1981	179.7	72.7	27.4	29.6	3.7	780.1	780.1	300.6	79.8	159.3	14.8
1982	195.2	72.1	32.2	29.7	4.7	771.3	771.3	243.0	93.9	175.5	18.6
1983	201.5	72.6	35.3	29.5	5.8	948.7	948.7	354.1	129.6	179.5	24.7
1984	221.9	75.7	40.1	30.1	6.4	984.5	984.5	294.1	149.9	210.0	29.4
1985	273.6	86.5	50.7	33.8	8.7	1 163.9	1 163.9	361.4	180.8	213.7	36.1
1986	367.2	117.4	67.2	39.5	11.5	1 347.7	1 347.7	333.7	254.8	234.8	44.2
1987	450.8	144.1	86.4	44.2	14.3	1 667.9	1 667.9	426.4	322.4	248.9	64.1
1988	506.6	166.0	95.5	48.7	14.7	1 666.1	1 666.1	434.4	256.0	272.1	79.2
1989	537.2	169.0	102.6	48.2	13.9	1 831.9	1 831.9	449.9	456.1	256.5	87.4
1990	517.9	163.3	106.1	48.1	12.3	1 874.4	1 874.4	431.9	485.5	235.3	85.9
1991	531.8	166.2	112.3	48.3	11.4	2 176.1	2 176.1	454.0	633.3	249.8	91.6
1992	581.8	191.5	108.4	52.1	13.9	2 440.1	2 440.1	655.6	516.0	284.6	112.5
1993	643.2	225.0	113.0	59.7	13.4	3 011.2	3 011.2	907.0	656.1	321.7	135.5
1994	726.4	269.0	112.4	75.0	14.9	3 499.8	3 499.8	1 112.9	680.5	404.2	152.2
1995	809.8	295.3	121.4	85.9	15.3	4 214.6	4 214.6	1 400.8	822.5	494.2	174.2
1996	855.3	298.7	128.0	93.2	15.4	4 652.8	4 652.8	1 704.7	845.7	580.7	188.3
1997	864.8	283.8	130.9	92.4	15.8	5 089.3	5 089.3	1 721.9	1 010.2	641.5	203.2
1998	853.5	262.2	127.0	92.8	17.6	5 452.9	5 452.9	1 948.1	859.0	727.5	235.8
1999	866.7	243.9	128.3	97.7	22.3	6 237.6	6 237.6	2 080.2	1 078.7	774.2	270.8
2000	893.2	225.4	127.2	101.5	28.3	6 225.1	6 225.1	2 043.1	878.3	841.2	328.2
2001	904.3	206.6	132.4	102.7	33.4	6 629.2	6 629.2	2 001.5	1 160.7	879.6	368.0
2002	909.8	193.8	140.5	104.2	39.2	14 374.6	6 952.0	1 924.1	1 199.0	930.9	447.9
2003	943.7	190.0	150.6	106.2	42.1	14 517.4	7 551.5	2 110.2	1 345.4	979.8	517.6
2004	976.8	187.7	162.7	107.9	41.4	15 340.9	8 394.1	2 367.5	1 495.8	1 064.2	567.5
2005	1 003.5	189.0	171.7	111.2	40.8	16 120.1	8 835.5	2 401.1	1 591.9	1 132.4	579.4
2006	1 012.3	189.9	181.5	108.7	41.9	17 102.0	9 599.2	2 605.9	1 789.8	1 198.6	627.1
2007	1 047.1	196.2	194.1	107.1	43.8	18 136.3	10 520.4	2 786.0	2 058.3	1 289.5	669.7
2008	1 073.4	199.2	203.1	107.5	45.1	19 220.2	11 338.9	2 984.7	2 331.3	1 353.8	715.1
2009	1 114.0	204.9	216.0	107.4	49.3	20 395.5	12 246.4	3 168.1	2 521.1	1 426.3	794.1
2010	1 154.4	214.0	221.1	106.3	55.2	21 401.4	12 865.2	3 326.3	2 645.2	1 505.7	854.9
2011	1 183.1	217.7	228.8	108.6	59.7	22 768.2	14 083.3	3 598.5	2 944.0	1 579.5	906.7
2012	1 214.0	223.1	230.6	108.9	66.6	24 056.8	15 104.4	3 849.1	3 167.8	1 707.3	1 054.3

注：从 2002 年起，水果总产量包括种植业中的瓜果类产量，园林水果产量＝水果总产量－瓜果类产量。

数据来源：《中国农村统计年鉴》。

附表 12　2012 年中国各地区果园面积和园林水果产量

地区	果园面积（千公顷）	苹果园面积（千公顷）	柑橘园面积（千公顷）	梨园面积（千公顷）	葡萄园面积（千公顷）	水果产量（万吨）	园林水果产量（万吨）	苹果产量（万吨）	柑橘产量（万吨）	梨产量（万吨）	葡萄产量（万吨）
全国	12 139.9	2 231.3	2 306.3	1 088.6	665.6	24 056.8	15 104.4	3 849.1	3 167.8	1 707.3	1 054.3
北京	62.5	7.8		9.1	3.2	113.6	79.6	10.3		16.3	4.1
天津	33.7	4.7		4.1		58.2	30.6	5.0		3.6	10.7
河北	1 051.8	235.7		194.0	76.8	1 814.9	1 286.0	311.5		445.1	124.2
山西	342.4	150.7		35.1	10.0	677.3	606.8	375.2		66.4	25.8
内蒙古	70.9	18.1		7.5	8.2	283.5	55.4	14.4		7.5	8.1
辽宁	368.5	139.0		98.8	35.3	894.3	632.9	263.4		154.7	76.9
吉林	53.8	13.6		13.7	12.3	217.5	59.8	16.7		11.3	14.8
黑龙江	35.3	11.6		4.0	4.0	268.6	56.8	15.1		3.7	8.3
上海	21.3		7.3	1.9	5.0	87.2	48.2		24.3	3.7	10.3
江苏	209.8	34.3	3.5	39.4	31.2	796.0	281.3	60.1	5.8	74.8	48.6
浙江	321.5		109.4	23.7	25.5	703.8	412.6		193.6	39.1	60.6
安徽	116.5	15.5	3.0	37.3	13.5	885.4	261.3	38.7	3.4	106.9	31.6
福建	534.9		179.6	22.0	6.9	708.8	625.8		303.4	20.6	12.8
江西	392.8		317.3	27.1	4.2	571.3	370.3		336.5	14.1	4.3
山东	596.3	279.6		42.5	37.5	2 924.5	1 523.8	871.0		119.1	105.0
河南	466.7	178.8	11.0	52.0	29.6	2 535.0	870.4	436.7	4.0	104.4	55.2
湖北	400.7	2.0	243.6	37.3	10.2	885.7	541.7	1.1	385.3	53.6	20.5
湖南	546.0		400.0	33.3	22.3	909.2	553.7		483.5	15.4	13.2
广东	1 100.2		254.7	7.8		1 390.1	1 279.1		414.5	7.8	
广西	997.2		217.1	21.3	24.5	1 325.0	1 030.9		384.0	25.8	31.9
海南	179.8		5.3			428.7	334.6		5.5		
重庆	282.2	1.0	161.4	34.9	6.3	291.2	250.5	0.5	171.5	34.1	6.3
四川	608.2	32.9	271.6	83.3	24.9	821.6	694.3	48.8	340.8	96.0	25.0
贵州	193.0	9.6	45.0	48.1	13.3	147.7	90.0	2.5	22.7	21.7	8.7
云南	392.5	40.6	39.5	52.2	27.1	581.1	510.7	32.2	51.7	41.6	54.3
西藏	2.0	1.3		0.1		1.4	1.0	0.4	0.1	0.1	
陕西	1 160.2	645.2	36.7	48.6	35.2	1 693.8	1 437.7	965.1	36.8	89.7	46.5
甘肃	446.9	283.9	0.3	36.3	26.0	565.0	359.7	248.8	0.3	33.3	22.8
青海	6.8	1.7		0.9	0.1	3.7	1.4	0.6		0.5	
宁夏	130.3	39.8		2.0	29.2	250.5	80.4	48.9		1.4	14.7
新疆	1 015.2	83.9		70.2	143.3	1 222.1	736.8	82.1		95.0	209.1

数据来源：《中国农村统计年鉴》。

附表13 1980—2012年山东省果园面积和园林水果产量

年份	果园面积（千公顷）	苹果园面积（千公顷）	梨园面积（千公顷）	葡萄园面积（千公顷）	桃园面积（千公顷）	园林水果产量（万吨）	苹果产量（万吨）	梨产量（万吨）	葡萄产量（万吨）	桃产量（万吨）
1980	254.6	188.9	31.7	4.8	10.2	151.5	91.8	29.2	1.2	5.6
1981	245.8	177.6	31.9	5.6	9.1	177.9	121.9	27.1	1.6	4.9
1982	246.4	178.5	30.8	9.7	8.0	154.6	92.8	31.3	3.0	4.5
1983	264.3	187.2	30.7	12.7	8.3	210.7	143.3	30.5	4.9	5.0
1984	288.1	199.9	28.9	12.4	10.6	186.8	116.7	34.7	5.6	4.9
1985	372.5	247.0	30.9	14.2	14.2	212.8	145.4	29.6	7.9	5.2
1986	529.4	334.1	34.1	20.4	25.5	198.1	126.9	31.9	9.2	5.3
1987	634.3	394.7	36.7	25.4	33.9	243.2	157.0	34.3	14.1	6.3
1988	678.6	435.0	39.9	25.8	42.8	262.5	160.3	39.4	18.6	9.2
1989	669.2	434.0	40.3	22.4	44.1	255.9	156.0	35.9	21.1	10.0
1990	640.9	416.0	38.3	18.9	43.7	246.3	143.2	31.5	13.9	16.4
1991	613.5	412.2	34.6	15.5	39.9	281.6	162.7	34.4	13.2	22.4
1992	760.9	535.6	45.1	34.2	45.4	371.8	235.3	43.3	14.2	26.6
1993	787.8	572.3	43.0	16.2	45.4	501.4	332.3	47.4	18.8	33.3
1994	852.8	608.4	57.0	16.0	46.4	592.9	406.3	60.5	18.0	44.0
1995	935.2	664.3	80.6	15.4	49.3	717.7	502.4	67.3	20.4	49.5
1996	962.2	663.3	90.3	16.0	50.1	843.9	605.6	75.5	21.1	58.5
1997	891.4	618.5	78.0	17.5	49.0	786.6	558.2	77.8	21.6	56.0
1998	819.9	556.8	63.3	20.9	55.1	839.7	599.6	71.5	26.9	59.0
1999	782.6	498.2	73.5	29.2	64.6	920.3	643.3	85.8	36.3	70.7
2000	775.4	449.1	64.9	42.7	78.7	966.6	647.7	91.1	47.5	88.2
2001	745.7	397.7	63.0	49.7	83.8	971.4	616.4	96.1	61.9	105.3
2002	753.0	369.0	64.1	54.6	108.9	864.2	500.0	83.0	64.1	121.0
2003	797.1	357.3	74.1	65.9	125.9	1 059.9	611.9	98.3	76.1	157.7
2004	756.3	340.5	70.6	50.9	125.3	1 155.6	669.1	100.1	85.0	182.8
2005	767.9	342.5	69.9	46.5	126.6	1 201.5	671.7	106.1	83.1	201.2
2006	694.5	311.1	59.6	42.3	114.3	1 258.8	693.1	110.4	84.6	215.6
2007	659.6	304.9	54.9	44.2	108.8	1 333.9	724.9	117.2	91.7	234.8
2008	599.2	276.3	48.8	36.7	98.1	1 395.9	763.2	119.0	90.5	243.8
2009	591.6	270.4	45.2	37.9	95.2	1 419.1	771.1	116.6	93.6	244.3
2010	581.0	264.6	42.5	36.0	101.2	1 438.9	798.8	111.2	95.8	243.6
2011	592.0	276.3	43.8	35.8	96.4	1 488.5	837.9	122.7	98.5	240.2
2012	596.3	279.6	42.5	37.5	100.2	1 523.8	871.0	119.1	105.0	238.4

数据来源：《山东统计年鉴》。

附表 14　1993—2012 年山东省各市果园面积

单位:千公顷

地区	1993年	1994年	1995年	1996年	1997年	1998年	1999年	2000年	2001年	2002年	2003年	2004年	2005年	2006年	2007年	2008年	2009年	2010年	2011年	2012年
全省总计	787.7	852.8	935.2	962.2	891.4	819.9	782.6	775.3	745.7	752.9	797.1	756.3	767.9	694.5	659.6	599.2	591.6	581.0	592.0	596.3
济南市	30.9	33.8	36.6	39.9	40.2	40.2	42.5	44.8	45.5	38.2	38.1	37.5	37.3	37.5	36.0	31.7	32.0	29.6	31.8	33.0
青岛市	50.8	55.2	56.4	56.3	50.4	50.6	54.7	54.4	53.2	51.9	52.5	53.6	49.3	45.2	38.5	33.9	33.2	30.7	30.3	26.9
淄博市	20.8	26.8	28.2	31.2	28.8	26.4	27.2	2.0	30.4	29.7	32.4	33.7	30.2	28.8	29.5	29.3	30.5	31.9	32.1	34.2
枣庄市	15.5	16.5	18.2	17.2	15.5	15.3	16.0	17.1	17.5	18.3	21.4	21.3	20.3	18.8	19.1	18.2	14.0	14.0	14.5	14.9
东营市	9.5	11.4	11.6	13.0	10.2	9.7	8.7	11.4	9.7	16.1	10.6	13.1	13.9	16.7	15.5	11.4	9.2	8.7	6.6	6.7
烟台市	111.0	124.0	124.7	120.5	119.7	114.0	118.6	122.7	121.5	124.9	128.0	144.8	144.8	146.8	151.5	147.9	146.2	149.1	155.3	157.5
潍坊市	76.1	71.7	76.3	86.4	70.3	68.9	72.8	73.2	68.5	68.7	74.8	66.6	61.5	49.2	50.4	39.4	39.1	36.7	35.8	37.8
济宁市	39.0	24.7	37.4	49.4	41.7	34.0	35.0	31.5	24.2	21.7	38.7	23.6	26.2	30.8	29.7	19.4	19.9	18.5	18.3	17.6
泰安市	46.5	52.8	54.4	54.8	53.0	50.2	40.4	46.0	44.7	46.7	46.5	45.7	45.3	42.3	41.1	28.1	27.4	25.7	24.8	25.5
威海市	45.1	45.9	47.0	46.8	44.3	40.2	34.7	29.0	27.2	25.0	23.4	24.1	27.2	29.2	31.0	31.5	32.7	33.5	32.4	34.6
日照市	33.9	31.6	30.7	25.2	22.1	18.1	18.0	16.0	14.1	13.2	18.4	12.1	12.3	10.7	10.3	8.7	8.2	8.1	10.4	15.1
莱芜市	11.7	14.9	17.0	15.1	15.0	12.8	7.3	9.9	10.9	10.5	12.2	12.4	13.3	12.9	11.5	12.1	11.7	11.3	11.3	11.3
临沂市	29.8	29.8	130.2	137.1	136.8	129.6	129.7	128.8	130.2	123.3	124.7	125.1	98.8	77.1	76.5	74.1	71.1	79.3	79.0	73.7
德州市	45.5	61.7	67.4	68.3	52.2	61.4	37.5	57.8	27.1	47.3	53.3	16.6	61.0	29.5	12.7	10.7	11.8	11.9	13.1	12.7
聊城市	61.3	74.2	30.0	39.4	32.8	87.1	62.9	49.6	48.8	49.0	44.0	48.7	48.5	48.7	42.3	37.5	37.6	33.9	36.6	36.5
滨州市	101.1	117.3	97.5	93.5	94.1	31.0	29.9	42.6	38.6	35.0	45.9	47.5	49.5	48.9	43.1	44.3	45.8	38.3	40.8	39.5
菏泽市	59.3	60.5	71.6	68.4	64.4	52.2	46.7	38.6	33.6	33.5	32.2	29.7	28.3	21.3	21.0	21.0	21.2	19.8	18.8	18.8

数据来源:《山东统计年鉴》、《山东农村统计年鉴》。

附表 15　1993—2012 年山东省各市园林水果产量

单位：万吨

地区	1993年	1994年	1995年	1996年	1997年	1998年	1999年	2000年	2001年	2002年	2003年	2004年	2005年	2006年	2007年	2008年	2009年	2010年	2011年	2012年
全省总计	501.4	592.9	717.7	843.9	786.6	839.7	920.3	966.6	971.4	864.2	1 059.9	1 155.6	1 201.5	1 258.8	1 333.9	1 395.9	1 419.1	1 438.9	1 488.5	1 523.8
济南市	13.3	14.4	19.3	23.1	27.8	32.2	33.8	37.3	37.4	33.6	39.7	40.0	42.6	43.9	44.9	45.3	46.2	47.4	48.0	50.6
青岛市	38.3	42.3	47.9	50.6	43.8	53.0	60.7	65.2	67.5	58.0	67.7	74.9	73.7	82.8	79.4	80.7	82.1	80.3	80.5	79.9
淄博市	13.9	18.3	19.7	22.6	18.2	19.0	22.0	30.2	30.2	35.3	45.2	52.8	52.4	55.1	69.0	78.1	86.4	97.2	102.1	110.3
枣庄市	12.6	14.0	15.0	15.1	16.2	15.4	16.1	16.6	15.9	15.3	18.6	21.1	21.8	21.9	22.1	22.0	22.2	22.5	23.7	24.6
东营市	1.7	2.9	3.2	4.0	4.3	5.7	5.9	6.8	6.7	6.8	6.8	6.8	8.1	9.6	10.2	10.0	9.9	9.2	9.1	9.6
烟台市	127.7	161.2	190.4	213.8	182.3	198.4	236.5	233.6	250.3	190.9	271.9	308.7	329.4	360.9	395.8	435.2	438.8	456.1	483.1	506.4
潍坊市	36.8	56.4	72.5	83.7	79.2	85.1	97.2	111.2	107.2	79.0	113.6	120.2	118.1	106.4	106.5	101.5	97.0	92.3	88.4	89.5
济宁市	11.4	13.7	15.1	17.6	15.5	17.7	18.8	18.6	16.4	15.1	18.6	21.6	24.2	23.5	26.5	28.0	29.3	28.3	28.0	27.5
泰安市	16.0	24.4	26.8	35.7	38.7	42.3	45.7	47.1	44.9	38.4	50.1	54.7	54.8	55.4	56.6	54.9	55.5	53.0	50.4	50.7
威海市	55.8	62.0	75.1	85.5	74.1	79.8	52.1	52.3	48.2	46.0	50.3	54.6	57.4	69.0	68.1	75.1	72.1	86.6	81.6	88.1
日照市	23.5	23.2	27.3	31.1	22.1	20.4	26.2	29.0	22.4	21.9	20.8	19.6	20.2	19.1	19.2	18.5	19.1	20.3	20.4	21.0
莱芜市	6.0	8.7	10.3	11.1	10.1	10.7	7.3	8.2	8.5	8.0	10.0	9.3	9.8	10.1	10.2	9.9	8.6	8.2	8.5	8.3
临沂市	16.7	20.8	80.2	101.4	86.2	90.5	97.7	103.8	108.1	112.5	127.4	142.6	150.5	161.9	173.4	178.8	178.4	179.2	198.5	195.4
德州市	30.6	34.5	49.2	57.2	62.1	64.3	68.9	72.5	67.7	62.9	70.0	59.5	66.0	57.4	47.4	43.6	50.1	41.6	39.0	38.8
聊城市	14.6	9.6	24.6	33.9	31.3	33.1	36.1	31.9	35.0	36.6	40.5	51.6	43.3	39.1	50.8	51.0	54.6	52.8	54.8	55.4
滨州市	58.1	63.9	16.4	23.0	33.1	40.7	45.6	49.3	47.2	45.5	49.5	55.0	67.9	86.3	94.9	103.7	107.5	103.3	112.9	108.6
菏泽市	23.9	22.5	24.6	34.4	41.5	42.4	49.7	52.8	58.0	58.5	59.2	62.6	61.1	56.4	59.0	59.5	61.4	60.5	59.6	59.2

数据来源:《山东统计年鉴》、《山东农村统计年鉴》。

附表16　1993—2012年山东省各市苹果园面积

单位：千公顷

地区	1993年	1994年	1995年	1996年	1997年	1998年	1999年	2000年	2001年	2002年	2003年	2004年	2005年	2006年	2007年	2008年	2009年	2010年	2011年	2012年
全省总计	572.3	608.3	664.3	663.3	618.5	556.8	498.2	447.1	397.7	368.9	357.3	340.5	342.5	311.1	304.9	276.3	270.4	264.6	276.3	279.6
济南市	18.4	22.5	24.2	23.9	23.7	23.1	23.4	23.2	22.6	20.3	19.3	19.4	20.2	20.4	18.9	16.8	16.0	15.4	14.9	15.4
青岛市	34.4	39.1	40.9	41.6	36.5	35.5	35.8	32.3	31.2	27.2	26.5	27.3	26.6	24.9	21.6	19.9	17.5	15.6	15.8	14.8
淄博市	15.9	21.4	22.1	23.2	20.6	19.2	18.2	1.1	15.4	13.8	13.9	14.5	13.4	13.1	13.6	13.6	14.6	15.6	15.8	16.7
枣庄市	8.0	9.1	10.3	10.1	8.8	7.9	7.9	6.6	5.8	5.0	5.5	5.2	5.0	4.5	4.5	4.2	4.0	3.7	3.7	3.8
东营市	8.3	10.2	10.4	11.7	8.9	8.3	7.4	9.0	6.5	5.2	3.4	3.4	4.4	4.0	3.6	3.5	3.0	2.6	2.3	2.5
烟台市	86.2	94.0	96.0	92.7	94.4	88.9	91.5	91.2	87.6	87.9	88.2	104.4	102.2	106.1	110.9	105.8	104.1	107.5	114.9	116.3
潍坊市	42.6	43.7	47.5	53.3	44.6	40.8	38.3	32.7	26.6	23.9	24.9	22.3	20.1	15.9	17.7	13.1	13.0	11.5	10.7	10.6
济宁市	33.3	21.2	32.0	41.2	36.4	27.4	27.0	23.9	15.8	13.6	13.5	11.3	11.3	7.7	8.0	4.2	4.0	4.1	4.1	3.8
泰安市	28.6	29.9	34.3	32.6	30.8	28.2	26.2	18.7	15.7	15.5	15.3	14.0	13.2	11.7	12.5	9.3	9.0	7.2	6.5	6.8
威海市	41.1	41.9	43.2	42.5	40.2	36.8	28.0	25.3	23.2	21.6	19.2	19.9	21.6	23.3	24.5	24.8	25.1	25.5	25.8	27.5
日照市	28.0	26.9	26.5	23.3	19.7	15.7	15.5	11.7	9.0	8.1	12.1	6.2	6.3	4.8	4.6	4.7	4.4	4.0	4.3	5.9
莱芜市	6.6	8.6	10.8	8.5	8.5	7.8	4.1	4.8	4.1	3.4	3.2	3.1	4.3	3.9	3.5	2.4	2.1	2.0	2.1	2.0
临沂市	22.7	20.8	80.4	81.4	74.9	69.5	65.6	61.9	54.0	37.3	36.3	34.9	22.8	16.9	13.0	13.5	13.4	15.3	21.0	18.6
德州市	32.8	34.0	35.0	34.6	29.4	33.2	19.6	30.0	15.8	29.0	30.1	9.0	21.8	6.2	5.8	4.1	5.5	3.9	2.9	3.6
聊城市	54.1	62.5	19.7	21.1	21.5	55.6	35.4	29.4	30.7	29.9	20.0	20.9	22.6	24.2	18.7	15.8	15.0	13.4	14.1	14.1
滨州市	57.7	68.6	66.2	63.2	63.4	20.4	16.8	15.6	10.8	5.7	5.6	6.9	9.6	9.9	9.7	6.8	6.0	4.7	5.2	5.3
菏泽市	53.4	54.0	64.8	58.5	56.0	43.4	37.3	29.7	22.9	21.7	20.5	17.8	17.0	13.7	13.8	13.9	13.8	12.8	12.1	11.9

数据来源：《山东统计年鉴》、《山东农村统计年鉴》。

附表 17　1993—2012 年山东省各市苹果产量

单位:万吨

地区	1993年	1994年	1995年	1996年	1997年	1998年	1999年	2000年	2001年	2002年	2003年	2004年	2005年	2006年	2007年	2008年	2009年	2010年	2011年	2012年
全省总计	332.3	406.3	502.4	605.6	558.2	599.6	643.3	647.7	616.4	500.0	611.9	669.1	671.7	693.0	724.9	763.2	771.0	798.8	837.9	871.0
济南市	7.8	8.7	12.9	16.2	19.8	22.6	23.7	25.7	25.8	20.9	23.6	23.7	24.6	25.0	26.0	24.2	24.8	24.7	23.5	24.6
青岛市	23.4	28.9	33.1	36.3	33.7	40.2	45.0	47.1	47.7	37.8	41.1	45.6	45.6	52.0	52.9	51.5	53.2	51.6	54.2	52.8
淄博市	8.2	11.5	11.8	13.6	12.6	12.2	13.8	18.0	15.6	18.4	23.3	28.5	28.8	30.8	38.0	42.0	45.6	52.1	57.1	60.4
枣庄市	4.7	5.9	6.4	6.7	7.9	8.0	8.5	7.4	7.8	6.0	6.6	7.4	7.4	7.1	6.7	6.4	6.2	6.4	6.6	6.9
东营市	1.1	2.2	2.4	3.2	3.5	4.7	4.8	5.2	5.4	5.3	4.7	4.3	4.4	4.8	4.5	4.5	4.7	4.5	4.5	5.1
烟台市	96.2	124.2	152.1	172.9	146.6	161.4	198.2	195.2	205.3	150.2	222.2	251.1	270.6	289.5	321.2	357.5	359.6	376.7	397.6	419.3
潍坊市	18.3	36.5	48.9	60.1	57.0	57.9	60.6	62.6	55.3	35.5	51.6	54.5	49.5	47.2	44.8	42.3	41.4	39.4	37.4	37.8
济宁市	8.5	10.7	12.3	14.6	12.6	13.8	14.3	13.6	9.8	8.8	9.3	9.6	9.2	8.4	9.4	10.0	10.5	9.7	10.3	9.3
泰安市	9.4	12.3	15.4	19.6	20.3	24.8	27.0	28.2	24.2	17.1	23.3	24.5	22.5	21.2	20.8	19.0	17.7	15.7	14.9	15.3
威海市	48.0	53.5	66.3	76.9	67.1	73.3	47.9	45.6	42.3	41.6	44.0	46.8	48.3	59.1	58.3	65.4	62.5	76.8	72.0	77.6
日照市	20.6	21.7	25.8	29.6	21.0	18.9	24.6	25.1	17.5	16.7	16.7	15.4	15.4	14.8	15.0	14.2	13.9	14.1	13.4	14.6
莱芜市	2.6	4.6	5.5	5.7	5.3	5.7	3.5	3.9	3.8	3.6	3.4	3.3	3.2	3.0	3.1	2.8	2.1	2.1	2.1	2.0
临沂市	7.2	8.7	45.2	62.4	52.5	53.4	58.2	55.5	50.9	40.9	44.1	46.2	44.8	43.8	38.4	38.9	37.7	38.6	59.9	60.3
德州市	17.9	21.1	25.6	29.5	33.1	33.0	37.5	37.7	31.5	27.5	27.7	23.1	24.0	17.4	13.1	11.7	15.4	11.1	9.3	9.2
聊城市	10.8	4.5	10.2	14.5	11.4	16.2	17.8	19.2	17.8	15.9	20.2	33.0	24.8	21.4	23.5	23.0	27.0	27.1	27.1	27.3
滨州市	29.3	32.4	8.1	13.7	18.1	14.4	17.0	17.5	17.1	15.6	13.1	13.0	13.9	15.0	14.9	15.0	13.5	13.4	13.3	14.2
菏泽市	17.8	18.8	20.6	30.1	35.5	37.2	40.9	40.3	38.5	38.0	36.8	39.1	34.6	32.5	34.2	34.7	35.3	35.0	34.8	34.3

数据来源:《山东统计年鉴》、《山东农村统计年鉴》。

附表 18　1993—2012 年山东省各市梨园面积

单位：千公顷

地区	1993年	1994年	1995年	1996年	1997年	1998年	1999年	2000年	2001年	2002年	2003年	2004年	2005年	2006年	2007年	2008年	2009年	2010年	2011年	2012年
全省总计	43.0	57.0	80.6	90.3	78.0	80.3	73.5	68.0	63.0	64.1	74.1	70.6	69.9	59.6	54.9	48.8	45.2	42.5	43.8	42.5
济南市	1.2	1.4	1.3	1.3	1.5	1.5	1.6	1.7	1.7	1.4	1.5	1.8	2.2	2.2	2.1	1.8	1.8	1.7	1.8	1.8
青岛市	1.2	1.0	1.1	1.1	1.0	1.3	1.5	2.0	2.1	3.2	3.8	4.9	4.4	3.9	2.7	2.3	2.4	2.2	2.1	2.0
淄博市	0.3	0.4	0.4	0.5	0.4	0.3	0.4	0.0	0.3	0.3	0.4	0.4	0.4	0.4	0.4	0.5	0.5	0.5	0.5	0.5
枣庄市	1.6	1.6	1.8	2.2	2.0	2.0	2.0	2.4	2.5	2.5	2.6	2.6	2.5	2.3	2.3	2.3	0.5	0.5	0.6	0.6
东营市	0.6	0.7	0.8	0.7	0.6	0.6	0.5	0.7	0.4	0.9	0.9	0.9	0.3	1.3	1.4	1.3	1.3	1.0	0.3	0.3
烟台市	11.5	14.2	13.9	12.8	13.1	12.9	12.0	12.4	12.7	13.7	13.1	14.3	13.5	11.7	10.5	9.6	9.1	9.1	8.7	8.5
潍坊市	2.4	2.8	2.7	3.0	3.0	3.3	3.0	3.3	3.4	4.4	5.4	4.7	4.1	2.8	3.0	2.4	2.5	2.0	2.2	2.0
济宁市	1.1	0.6	2.0	3.6	0.7	0.7	0.9	0.6	0.9	1.0	1.4	1.3	3.1	3.4	3.0	1.1	1.2	1.1	1.0	0.9
泰安市	0.5	0.6	0.8	1.0	0.8	0.7	0.6	0.5	0.6	0.7	0.7	0.6	0.6	0.7	0.7	0.7	0.7	0.7	0.8	0.9
威海市	1.8	1.8	1.8	1.9	1.7	1.5	1.3	1.5	1.7	1.6	1.7	1.8	2.0	2.2	2.7	2.7	2.6	2.6	2.2	2.1
日照市	0.2	0.2	0.2	0.2	0.1	0.1	0.2	0.3	0.3	0.3	0.4	0.2	0.2	0.2	0.1	0.3	0.3	0.2	0.2	0.2
莱芜市	0.1	0.3	0.1	0.2	0.1	0.1	0.1	0.1	0.2	0.2	0.1	0.1	0.5	0.5	0.2	0.2	0.2	0.3	0.3	0.3
临沂市	5.6	6.6	7.0	6.1	6.4	8.2	8.9	8.7	7.8	8.3	8.4	8.4	7.8	4.5	4.2	3.6	2.4	2.4	2.6	1.7
德州市	4.3	8.2	8.9	8.2	6.2	5.8	4.3	6.7	3.3	5.8	7.4	2.5	4.6	1.8	1.6	1.2	1.4	0.8	0.9	1.2
聊城市	4.1	8.7	27.7	27.2	27.6	28.6	23.3	14.3	12.8	11.3	13.5	12.5	10.6	10.9	9.2	8.1	7.6	6.8	8.6	8.7
滨州市	5.7	6.7	8.4	16.0	8.7	8.3	8.1	8.1	7.3	3.5	7.6	7.6	7.5	7.4	7.6	7.5	7.3	7.3	7.8	7.4
菏泽市	0.8	1.2	1.7	4.2	4.2	4.3	4.8	4.5	5.0	4.8	5.2	5.9	5.5	3.4	3.4	3.4	3.6	3.2	3.3	3.3

数据来源：《山东统计年鉴》、《山东农村统计年鉴》。

附表 19 1993—2012 年山东省各市梨产量

单位：万吨

地区	1993年	1994年	1995年	1996年	1997年	1998年	1999年	2000年	2001年	2002年	2003年	2004年	2005年	2006年	2007年	2008年	2009年	2010年	2011年	2012年
全省总计	47.4	60.5	67.3	75.4	77.8	83.9	85.8	91.1	96.1	83.0	98.3	100.1	106.1	110.3	117.2	119.0	116.6	111.2	122.7	119.1
济南市	0.9	0.9	1.0	1.1	1.2	1.3	1.5	1.6	1.6	1.4	2.0	2.1	2.3	2.9	3.6	3.8	3.8	2.5	3.2	3.7
青岛市	1.3	1.4	1.5	1.4	1.0	1.3	1.4	1.6	2.2	2.6	4.1	4.9	6.0	5.9	5.2	6.5	7.2	7.0	7.2	6.9
淄博市	0.5	0.4	0.4	0.4	0.2	0.3	0.2	0.3	0.2	0.3	0.2	0.3	0.3	0.3	0.8	0.8	0.8	0.9	0.9	1.0
枣庄市	3.8	4.0	4.1	3.6	3.2	2.1	1.5	2.0	1.9	1.3	1.7	1.8	1.8	1.6	1.6	1.7	1.5	1.5	1.7	1.5
东营市	0.1	0.2	0.2	0.3	0.2	0.3	0.2	0.3	0.2	0.2	0.2	0.2	0.3	0.5	0.7	0.7	0.6	0.7	0.7	0.8
烟台市	19.6	25.3	25.8	28.0	25.3	25.4	24.0	22.4	24.4	17.1	20.4	19.0	21.2	25.1	22.3	22.6	21.9	21.9	23.7	24.7
潍坊市	1.2	1.3	1.3	1.2	2.0	2.7	4.5	7.9	8.9	5.9	8.0	9.9	8.6	7.7	8.8	8.6	8.1	7.2	7.5	6.8
济宁市	0.2	0.2	0.3	0.4	0.3	0.5	0.6	0.6	0.6	0.6	1.0	1.3	1.8	2.2	2.2	2.3	2.3	2.3	2.2	2.0
泰安市	0.4	1.2	1.2	0.7	0.9	0.9	0.9	0.8	0.8	1.4	1.5	1.3	1.5	1.7	1.8	2.1	2.1	1.7	2.0	2.1
威海市	3.8	3.8	4.3	4.2	3.4	3.3	2.4	4.1	3.0	2.4	3.0	4.4	4.5	4.9	4.8	5.0	5.3	5.2	4.9	5.6
日照市	0.2	0.2	0.2	0.2	0.1	0.1	0.1	0.1	0.1	0.1	0.2	0.2	0.3	0.4	0.4	0.5	0.7	0.8	0.8	0.7
莱芜市	0.1	0.1	0.1	0.1	0.1	0.1	0.1	0.1	0.2	0.2	0.2	0.2	0.2	0.2	0.2	0.2	0.2	0.3	0.3	0.2
临沂市	3.3	4.9	5.8	6.7	6.2	8.3	7.1	7.7	8.1	8.4	10.7	11.1	10.6	9.8	8.5	8.1	6.6	6.4	9.3	4.7
德州市	4.6	5.5	5.1	7.9	9.1	7.2	6.5	7.2	6.4	4.4	4.0	4.9	5.9	5.5	4.5	4.0	4.5	4.1	2.7	2.6
聊城市	1.7	3.7	6.5	7.3	11.5	13.4	14.6	8.6	10.5	13.3	13.3	8.5	8.5	9.6	18.1	17.6	17.0	15.7	17.3	17.4
滨州市	4.9	6.8	8.7	11.0	11.6	15.3	17.8	19.5	17.4	13.3	16.3	17.7	18.7	20.0	20.5	21.4	20.0	19.4	25.2	25.0
菏泽市	0.7	0.6	0.9	1.0	1.6	1.4	2.4	6.3	9.7	10.1	11.5	12.3	13.8	12.0	13.3	13.2	14.2	13.6	13.1	13.3

数据来源：《山东统计年鉴》、《山东农村统计年鉴》。

附表 20 1993—2012 年山东省各市葡萄园面积

单位：千公顷

地区	1993年	1994年	1995年	1996年	1997年	1998年	1999年	2000年	2001年	2002年	2003年	2004年	2005年	2006年	2007年	2008年	2009年	2010年	2011年	2012年
全省总计	16.2	16.0	15.4	16.0	17.5	20.9	29.2	36.6	49.7	54.6	65.9	50.9	46.5	42.3	44.2	36.7	37.9	35.9	35.8	37.5
济南市	0.5	0.6	0.5	0.4	0.5	0.6	0.9	2.8	3.7	4.0	3.4	2.9	2.5	2.7	2.4	1.4	1.3	1.3	1.3	1.2
青岛市	3.2	3.2	3.1	3.2	3.2	4.0	5.9	7.9	7.7	6.9	6.3	5.3	4.8	4.7	4.2	3.0	2.8	2.8	2.7	2.9
淄博市	0.6	0.7	1.0	1.0	1.7	2.0	3.4	0.4	7.6	7.4	7.4	6.3	5.0	4.1	4.3	4.1	3.8	3.7	3.6	3.9
枣庄市	0.6	0.3	0.3	0.3	0.4	0.5	0.5	0.8	0.7	0.7	0.8	0.5	0.6	0.7	0.7	0.6	0.4	0.5	0.4	0.5
东营市	0.4	0.4	0.3	0.4	0.3	0.3	0.3	0.4	0.4	0.5	0.4	0.4	0.4	0.7	0.6	0.4	0.5	0.3	0.3	0.3
烟台市	2.7	3.1	3.1	2.5	2.8	3.0	4.4	6.0	6.9	7.9	10.0	10.7	11.7	11.2	14.0	14.4	14.7	14.9	15.0	15.9
潍坊市	1.3	1.0	1.2	2.2	2.2	3.2	4.2	5.2	5.7	5.1	5.5	4.1	3.3	2.5	2.7	1.8	2.0	2.0	2.0	2.1
济宁市	0.8	0.6	0.6	0.6	0.6	0.6	1.0	1.4	2.0	2.0	10.6	2.2	2.5	4.7	5.3	1.9	2.8	2.0	2.0	1.9
泰安市	0.3	0.5	0.6	0.5	0.5	0.5	0.6	0.8	1.1	1.3	1.3	1.1	1.0	1.0	1.0	1.0	0.9	0.7	0.5	0.6
威海市	0.3	0.2	0.3	0.3	0.4	0.3	0.5	0.8	1.2	1.0	1.1	1.2	1.1	1.4	1.5	1.1	1.1	1.2	1.0	1.1
日照市	0.2	0.1	0.2	0.1	0.1	0.1	0.2	0.5	0.5	0.5	0.5	0.6	0.4	0.2	0.3	0.2	0.1	0.1	0.1	0.1
莱芜市	0.1	0.1	0.1	0.1	0.1	0.1	0.1	0.1	0.2	0.2	1.1	0.7	0.3	0.3	0.2	0.2	0.1	0.1	0.1	0.1
临沂市	1.7	1.6	1.8	1.9	2.0	2.5	2.9	4.3	5.9	7.7	8.7	8.7	5.2	2.8	2.5	2.3	2.4	2.4	2.3	2.4
德州市	0.5	0.5	0.4	0.4	0.4	0.5	1.0	1.6	1.7	5.0	2.8	1.0	2.7	1.3	0.6	0.4	0.5	0.3	0.5	0.5
聊城市	0.6	0.7	0.8	0.7	0.9	1.1	1.8	1.5	1.8	2.4	3.6	2.8	2.6	1.9	2.2	2.3	2.8	2.1	2.5	2.6
滨州市	0.3	0.3	0.2	0.2	0.5	0.2	0.3	0.5	1.1	0.3	0.4	0.4	0.5	0.6	0.5	0.2	0.2	0.2	0.2	0.1
菏泽市	1.9	2.1	1.1	1.1	1.1	1.6	1.1	1.4	1.5	1.6	2.0	2.0	1.9	1.5	1.4	1.5	1.5	1.5	1.3	1.4

数据来源：《山东统计年鉴》、《山东农村统计年鉴》。

附表 21 1993—2012 年山东省各市葡萄产量

单位:万吨

地区	1993年	1994年	1995年	1996年	1997年	1998年	1999年	2000年	2001年	2002年	2003年	2004年	2005年	2006年	2007年	2008年	2009年	2010年	2011年	2012年
全省总计	18.8	18.0	20.4	21.1	21.6	26.9	36.3	47.5	61.9	64.1	76.1	85.0	83.1	84.5	91.7	90.5	93.6	95.8	98.5	105.0
济南市	0.6	0.4	0.6	0.6	1.0	1.0	1.0	1.2	1.9	3.3	3.6	3.5	3.3	3.3	2.7	2.5	2.3	2.2	2.1	2.2
青岛市	3.8	3.5	4.0	3.5	2.8	4.1	5.5	6.6	6.6	6.3	7.7	8.9	8.2	10.4	8.9	9.2	8.0	8.1	7.2	8.4
淄博市	0.9	1.0	1.5	2.1	1.8	2.5	3.6	5.9	7.9	9.1	10.6	9.5	7.7	7.0	9.9	10.8	12.1	13.5	14.5	15.7
枣庄市	0.3	0.3	0.4	0.4	0.4	0.5	0.5	0.6	0.6	0.6	0.6	0.7	0.8	0.7	0.8	0.8	0.7	0.6	0.6	0.6
东营市	0.4	0.4	0.3	0.3	0.3	0.4	0.5	0.6	0.6	0.7	0.8	0.7	0.8	0.7	0.7	0.7	0.8	0.7	0.8	0.9
烟台市	4.1	4.4	4.7	4.7	3.6	4.7	6.6	7.7	10.0	10.3	14.1	19.4	19.3	25.4	32.4	33.5	34.5	35.1	36.9	38.6
潍坊市	1.8	1.7	2.1	2.4	2.9	3.6	6.5	9.0	10.6	6.8	9.8	9.4	10.0	8.1	8.0	6.1	6.4	6.5	6.2	6.9
济宁市	1.0	1.1	0.9	1.0	1.2	1.6	2.0	2.1	3.1	3.0	3.9	4.9	5.2	5.0	5.6	5.6	6.6	6.4	7.3	8.3
泰安市	0.2	0.4	0.6	0.6	0.5	0.7	0.8	1.1	1.3	1.6	1.9	1.9	1.6	1.8	1.7	1.7	1.5	1.4	1.3	1.3
威海市	0.9	0.7	0.9	0.6	0.4	0.6	0.4	0.6	1.4	1.2	1.5	1.3	1.8	1.7	1.7	1.5	1.4	1.9	2.0	1.8
日照市	0.4	0.2	0.2	0.1	0.1	0.2	0.2	0.4	0.4	0.8	0.4	0.4	0.3	0.4	0.3	0.2	0.2	0.4	0.5	0.3
莱芜市	0.1	0.1	0.1	0.2	0.1	0.1	0.1	0.2	0.2	0.2	0.3	0.2	0.2	0.2	0.2	0.1	0.1	0.1	0.1	0.1
临沂市	2.0	2.3	2.1	2.2	2.3	2.5	3.0	4.2	7.4	8.5	8.6	10.3	8.7	9.1	8.8	7.8	8.6	9.1	8.2	8.7
德州市	0.5	0.5	0.7	0.7	1.1	1.5	2.0	2.5	2.9	4.5	4.3	4.2	4.9	3.8	2.1	1.5	1.8	1.2	1.4	1.5
聊城市	0.5	0.2	0.4	0.6	1.7	1.8	1.9	2.2	3.2	3.7	3.9	5.8	5.4	3.3	3.9	4.7	4.9	4.8	5.3	5.5
滨州市	0.2	0.2	0.2	0.4	0.3	0.2	0.3	0.7	0.8	0.8	1.0	1.2	1.4	0.8	1.1	0.7	0.6	0.7	0.8	0.6
菏泽市	1.2	0.6	0.7	0.7	1.2	1.3	1.5	2.0	3.1	2.6	3.1	2.9	3.4	2.8	2.9	3.1	3.1	3.1	3.3	3.4

数据来源:《山东统计年鉴》、《山东农村统计年鉴》。

附表 22 1993—2012 年山东省各市桃园面积

单位：千公顷

地区	1993年	1994年	1995年	1996年	1997年	1998年	1999年	2000年	2001年	2002年	2003年	2004年	2005年	2006年	2007年	2008年	2009年	2010年	2011年	2012年
全省总计	45.3	46.4	49.3	50.1	49.0	55.1	64.6	77.1	83.8	108.9	125.9	125.3	126.6	114.3	108.8	98.0	95.2	101.2	96.4	100.2
济南市	1.3	1.3	1.8	1.5	2.4	2.1	2.8	3.4	3.5	2.6	2.8	3.1	3.9	4.0	3.6	4.0	4.6	5.3	5.4	5.3
青岛市	3.8	4.0	4.3	4.8	4.2	4.9	6.3	7.3	7.0	7.7	8.5	8.3	7.8	6.7	5.9	4.6	3.5	3.2	3.1	3.1
淄博市	1.5	2.2	2.8	2.8	2.7	2.9	3.2	0.3	4.6	5.2	7.2	8.6	7.9	7.9	8.1	8.1	8.3	8.6	8.6	9.1
枣庄市	1.6	1.9	2.0	2.6	2.4	3.3	4.0	4.3	4.6	5.0	5.7	5.6	4.9	4.2	4.2	4.3	3.9	4.0	3.6	3.7
东营市	0.1	0.1	0.1	0.2	0.1	0.1	0.2	0.9	0..7	0.9	0.8	0.7	0.7	0.7	0.7	0.9	0.7	0.5	0.5	0.5
烟台市	3.3	4.1	3.7	3.2	3.0	3.0	3.6	4.7	4.5	5.6	6.3	6.1	6.2	5.1	4.8	4.0	3.8	3.6	3.4	3.3
潍坊市	5.8	5.6	6.5	6.1	6.7	9.0	11.4	14.4	15.2	19.7	21.1	19.1	18.4	14.0	14.5	9.4	9.6	8.8	8.5	10.8
济宁市	2.5	1.1	1.2	1.3	1.5	1.0	1.3	1.1	1.6	2.1	4.9	3.4	5.9	5.2	4.3	4.2	4.3	4.4	4.1	3.6
泰安市	4.7	4.4	4.8	5.6	4.9	5.2	5.1	5.9	6.0	7.1	7.6	7.9	8.9	9.3	7.5	7.5	7.6	7.7	7.8	7.6
威海市	1.4	1.3	1.2	1.2	1.2	1.0	0.9	0.9	0.7	0.6	0.6	1.1	1.1	1.1	1.1	1.1	1.1	1.1	1.0	0.8
日照市	0.6	0.5	0.6	0.5	0.5	0.7	1.2	2.5	2.6	2.7	2.9	2.4	2.4	1.5	1.8	1.5	1.5	1.5	3.1	4.3
莱芜市	1.0	1.4	1.6	1.4	1.3	1.3	0.9	2.4	2.3	2.7	3.5	4.3	4.9	5.5	4.9	5.1	5.1	5.0	4.8	4.8
临沂市	9.7	10.6	11.6	11.9	12.4	14.6	17.7	21.6	23.6	37.1	43.3	44.6	41.0	41.1	41.2	37.5	35.2	42.0	36.9	37.3
德州市	2.8	2.5	1.9	2.1	2.1	1.8	1.3	3.4	1.8	3.2	3.2	1.4	4.7	1.0	0.7	0.7	0.9	0.6	0.5	1.0
聊城市	1.6	1.5	1.7	1.4	1.0	1.0	1.2	1.0	1.4	1.9	1.8	3.8	3.5	3.7	2.0	1.7	1.9	1.5	1.7	1.7
滨州市	0.9	1.0	0.9	1.3	0.8	0.8	1.0	0.8	0.7	1.9	2.3	1.8	1.7	1.4	1.5	1.6	1.2	1.3	1.6	1.3
菏泽市	2.7	2.8	2.6	2.5	1.8	2.1	2.6	2.3	3.1	3.0	3.3	3.0	2.6	2.0	2.0	2.0	2.0	2.0	1.8	1.9

数据来源：《山东统计年鉴》、《山东农村统计年鉴》。

附表 23　1993—2012 年山东省各市桃产量

单位：万吨

地区	1993年	1994年	1995年	1996年	1997年	1998年	1999年	2000年	2001年	2002年	2003年	2004年	2005年	2006年	2007年	2008年	2009年	2010年	2011年	2012年
全省总计	33.3	44.0	49.5	58.5	56.0	59.0	70.1	88.2	105.3	121.0	157.7	182.8	201.2	215.6	234.7	243.8	244.3	243.6	240.1	238.4
济南市	0.9	1.1	1.2	1.6	1.7	2.1	2.3	2.6	2.8	3.3	3.7	3.8	4.6	4.4	4.7	5.5	6.0	8.7	9.9	10.3
青岛市	3.0	3.6	4.1	4.3	3.1	4.0	5.1	5.9	6.8	7.8	10.8	11.1	10.0	10.4	9.0	9.8	8.6	8.0	8.0	7.5
淄博市	1.1	2.4	2.5	2.5	1.3	1.7	2.1	3.1	4.5	5.5	8.5	12.0	13.7	14.8	17.3	20.4	22.5	24.9	24.1	27.4
枣庄市	1.2	1.4	2.3	2.0	2.6	2.7	2.8	3.3	3.4	4.4	5.7	6.2	6.7	6.9	6.7	6.5	6.6	6.7	7.0	6.3
东营市	0.0	0.1	0.1	0.1	0.1	0.1	0.1	0.1	0.1	0.2	0.3	0.3	0.3	0.4	0.3	0.4	0.3	0.3	0.3	0.3
烟台市	3.0	3.1	3.5	3.4	2.8	2.8	3.3	4.1	5.1	5.5	7.8	9.7	9.0	9.0	8.2	8.4	8.8	8.5	8.2	7.8
潍坊市	4.1	6.2	7.5	6.9	7.5	9.3	12.9	18.3	20.5	17.1	27.9	30.3	33.1	30.0	31.8	30.5	27.3	24.7	23.4	22.9
济宁市	0.8	1.0	1.0	1.0	0.9	1.1	1.0	1.1	1.6	1.6	2.7	4.0	5.4	5.2	6.2	5.7	5.9	5.9	5.0	4.5
泰安市	3.2	6.1	4.3	9.2	11.0	9.5	11.0	12.8	14.3	12.3	15.9	19.4	20.6	20.7	19.4	20.5	22.3	20.8	19.4	18.8
威海市	1.8	2.3	2.4	2.3	2.1	1.5	0.9	1.3	1.2	0.6	1.0	1.4	2.2	2.4	2.4	2.2	1.9	1.8	1.7	2.0
日照市	0.3	0.5	0.5	0.6	0.4	0.5	0.7	2.2	2.9	3.1	2.6	2.9	3.6	2.8	2.9	3.0	3.5	4.0	4.4	4.0
莱芜市	0.7	1.4	1.6	1.8	1.5	1.6	1.3	1.6	1.9	1.7	3.1	3.2	3.7	4.0	4.2	3.8	3.5	3.2	3.4	3.4
临沂市	8.7	10.8	14.1	16.7	14.0	15.4	18.2	23.4	28.7	43.5	51.1	60.8	69.3	84.5	103.2	109.1	109.1	108.7	107.2	106.8
德州市	1.4	1.7	1.7	3.0	3.5	3.3	2.3	2.6	2.7	3.2	3.8	3.4	3.5	4.0	2.3	2.2	2.5	1.8	2.2	1.8
聊城市	0.6	0.4	0.5	0.6	0.7	0.8	0.8	0.9	2.0	2.0	1.9	2.4	2.6	2.7	3.2	2.9	2.5	2.0	2.3	2.4
滨州市	0.3	0.4	0.6	0.7	1.0	1.1	1.2	1.6	1.9	2.7	4.1	4.5	4.7	5.1	5.3	5.4	5.2	5.9	5.9	4.8
菏泽市	2.0	1.6	1.5	1.7	1.9	1.7	4.0	3.3	4.9	6.4	6.8	7.3	8.3	8.2	7.7	7.6	7.8	7.8	7.4	7.3

数据来源：《山东统计年鉴》、《山东农村统计年鉴》。

附表 24　2002—2012 年中国各地区瓜果播种面积

单位：千公顷

地区	2002 年	2003 年	2004 年	2005 年	2006 年	2007 年	2008 年	2009 年	2010 年	2011 年	2012 年
全国	2 354.9	2 354.0	2 146.8	2 207.7	2 245.9	2 251.5	2 256.6	2 334.3	2 389.4	2 389.3	2 408.2
北京	8.7	8.9	8.4	7.7	8.7	8.5	8.1	7.6	7.8	8.2	7.7
天津	12.6	13.1	8.7	8.6	8.6	6.5	6.7	7.2	5.8	5.6	5.5
河北	104.1	111.8	109.3	105.4	103.1	104.8	102.5	100.0	104.1	105.2	106.7
山西	16.3	39.9	32.6	30.4	36.5	29.6	25.9	25.2	23.0	24.8	23.3
内蒙古	36.1	38.2	35.0	39.4	53.3	47.3	52.8	52.7	62.6	66.2	62.8
辽宁	45.8	45.7	43.5	43.5	34.6	40.2	46.5	46.7	48.6	50.4	53.4
吉林	68.2	70.6	48.2	53.2	51.2	61.8	61.1	53.3	52.5	52.3	51.1
黑龙江	141.2	133.7	95.3	110.2	121.9	106.4	100.6	74.2	68.6	61.7	57.8
上海	27.9	25.3	23.8	21.9	21.9	20.6	19.6	18.7	17.3	14.1	11.5
江苏	147.8	146.7	127.9	124.8	125.6	125.2	126.3	134.6	137.5	140.4	143.5
浙江	91.6	97.5	102.0	102.5	113.6	114.5	114.0	110.2	107.8	106.0	101.4
安徽	211.4	206.0	185.0	175.5	175.5	174.6	166.5	160.6	165.7	171.1	172.6
福建	35.4	37.8	37.9	37.1	36.2	34.7	35.2	35.3	35.6	36.1	36.0
江西	98.6	89.9	84.5	88.1	67.0	69.4	72.1	71.3	72.7	72.8	74.5
山东	311.2	332.0	299.6	292.0	267.8	260.3	258.2	274.8	280.7	273.4	277.1
河南	319.1	312.0	298.0	333.6	343.7	326.8	315.8	326.4	341.8	329.1	330.6
湖北	118.1	114.8	87.0	85.3	93.5	95.1	90.3	96.7	104.3	99.0	101.5
湖南	127.4	130.2	112.4	112.4	120.9	124.1	126.6	127.6	131.8	136.3	139.5
广东	45.3	49.0	49.4	49.1	48.2	44.8	40.4	39.6	41.6	41.9	42.0
广西	72.4	75.3	78.3	78.9	63.7	65.0	76.5	88.6	99.0	106.9	112.0
海南	18.1	19.7	21.1	22.6	25.2	27.1	30.7	31.0	31.7	32.2	32.9
重庆	14.7	16.4	16.8	17.6	18.8	21.0	22.1	22.6	22.7	21.5	21.8
四川	48.1	47.9	45.7	45.6	50.1	50.7	48.5	48.5	49.9	49.6	50.2
贵州	19.1	21.0	21.6	23.0	26.0	26.5	27.5	25.8	25.1	25.1	26.6
云南	17.9	15.4	15.0	15.5	18.3	22.2	18.3	17.8	24.9	28.4	27.7
西藏	0.5	0.5	0.1		0.1	0.1		0.1	0.2	0.1	0.2
陕西	36.1	43.5	44.9	51.0	59.9	61.8	58.6	64.8	70.4	78.4	74.3
甘肃	34.1	33.0	34.3	36.4	40.9	45.3	46.4	49.9	52.1	50.5	52.0
青海	0.2	0.3	0.4	0.4	0.4	0.4	0.4	0.5	0.6	0.7	0.6
宁夏	13.8	14.9	18.4	25.5	44.4	59.4	76.4	79.0	80.4	82.2	81.3
新疆	83.0	63.0	62.0	70.6	66.6	76.6	82.0	143.5	122.8	118.8	130.1

数据来源：《中国农村统计年鉴》、《中国农业年鉴》。

附表 25 2002—2011 年中国各地区西瓜播种面积

单位：千公顷

地区	2002 年	2003 年	2004 年	2005 年	2006 年	2007 年	2008 年	2009 年	2010 年	2011 年
全国	1 846.9	1 836.3	1 660.0	1 707.5	1 785.1	1 734.7	1 733.3	1 764.8	1 812.5	1 803.2
北京	7.9	8.1	7.6	7.2	8.5	8.0	7.6	6.9	7.0	7.3
天津	8.7	9.1	7.0	7.2	7.3	5.1	5.3	5.5	4.4	4.2
河北	79.6	84.1	80.5	77.2	78.0	75.1	72.8	71.4	74.4	74.2
山西	38.4	33.4	27.9	25.7	31.6	25.2	21.3	20.9	19.0	20.7
内蒙古	19.6	20.8	18.6	22.8	32.5	27.6	31.9	31.6	40.6	42.9
辽宁	20.1	19.9	18.5	20.4	16.8	20.1	25.4	24.9	22.8	23.0
吉林	36.9	38.7	25.9	30.8	30.3	35.7	36.2	32.7	3.0	29.9
黑龙江	84.6	81.6	58.1	65.7	75.0	62.3	59.9	41.1	38.2	33.8
上海	18.8	18.1	16.8	16.1	16.8	16.0	14.8	14.3	13.0	10.2
江苏	111.2	110.9	96.2	92.6	92.0	92.5	92.4	97.3	97.1	98.4
浙江	77.6	81.4	84.6	84.4	95.3	95.3	94.2	90.0	86.9	83.8
安徽	182.6	176.6	158.0	151.5	148.2	148.6	134.0	130.9	131.9	136.3
福建	28.3	29.1	28.3	29.5	29.0	27.6	27.6	28.6	28.5	28.7
江西	85.3	76.3	65.8	68.1	68.7	59.6	66.6	61.5	62.9	63.6
山东	262.6	273.9	241.9	232.7	212.3	203.5	201.9	208.9	213.0	203.5
河南	286.4	274.4	258.3	288.3	294.1	273.3	260.0	273.8	284.6	265.7
湖北	95.1	90.4	70.4	69.6	78.8	78.1	74.3	77.5	88.7	83.2
湖南	102.8	105.8	91.7	92.6	100.4	104.8	107.4	108.4	112.4	115.6
广东	37.3	38.5	38.6	33.7	38.1	32.1	28.9	27.6	30.3	29.6
广西	65.6	68.0	70.5	69.8	69.9	56.5	67.4	78.6	87.6	94.7
海南	11.5	13.6	13.8	16.8	18.1	19.5	22.1	22.5	20.9	22.5
重庆	13.1	14.8	15.3	16.3	17.6	18.1	18.6	19.3	20.7	20.0
四川	38.5	38.7	35.5	35.8	40.0	40.7	38.1	38.6	40.4	40.8
贵州	15.7	15.7	16.4	17.1	20.7	20.0	19.5	19.0	18.9	18.4
云南	14.1	11.2	12.1	12.6	15.0	18.9	14.9	14.0	21.1	23.9
西藏	0.1				0.1	0.1		0.1	0.1	0.1
陕西	31.8	34.4	33.5	38.3	46.0	48.1	43.7	48.7	51.4	56.8
甘肃	26.4	26.1	27.5	29.1	31.6	37.3	39.2	39.8	38.1	36.1
青海	0.2	0.3	0.3	0.3	0.3	0.4	0.4	0.4	0.5	0.6
宁夏	12.1	12.8	15.2	21.4	39.9	53.9	71.2	73.8	72.7	74.0
新疆	34.0	29.6	25.2	33.9	32.2	31.1	35.8	56.2	52.8	60.7

数据来源：《中国农村统计年鉴》、《中国农业年鉴》。

附表 26　2002—2011 年中国各地区甜瓜播种面积

单位：千公顷

地区	2002 年	2003 年	2004 年	2005 年	2006 年	2007 年	2008 年	2009 年	2010 年	2011 年
全国	367.2	355.5	319.5	339.1	352.6	357.0	361.7	389.9	393.3	397.4
北京	0.5	0.6	0.6	0.4	0.1	0.4	0.3	0.3	0.3	0.3
天津	3.8	3.8		1.1	1.0	0.9	0.8	0.8	0.8	0.9
河北	12.2	14.0	11.9	11.4	14.0	13.5	14.6	14.5	15.4	16.9
山西	6.2	4.9	3.8	4.2	4.7	4.1	4.0	3.9	3.4	3.7
内蒙古	13.8	11.3	12.2	12.9	17.4	16.7	17.4	15.4	17.9	20.8
辽宁	16.9	16.1	12.4	11.8	9.1	9.9	10.8	10.8	13.4	14.2
吉林	29.3	30.0	20.3	20.5	19.0	24.9	22.5	19.4	19.6	19.4
黑龙江	52.8	44.3	36.8	41.8	43.0	36.9	36.1	25.2	23.5	19.8
上海	6.5	4.9	5.1	4.5	3.9	3.5	3.6	3.4	3.1	2.9
江苏	24.6	25.0	20.8	17.5	17.9	17.5	18.0	19.8	21.2	21.7
浙江	4.3	4.9	5.4	6.0	6.4	6.8	7.7	8.9	8.9	9.3
安徽	15.5	17.5	15.1	14.0	13.8	14.0	14.5	14.2	14.2	14.3
福建	3.8	4.2	4.4	5.1	5.3	5.3	5.2	3.9	4.1	4.2
江西	3.5	4.4	4.2	4.9	4.7	5.3	5.0	5.0	5.1	5.2
山东	31.5	36.5	34.7	40.5	39.2	38.3	37.2	43.5	44.3	46.9
河南	29.8	33.2	36.4	41.4	45.9	48.2	51.1	46.0	49.5	58.6
湖北	18.6	21.6	13.6	14.3	13.1	14.4	13.8	13.8	14.0	14.1
湖南	21.5	20.4	17.1	16.5	17.4	16.1	16.6	16.5	16.6	16.9
广东	3.1	2.9	2.9	3.6	4.0	4.0	3.9	4.9	4.8	4.6
广西	6.4	7.0	7.3	8.7	9.2	8.0	8.6	9.5	10.9	11.6
海南	1.6	1.5	1.5	1.6	1.5	1.4	1.9	1.8	2.9	2.4
重庆	0.3	0.4	0.4	0.4	0.3			0.1	0.1	0.6
四川	1.1	1.2	1.3	1.2	1.2	1.1	1.1	1.1	1.1	1.1
贵州	2.5	2.6	2.1	2.6	2.1	2.7	2.1	1.9	2.3	2.3
云南	0.5	0.6	0.6	0.8	0.8	0.8	0.6	0.7	0.9	0.7
西藏										
陕西	3.6	4.3	6.8	8.1	7.7	8.9	11.4	10.1	14.0	12.5
甘肃	2.8	2.5	2.8	3.2	4.1	3.1	3.9	3.2	4.6	5.6
青海										
宁夏	1.7	2.1	2.9	4.1	4.5	5.2	3.3	4.7	7.0	7.9
新疆	48.5	32.8	36.1	36.0	41.3	45.0	45.8	86.7	69.4	57.8

数据来源：《中国农村统计年鉴》、《中国农业年鉴》。

附表 27　2002—2012 年中国各地区瓜果产量

单位：万吨

地区	2002 年	2003 年	2004 年	2005 年	2006 年	2007 年	2008 年	2009 年	2010 年	2011 年	2012 年
全国	7 422.60	6 965.89	6 946.75	7 284.59	7 502.74	7 615.96	7 881.26	8 149.11	8 536.18	8 684.88	8 952.40
北京	42.94	44.04	38.95	35.76	38.81	38.49	33.71	34.63	34.18	37.80	34.02
天津	49.61	52.69	39.47	40.45	36.96	31.71	32.83	35.25	28.77	29.69	27.57
河北	420.78	473.77	469.39	479.40	460.32	475.74	478.76	474.55	500.70	514.08	528.86
山西	113.27	93.38	70.65	68.95	81.20	62.93	70.78	66.64	66.41	62.55	70.49
内蒙古	120.82	103.24	109.57	156.76	197.58	182.84	210.56	179.22	240.92	254.61	228.06
辽宁	121.80	129.13	122.49	122.03	134.71	166.61	169.13	178.39	211.54	236.35	261.37
吉林	184.73	193.78	146.70	169.13	155.88	167.34	207.59	189.42	152.96	165.08	157.72
黑龙江	353.20	316.54	273.15	306.36	366.64	321.53	308.19	218.35	233.01	225.65	211.84
上海	74.99	81.17	77.70	67.41	69.33	68.45	65.03	59.53	57.77	47.74	39.04
江苏	497.82	419.04	419.51	404.01	413.79	416.94	448.31	480.30	501.54	488.50	514.75
浙江	242.85	282.09	301.86	294.27	323.73	345.62	335.28	326.94	318.82	312.93	291.16
安徽	645.36	475.13	576.88	559.87	554.97	542.42	519.23	530.04	569.64	604.83	624.07
福建	74.05	80.31	84.01	79.72	75.37	76.91	79.09	80.95	78.29	81.95	83.01
江西	202.59	195.39	188.62	195.15	155.95	163.00	169.17	170.38	171.28	192.92	201.01
山东	1 343.26	1 466.05	1 322.91	1 345.36	1 254.59	1 207.27	1 216.71	1 309.17	1 354.93	1 362.33	1 400.69
河南	1 246.95	888.13	1 131.52	1 286.47	1 413.81	1 425.11	1 415.50	1 472.19	1 598.01	1 580.54	1 664.61
湖北	398.59	371.85	296.69	305.98	322.83	321.51	308.56	324.95	341.39	333.40	343.96
湖南	295.85	301.98	268.30	276.22	301.19	314.22	308.00	315.91	327.50	338.94	355.51
广东	109.37	118.35	121.11	114.78	107.61	106.50	97.78	98.93	107.17	109.23	111.00
广西	156.73	178.92	175.89	195.26	159.40	170.60	195.71	236.09	252.63	279.17	294.08
海南	43.65	45.43	47.19	57.84	59.38	73.51	77.33	82.46	89.72	95.52	94.07
重庆	22.40	22.75	24.39	25.82	24.90	27.70	30.80	32.16	35.92	40.21	40.72
四川	119.24	116.72	109.38	111.40	111.51	117.53	118.08	121.18	123.37	124.68	127.30
贵州	31.90	34.97	39.99	44.54	54.21	52.54	52.60	55.52	53.85	48.51	57.67
云南	33.78	29.68	29.54	33.06	39.30	49.60	47.26	38.89	56.27	71.04	70.40
西藏	0.18	0.21	0.05	0.02	0.21	0.38	0.22	0.36	1.23	0.37	0.38
陕西	98.18	109.80	122.53	140.40	171.22	184.72	179.30	215.61	237.98	254.47	256.07
甘肃	100.23	102.37	104.67	108.26	127.68	130.34	163.48	182.31	189.08	189.57	205.28
青海	0.78	0.94	1.33	1.12	1.04	1.91	1.94	1.88	2.40	3.09	2.27
宁夏	42.62	48.07	45.71	38.13	83.83	111.43	136.17	145.67	163.94	164.82	170.06
新疆	234.09	189.96	186.62	220.65	204.80	260.57	404.17	491.20	435.00	434.31	485.35

数据来源：《中国农村统计年鉴》。

附表 28　2002—2012 年中国各地区西瓜产量

单位：万吨

地区	2002 年	2003 年	2004 年	2005 年	2006 年	2007 年	2008 年	2009 年	2010 年	2011 年	2012 年
全国	6 256.31	5 800.24	5 751.54	5 989.34	6 184.52	6 203.62	6 282.17	6 478.47	6 818.10	6 889.35	7 071.27
北京	40.23	41.35	36.15	33.80	37.07	36.94	32.24	32.81	32.12	35.49	30.97
天津	37.82	42.17	31.92	32.60	33.06	27.22	29.38	30.68	23.98	24.40	27.78
河北	343.85	385.22	377.04	384.92	359.38	374.74	372.57	369.03	387.75	389.76	395.00
山西	98.98	82.66	61.87	57.78	72.70	54.36	60.67	57.15	54.23	54.18	57.31
内蒙古	76.17	66.67	67.78	88.65	133.66	114.19	137.88	117.00	176.41	181.68	156.89
辽宁	63.10	66.55	61.42	57.75	75.81	95.10	100.84	102.78	114.10	129.44	131.03
吉林	118.40	123.24	95.01	112.78	106.32	97.76	136.96	129.08	98.16	111.58	103.05
黑龙江	250.04	212.72	188.03	214.00	263.77	225.20	213.48	148.07	152.53	145.61	131.14
上海	50.58	60.98	59.18	50.86	54.94	56.01	52.28	47.65	46.07	37.03	30.48
江苏	413.24	334.01	347.04	325.73	328.39	341.91	358.83	380.05	391.80	382.15	386.64
浙江	212.45	247.20	266.00	255.50	283.80	302.69	291.77	281.46	273.26	264.31	238.12
安徽	583.48	418.07	510.38	492.35	492.51	478.77	449.62	452.97	479.18	510.94	525.54
福建	60.55	63.88	65.55	65.81	62.42	63.24	63.71	67.45	63.95	66.87	68.03
江西	181.23	172.62	163.24	169.44	140.69	145.79	157.37	149.47	151.60	158.03	160.30
山东	1 189.88	1 279.86	1 117.21	1 130.81	1 016.09	987.64	996.31	1 045.26	1 085.32	1 079.82	1 105.13
河南	1 149.56	803.18	1 017.94	1 158.37	1 259.30	1 260.12	1 206.72	1 279.36	1 389.19	1 346.71	1 467.76
湖北	348.34	322.28	259.29	261.19	280.91	269.86	262.16	278.87	297.65	277.10	295.29
湖南	252.02	364.56	233.75	243.39	267.45	280.49	273.50	282.39	290.28	301.57	318.14
广东	92.24	96.04	97.93	84.38	89.35	79.50	71.65	71.66	79.92	79.02	84.35
广西	146.08	167.53	163.20	179.41	146.95	156.30	179.97	217.24	231.03	255.48	268.63
海南	34.85	37.94	36.90	44.37	51.35	56.56	57.03	62.03	63.80	69.62	65.06
重庆	21.40	21.02	22.05	23.71	23.62	25.50	28.46	29.95	33.62	38.35	38.76
四川	101.69	100.50	90.96	93.01	95.04	98.90	99.48	103.94	108.45	109.78	110.84
贵州	28.15	30.82	35.01	37.66	48.96	46.65	47.13	49.40	48.38	40.59	47.69
云南	30.32	22.38	24.72	25.84	31.52	42.62	39.32	31.36	48.22	60.28	59.26
西藏	0.07	0.00	0.00	0.02	0.17	0.36	0.19	0.36	1.22	0.30	0.09
陕西	89.71	96.62	101.52	117.14	145.78	148.32	142.91	175.02	190.03	200.43	187.30
甘肃	75.29	83.82	85.89	89.61	98.10	109.34	136.69	145.80	141.87	144.02	156.11
青海	0.78	0.91	1.16	1.05	1.00	1.90	1.90	1.83	2.15	2.97	2.11
宁夏	39.90	43.73	39.88	33.28	79.16	103.81	126.50	134.13	150.45	151.72	156.39
新疆	125.91	111.71	93.51	124.15	105.26	121.82	154.62	204.22	211.36	240.11	271.10

数据来源：《中国农村统计年鉴》。

附表 29　2002—2012 年中国各地区甜瓜产量

单位：万吨

地区	2002年	2003年	2004年	2005年	2006年	2007年	2008年	2009年	2010年	2011年	2012年
全国	864.80	824.23	806.42	882.57	950.58	1 034.09	1 193.37	1 215.34	1 226.74	1 278.47	1 331.58
北京	1.98	1.90	2.24	1.65	1.44	1.28	0.99	1.19	1.32	1.24	1.49
天津	11.77	9.90		7.85	3.57	2.68	2.44	2.51	3.35	3.23	2.87
河北	37.65	44.61	37.09	38.65	51.83	49.91	55.28	56.87	65.72	75.94	84.82
山西	11.26	7.92	5.87	6.95	6.91	5.99	6.86	8.60	6.03	6.34	10.82
内蒙古	41.22	29.07	33.00	43.41	54.47	59.02	57.51	48.89	57.91	66.27	63.48
辽宁	35.61	36.66	29.59	29.89	31.46	39.75	35.49	38.51	48.23	57.15	69.96
吉林	57.63	68.12	48.64	48.23	46.40	67.51	68.32	58.09	48.11	49.87	52.06
黑龙江	97.87	91.27	77.22	88.33	95.99	87.97	85.03	55.53	62.25	58.32	62.83
上海	19.64	15.51	14.90	13.89	12.05	10.29	10.77	9.92	9.37	8.98	6.66
江苏	62.03	59.17	48.83	42.36	44.25	44.68	45.98	55.15	59.36	59.47	62.41
浙江	9.01	10.89	11.88	13.42	14.52	16.20	18.21	21.18	21.20	22.82	24.74
安徽	37.34	35.16	36.41	35.75	35.62	37.43	40.53	43.94	43.59	44.52	49.04
福建	7.09	8.27	8.68	9.57	9.87	10.56	9.63	8.86	8.37	8.83	8.94
江西	5.91	7.42	7.39	9.15	9.62	10.66	11.21	10.80	10.77	11.10	12.64
山东	101.27	121.25	122.60	145.49	149.51	149.52	145.12	178.06	182.37	198.04	210.26
河南	92.91	74.19	107.25	120.50	147.67	156.58	198.94	164.50	185.79	219.86	182.00
湖北	44.46	46.12	34.57	38.23	35.07	42.29	41.89	43.80	41.66	41.51	40.90
湖南	40.62	34.65	32.27	30.27	31.50	31.04	31.99	30.95	34.47	33.34	33.07
广东	6.40	6.10	5.82	7.82	8.51	9.07	8.54	10.13	10.53	10.12	10.27
广西	10.31	11.05	12.09	15.33	11.84	13.66	15.03	18.28	20.96	23.09	24.78
海南	2.87	2.32	2.39	3.15	3.16	2.80	3.99	3.62	7.39	5.01	5.01
重庆	0.32	0.47	0.53	0.50				0.20	0.20	1.08	1.12
四川	1.89	2.00	2.20	2.18	1.82	1.76	1.99	2.03	1.75	1.84	1.70
贵州	1.91	2.22	2.01	2.46	2.12	2.68	2.05	2.00	2.50	2.71	2.84
云南	0.57	0.68	0.55	1.06	1.13	1.05	0.98	1.65	1.12	1.96	1.43
西藏							0.02				
陕西	4.58	6.91	14.46	18.03	18.97	21.95	29.63	29.90	41.42	38.17	57.28
甘肃	10.48	8.71	9.60	8.86	17.84	12.71	10.65	13.20	16.01	21.99	21.41
青海											
宁夏	2.73	4.09	5.80	4.02	4.60	6.98	5.50	10.67	12.41	12.63	13.42
新疆	107.49	77.61	92.54	95.58	98.82	138.07	248.81	286.30	222.58	193.06	213.35

数据来源：《中国农村统计年鉴》。

附表 30 2002—2012 年山东各地区瓜果播种面积

单位：千公顷

地区	2002 年	2003 年	2004 年	2005 年	2006 年	2007 年	2008 年	2009 年	2010 年	2011 年	2012 年
全省总计	311.15	332.01	299.56	291.96	267.85	260.30	258.20	274.80	280.73	273.43	277.15
济南市	15.97	15.70	15.29	15.73	15.53	15.56	15.14	14.13	13.55	13.64	13.16
青岛市	16.52	14.86	13.30	10.02	10.72	10.62	8.84	8.80	8.75	8.85	8.30
淄博市	5.94	6.20	7.29	4.70	4.30	4.04	3.65	3.83	3.61	3.76	3.62
枣庄市	10.27	10.36	9.62	7.63	7.41	7.01	6.36	5.51	4.82	4.44	4.20
东营市	4.90	4.84	3.73	3.14	3.07	2.57	2.70	3.13	3.35	2.65	2.72
烟台市	10.83	11.63	11.88	10.75	9.73	9.60	8.78	7.15	6.81	6.79	6.86
潍坊市	42.05	43.37	40.58	37.99	39.52	39.07	36.94	37.81	39.16	39.50	39.39
济宁市	22.44	28.48	32.81	39.39	29.51	29.96	28.56	28.59	27.76	25.19	24.46
泰安市	8.28	8.93	6.43	4.64	4.85	4.03	3.74	3.17	3.06	3.23	3.06
威海市	2.51	3.31	3.32	3.26	3.13	3.16	3.22	3.18	2.84	2.86	3.20
日照市	4.18	3.50	2.84	2.89	2.76	2.60	2.42	2.18	2.09	2.07	2.69
莱芜市	0.39	0.35	0.38	0.33	0.26	0.21	0.20	0.16	0.16	0.09	0.20
临沂市	20.04	21.06	19.09	18.40	18.30	18.17	17.70	17.72	16.86	16.01	16.19
德州市	32.57	32.87	23.71	21.73	15.22	12.56	9.23	9.04	7.58	6.66	6.11
聊城市	29.05	39.43	33.13	32.62	28.69	28.10	28.92	28.00	26.39	24.68	24.68
滨州市	8.05	10.40	9.37	9.19	8.68	7.67	7.75	7.48	10.34	9.23	15.22
菏泽市	75.33	76.72	66.80	69.56	66.16	65.38	63.22	57.64	59.77	59.91	58.21

数据来源：《山东统计年鉴》。

附表 31　2002—2012 年山东各地区西瓜播种面积

单位：千公顷

地区	2002 年	2003 年	2004 年	2005 年	2006 年	2007 年	2008 年	2009 年	2010 年	2011 年	2012 年
全省总计	262.61	273.93	241.92	232.74	212.28	203.51	201.87	208.92	213.03	203.48	205.67
济南市	13.14	12.62	12.71	13.03	12.78	12.77	12.96	11.90	10.65	10.96	10.29
青岛市	11.85	10.23	9.08	6.66	7.12	7.05	5.09	5.00	5.26	5.09	4.54
淄博市	5.72	5.92	6.90	4.44	4.11	3.86	3.49	3.64	3.36	3.44	3.30
枣庄市	8.14	8.46	7.59	5.96	6.02	5.30	4.92	4.20	3.60	3.34	3.17
东营市	4.08	3.80	2.79	2.49	2.42	1.99	2.15	2.42	2.73	1.81	2.22
烟台市	7.47	6.91	6.38	6.35	5.34	5.09	4.31	3.99	3.78	3.65	3.76
潍坊市	31.53	31.65	27.57	25.13	26.21	26.37	24.75	24.78	25.81	26.07	26.76
济宁市	19.97	23.66	26.03	29.97	21.47	21.19	19.72	18.34	17.61	15.84	15.48
泰安市	7.86	7.83	5.79	4.16	4.18	3.35	3.10	2.50	2.40	2.41	2.24
威海市	1.68	2.09	1.85	1.86	1.84	1.84	1.98	1.96	1.56	1.65	1.68
日照市	3.46	2.85	2.24	2.43	2.28	2.17	2.06	1.78	1.64	1.48	1.64
莱芜市	0.29	0.26	0.29	0.25	0.21	0.17	0.15	0.12	0.10	0.08	0.14
临沂市	16.21	16.30	14.31	14.30	14.65	14.49	14.27	14.24	13.12	11.11	10.94
德州市	30.79	30.81	20.83	20.66	14.08	11.73	8.17	8.23	6.19	5.68	5.55
聊城市	23.68	31.23	28.58	24.80	23.41	22.77	24.89	19.96	19.86	15.48	16.71
滨州市	7.38	9.10	8.12	8.60	7.84	7.12	7.16	7.02	9.89	8.57	14.52
菏泽市	69.67	70.21	60.87	61.67	58.28	56.25	54.66	49.26	50.89	50.96	49.42

数据来源：《山东统计年鉴》。

附表 32　2002—2012 年山东各地区甜瓜播种面积

单位：千公顷

地区	2002 年	2003 年	2004 年	2005 年	2006 年	2007 年	2008 年	2009 年	2010 年	2011 年	2012 年
全省总计	31.52	36.54	34.71	40.48	39.19	38.32	37.23	43.47	44.33	46.91	49.54
济南市	0.75	0.88	0.85	0.82	0.94	0.92	0.86	0.87	1.01	0.97	1.91
青岛市	1.95	2.48	2.47	2.18	2.11	2.50	2.44	2.61	2.53	2.72	2.59
淄博市	0.06	0.14	0.22	0.10	0.09	0.09	0.07	0.06	0.03	0.05	0.05
枣庄市	1.33	0.96	1.08	0.91	0.96	1.01	0.76	0.72	0.59	0.52	0.49
东营市	0.47	0.60	0.72	0.50	0.50	0.40	0.43	0.50	0.31	0.35	0.32
烟台市	1.30	1.75	1.47	1.59	1.40	1.20	1.01	0.84	1.00	1.02	0.99
潍坊市	7.66	7.84	7.19	7.92	8.39	7.90	6.62	7.26	7.49	7.28	6.95
济宁市	2.32	4.61	6.19	9.13	7.79	8.23	8.41	9.84	9.67	8.87	8.27
泰安市	0.31	0.93	0.20	0.34	0.51	0.49	0.48	0.52	0.51	0.52	0.57
威海市	0.53	0.55	0.52	0.54	0.42	0.42	0.43	0.44	0.42	0.35	0.39
日照市	0.07	0.08	0.16	0.03	0.02	0.04	0.04	0.03	0.04	0.01	0.08
莱芜市	0.03	0.03	0.03	0.01	0.05	0.00	0.00	0.00	0.01	0.01	0.01
临沂市	2.17	2.42	1.55	1.36	1.44	1.16	1.14	0.91	1.10	1.52	1.65
德州市	1.65	1.83	1.23	0.90	1.09	0.57	0.45	0.32	0.21	0.15	0.06
聊城市	5.18	4.91	4.52	6.98	5.23	5.04	2.91	4.89	5.05	7.71	7.76
滨州市	0.63	1.30	1.07	0.58	0.55	0.53	0.41	0.42	0.44	0.47	0.67
菏泽市	4.83	5.24	5.24	6.59	7.72	7.81	7.96	8.34	8.85	8.92	8.77

数据来源：《山东统计年鉴》、《山东农村统计年鉴》。

附表 33 2002—2012 年山东各地区瓜果产量

单位：万吨

地区	2002 年	2003 年	2004 年	2005 年	2006 年	2007 年	2008 年	2009 年	2010 年	2011 年	2012 年
全省总计	1 343.26	1 466.05	1 322.91	1 345.36	1 254.59	1 207.27	1 216.71	1 309.17	1 354.93	1 362.33	1 400.69
济南市	85.27	85.97	85.54	92.02	94.72	93.96	91.10	86.28	82.24	95.32	80.22
青岛市	77.22	76.72	67.75	52.61	55.57	57.18	46.91	47.31	46.31	45.65	40.23
淄博市	23.04	25.97	22.75	22.20	19.11	19.64	18.69	18.31	19.19	19.81	18.84
枣庄市	40.07	42.97	41.43	36.48	35.85	33.44	30.49	24.86	22.54	21.87	20.70
东营市	18.66	17.76	13.23	13.36	13.08	10.78	12.39	14.26	14.78	11.79	11.44
烟台市	45.20	48.35	48.10	46.49	43.41	42.85	38.55	30.46	28.69	28.66	29.90
潍坊市	176.95	193.55	176.45	169.52	184.48	177.97	169.80	176.68	192.12	194.79	200.09
济宁市	97.06	119.23	132.55	156.46	128.55	136.30	131.79	126.57	122.51	110.64	110.34
泰安市	35.84	38.84	33.06	27.23	21.82	19.16	18.31	15.41	14.74	14.93	15.09
威海市	11.57	13.88	14.63	15.49	15.03	15.36	16.59	14.52	12.69	12.88	12.87
日照市	20.06	16.96	15.97	15.72	15.38	14.20	14.25	11.19	11.18	8.29	11.89
莱芜市	1.84	1.70	1.85	1.56	1.19	1.01	0.93	0.70	0.74	0.47	0.95
临沂市	123.91	124.36	115.27	114.16	114.59	97.31	95.85	95.20	90.52	85.61	83.97
德州市	146.54	161.01	92.52	102.75	74.29	63.70	55.05	54.35	41.43	36.40	34.71
聊城市	148.60	175.63	155.37	156.91	140.11	137.41	144.59	140.05	130.01	125.67	128.32
滨州市	30.40	44.41	35.24	31.60	33.76	31.42	31.02	32.31	43.73	44.72	75.55
菏泽市	261.04	278.74	271.17	290.79	263.64	255.59	249.73	240.49	252.27	254.84	254.28

数据来源：《山东统计年鉴》。

附表34　2002—2012年山东各地区西瓜产量

单位：万吨

地区	2002年	2003年	2004年	2005年	2006年	2007年	2008年	2009年	2010年	2011年	2012年
全省总计	1 189.88	1 279.86	1 117.21	1 130.81	1 016.09	987.64	996.31	1 045.26	1 085.32	1 079.82	1 105.13
济南市	73.61	72.62	74.93	80.16	81.48	81.34	81.40	76.45	67.17	79.23	67.29
青岛市	59.44	58.44	52.21	38.80	41.61	43.02	31.71	30.45	30.92	29.82	27.48
淄博市	22.19	25.21	22.11	21.39	18.69	19.06	18.27	17.87	18.45	18.81	17.61
枣庄市	34.09	35.98	34.08	30.64	30.82	27.25	24.97	20.23	18.33	17.78	16.76
东营市	16.98	15.72	8.79	11.64	11.28	9.19	10.71	12.03	12.15	8.58	9.31
烟台市	35.24	33.96	31.14	32.61	28.15	26.89	21.94	20.62	19.36	18.59	19.32
潍坊市	142.50	150.14	130.52	123.82	130.76	129.48	121.99	122.48	131.76	136.00	141.88
济宁市	86.45	106.39	109.72	125.24	74.93	105.91	103.45	92.97	90.47	81.11	80.17
泰安市	34.88	37.50	25.97	19.86	19.32	16.58	15.54	12.77	12.21	11.63	11.46
威海市	8.61	10.28	9.61	10.52	10.43	10.95	12.16	10.97	8.56	9.34	8.86
日照市	17.94	14.42	12.85	12.18	12.81	12.22	12.63	9.43	8.99	5.18	8.30
莱芜市	1.57	1.41	1.61	1.19	1.14	0.86	0.77	0.56	0.54	0.44	0.70
临沂市	111.32	106.48	98.46	98.92	100.00	82.73	82.13	79.76	74.44	64.41	61.73
德州市	142.82	154.68	86.53	99.27	70.28	58.30	50.06	40.14	35.53	31.96	31.71
聊城市	129.13	155.43	137.83	122.02	112.22	108.46	117.81	96.32	95.38	77.43	86.07
滨州市	27.93	40.75	28.52	30.02	32.17	30.05	28.88	31.05	42.44	42.76	73.23
菏泽市	245.18	260.46	252.31	272.54	239.75	225.33	222.46	211.31	221.75	223.73	222.73

数据来源：《山东统计年鉴》。

附表35　2002—2012年山东各地区甜瓜产量

单位：万吨

地区	2002年	2003年	2004年	2005年	2006年	2007年	2008年	2009年	2010年	2011年	2012年
全省总计	101.27	121.25	122.60	145.49	149.51	149.52	145.12	178.06	182.37	198.04	210.26
济南市	2.37	3.55	3.31	3.44	3.80	3.52	3.28	3.34	4.72	6.54	8.56
青岛市	8.27	10.58	10.77	9.28	8.75	10.58	9.71	11.79	8.51	8.81	8.62
淄博市	0.13	0.43	0.52	0.22	0.24	0.31	0.20	0.20	0.09	0.14	0.15
枣庄市	3.78	3.10	3.48	3.75	4.12	4.33	3.47	2.78	2.38	2.17	2.19
东营市	1.06	1.55	1.36	1.25	1.32	1.10	1.33	1.53	1.19	1.51	1.43
烟台市	3.67	5.36	4.53	4.95	4.59	3.97	3.54	2.59	2.96	3.14	3.38
潍坊市	26.87	28.27	26.28	28.50	33.30	30.74	25.56	30.36	33.28	32.17	31.68
济宁市	5.67	12.12	20.71	30.29	25.81	28.23	26.83	32.20	30.68	28.01	27.28
泰安市	0.68	1.08	0.52	1.00	2.05	1.95	2.00	2.19	2.03	2.23	2.35
威海市	1.36	1.74	1.59	1.72	1.51	1.77	1.64	1.37	1.33	1.04	1.08
日照市	0.22	0.62	1.29	0.15	0.06	0.17	0.11	0.11	0.20	0.05	0.45
莱芜市	0.09	0.10	0.06	0.04	0.05	0.01	0.01	0.01	0.02	0.02	0.02
临沂市	8.65	9.88	6.88	6.34	7.46	5.54	5.22	4.50	5.25	7.36	8.26
德州市	3.58	5.97	3.12	2.66	3.77	2.61	1.84	1.00	0.95	0.76	0.19
聊城市	19.01	18.60	17.47	33.61	27.82	27.58	13.07	26.02	26.69	39.86	40.16
滨州市	2.27	3.57	3.39	1.58	1.60	1.06	1.36	1.12	1.21	1.20	2.26
菏泽市	13.57	14.74	17.32	16.72	23.27	26.05	25.64	29.05	30.46	31.06	31.49

数据来源：《山东统计年鉴》、《山东农村统计年鉴》。

附表 36　2004—2012 年全国苹果生产成本与收益

单位：千克/亩，元/亩，%

项　目	2004 年	2005 年	2006 年	2007 年	2008 年	2009 年	2010 年	2011 年	2012 年
主产品产量	1 952.30	1 826.50	1 941.90	1 726.80	1 966.10	1 961.50	1 864.32	1 966.66	2 058.55
产值合计	2 283.03	2 817.55	3 243.56	4 837.00	4 203.14	6 462.27	8 881.18	8 772.61	8 772.26
主产品产值	2 274.76	2 815.18	3 234.29	4 830.10	4 197.79	6 457.41	8 875.95	8 768.71	8 768.25
副产品产值	8.27	2.37	9.27	6.90	5.35	4.86	5.23	3.90	4.01
总成本	1 340.29	1 283.69	1 606.77	2 394.43	2 257.62	3 520.99	3 849.50	4 160.62	4 745.37
生产成本	1 248.73	1 163.82	1 487.55	2 174.35	2 053.04	3 312.68	3 589.68	3 861.49	4 424.27
物质与服务费用	636.55	559.15	735.41	1 357.47	1 051.54	1 823.71	1 882.48	1 917.34	1 904.42
人工成本	612.18	604.67	752.14	816.88	1 001.50	1 488.97	1 707.20	1 944.15	2 519.85
家庭用工折价	492.79	501.53	581.02	463.76	675.65	633.81	858.03	1 112.28	1 465.13
雇工费用	119.39	103.14	171.12	353.12	325.85	855.16	849.17	831.87	1 054.72
土地成本	91.56	119.87	119.22	220.08	204.58	208.31	259.82	299.13	321.10
流转地租金	5.82	2.84	10.27	11.45	19.66	16.80	39.30	25.77	27.35
自营地折租	85.74	117.03	108.95	208.63	184.92	191.51	220.52	273.36	293.75
净利润	942.74	1 533.86	1 636.79	2 442.57	1 945.52	2 941.28	5 031.68	4 611.99	4 026.89
现金成本	761.76	665.13	916.80	1 722.04	1 397.05	2 695.67	2 770.95	2 774.98	2 986.49
现金收益	1 521.27	2 152.42	2 326.76	3 114.96	2 806.09	3 766.60	6 110.23	5 997.63	5 785.77
成本利润率	70.34	119.49	101.87	102.01	86.18	83.54	130.71	110.85	84.86

数据来源：《全国农产品成本收益资料汇编》。

附表 37　2004—2012 年全国苹果生产费用和用工

单位：元/亩，日/亩

项　目	2004 年	2005 年	2006 年	2007 年	2008 年	2009 年	2010 年	2011 年	2012 年
一、每亩物质与服务费用	636.55	559.15	735.41	1 357.47	1 051.54	1 823.71	1 882.48	1 917.34	1 904.42
（一）直接费用	586.96	532.72	698.27	1 262.54	982.89	1 473.76	1 549.01	1 580.14	1 553.95
1. 种子费	0.45	0.32	0.22	0.16					
2. 化肥费	185.60	237.05	248.82	262.13	357.87	340.93	398.52	520.23	453.51
3. 农家肥费	80.72	67.36	66.55	169.08	122.95	344.63	315.75	267.96	297.95
4. 农药费	126.08	106.53	158.01	172.02	230.23	256.61	287.21	270.48	269.24
5. 农膜费	9.10	19.87	4.55	415.80	15.04	44.55	24.66	27.68	35.22
6. 租赁作业费	66.04	52.96	81.67	85.23	102.62	163.59	184.13	157.44	156.01
机械作业费	11.67	5.84	17.13	17.25	28.03	43.37	69.16	58.84	66.17
排灌费	53.32	46.69	64.11	67.72	74.14	119.68	114.61	94.09	87.25
其中：水费	25.71	9.81	20.90	39.76	38.70	25.45	29.46	43.05	9.46
畜力费	1.05	0.43	0.43	0.26	0.45	0.54	0.36	4.51	2.59
7. 燃料动力费	4.61	1.38	3.67	7.45	9.65	11.59	7.79	27.04	29.66
8. 技术服务费	1.55	1.80	5.01	5.50	0.55	13.05	1.90	3.35	2.08
9. 工具材料费	11.56	5.11	8.65	38.09	86.93	200.62	220.29	237.13	225.40
10. 修理维护费	3.33	1.37	4.73	14.60	6.37	75.10	73.84	68.29	81.97
11. 其他直接费用	97.92	38.97	116.39	92.48	50.68	23.09	34.92	0.54	2.91
（二）间接费用	49.59	26.43	37.14	94.93	68.65	349.95	333.47	337.20	350.47
1. 固定资产折旧	15.98	16.15	19.27	37.10	25.29	74.94	46.56	58.91	68.20
2. 保险费			0.01	0.11		18.49	14.54	12.70	18.35
3. 管理费	1.22	0.28	0.71	25.56	9.66	117.72	112.65	92.40	112.40
4. 财务费	0.05				0.05	2.01	0.87	1.14	1.48
5. 销售费	16.61	5.70	17.15	32.16	33.65	136.79	158.85	172.05	150.04
二、每亩人工成本	612.18	604.67	752.14	816.88	1 001.50	1 488.97	1 707.20	1 944.15	2 519.85
1. 家庭用工折价	492.79	501.53	581.02	463.76	675.65	633.81	858.03	1 112.28	1 465.13
家庭用工天数	35.97	32.78	34.38	24.80	31.28	25.56	27.41	27.81	26.16
劳动日工价	13.70	15.30	16.90	18.70	21.60	24.80	31.30	40.00	56.00
2. 雇工费用	119.39	103.14	171.12	353.12	325.85	855.16	849.17	831.87	1 054.72
雇工天数	6.73	7.04	7.26	11.48	8.13	16.75	16.27	12.51	14.20
雇工工价	17.74	14.65	23.57	30.76	40.08	51.06	52.18	66.51	74.27

数据来源：《全国农产品成本收益资料汇编》。

附表 38　2004—2012 年全国苹果、三种粮食平均与蔬菜平均成本收益

单位：元/亩，%

项　目	2004 年	2005 年	2006 年	2007 年	2008 年	2009 年	2010 年	2011 年	2012 年
苹果产值	2 283.03	2 817.55	3 243.56	4 837.00	4 203.14	6 462.27	8 881.18	8 772.61	8 772.26
三种粮食平均产值	591.95	547.60	599.86	666.24	748.81	792.76	899.84	1 041.92	1 104.82
蔬菜平均产值	3 325.93	3 350.56	3 483.84	4 329.29	4 097.77	4 398.29	5 475.41	6 227.65	6 382.51
苹果总成本	1 340.29	1 283.69	1 606.77	2 394.43	2 257.62	3 520.99	3 849.50	4 160.62	4 745.37
三种粮食平均总成本	395.45	425.02	444.90	481.06	562.42	600.41	672.67	791.16	936.42
蔬菜平均总成本	1 763.02	1 743.86	1 973.90	2 102.50	2 216.08	2 310.46	2 698.52	4 121.33	3 953.49
苹果净利润	942.74	1 533.86	1 636.79	2 442.57	1 945.52	2 941.28	5 031.68	4 611.99	4 026.89
三种粮食平均利润	196.50	122.58	154.96	185.18	186.39	192.35	227.17	250.76	168.40
蔬菜平均利润	1 562.91	1 606.70	1 509.94	2 226.79	1 881.69	2 087.83	2 776.89	2 106.32	2 429.02
苹果成本利润率	70.34	119.49	101.87	102.01	86.18	83.54	130.71	110.85	84.86
三种粮食平均成本利润率	49.69	28.84	34.83	38.49	33.14	32.04	33.77	31.70	17.98
蔬菜平均成本利润率	88.65	92.13	76.50	105.91	84.91	90.36	102.90	51.11	61.44

数据来源：《全国农产品成本收益资料汇编》。

附表 39　1978—2012 年全国水果生产者价格指数和零售价格指数

上一年＝100

年份	农产品生产者价格总指数	水果生产者价格指数	苹果生产者价格指数	梨生产者价格指数	葡萄生产者价格指数	桃生产者价格指数	农产品零售价格总指数	干鲜瓜果零售价格指数
1978	103.9	110.4					100.7	100.5
1979	122.1	102.8					102.0	103.2
1980	107.1	106.5					106.0	106.2
1981	105.9	101.7					102.4	105.9
1982	102.2	102.7					101.9	97.5
1983	104.4	108.9					101.5	107.9
1984	104.0	121.0					102.8	102.9
1985	108.6	124.7					108.8	128.8
1986	106.4	108.0					106.0	98.9
1987	112.0	109.2					107.3	112.7
1988	123.0	139.6					118.5	126.1
1989	115.0	90.2					117.8	97.8
1990	97.4	97.5					102.1	95.4
1991	98.0	106.8					102.9	101.6
1992	103.4	92.8					105.4	104.9
1993	113.4	100.5					113.2	110.8
1994	139.9	119.9					121.7	119.4
1995	119.9	113.2					114.8	120.4
1996	104.2	99.5					106.1	102.8
1997	95.5	88.6					100.8	92.1
1998	92.0	94.5					97.4	95.7
1999	87.8	88.1					97.0	99.4
2000	96.4	98.6					98.5	95.7
2001	103.1	109.1					99.2	100.1
2002	99.6	109.9					98.7	100.8
2003	104.4	102.0					99.9	102.2
2004	113.1	98.6	102.5	95.3	95.4	96.7	102.8	104.1
2005	101.4	107.4	114.6	104.5	112.5	109.9	100.8	101.7
2006	101.2	111.4	112.5	111.7	103.6	95.6	101.0	117.0
2007	118.5	101.3	125.1	96.6	106.0	110.4	103.8	102.5
2008	114.1	101.4	98.4	104.5	110.8	105.9	105.9	111.3
2009	97.6	107.0	107.1	108.6	108.3	113.1	99.3	107.1
2010	110.9	118.9	131.3	114.4	113.4	110.8	103.6	115.6
2011	116.5	106.2	113.6	105.6	107.8	105.7	105.5	115.3
2012	102.7	103.9	99.3	102.7	99.6	111.2	102.2	99.6

注：农产品生产者价格是指农产品生产者第一手（直接）出售其产品时实际获得的单位产品价格。农产品生产者价格指数是反映一定时期内，农产品生产者出售的农产品价格水平变动趋势及幅度的相对数。商品零售价格指数是反映一定时期内城乡商品零售价格变动趋势和程度的相对数。

数据来源：《中国统计年鉴》、《中国农村统计年鉴》、《中国农产品价格调查年鉴》；刘芳，何忠伟．中国鲜活果蔬产品价格波动与形成机制研究［M］．北京：中国农业出版社，2012 年 1 月第 1 版。

附表 40　1994—2012 年全国农业生产资料价格分类指数

上一年＝100

年份	总指数	农用手工工具	饲　料	产品畜	半机械化农具	机械化农具	化学肥料	农药及农药械	农用机油	其他农业生产资料	农业生产服务
1994	121.6	124.4	127.0	138.7	117.8	115.9	124.9	105.9	119.8		
1995	127.4	120.0	150.3	130.4	111.0	116.4	135.4	117.4	103.0		
1996	108.4	113.2	109.6	102.7	105.5	103.6	110.8	109.5	103.9		
1997	99.5	106.9	94.8	132.9	101.4	99.0	92.2	98.6	109.0		
1998	94.5	100.1	102.6	86.4	99.6	97.6	91.4	96.4	94.9		
1999	95.8	98.8	97.0	82.9	98.3	96.4	94.9	95.3	103.9		
2000	99.1	99.3	93.4	119.0	98.2	96.5	92.9	95.3	123.9		
2001	99.1	100.3	104.1	102.7	98.8	97.1	97.9	97.1	100.0	97.4	
2002	100.5	99.7	101.5		98.3	96.9	102.4	98.0	98.9	102.9	
2003	101.4	99.3	102.0	102.9	99.4	98.5	101.6	99.9	107.8	97.0	
2004	110.6	104.3	116.5	127.6	102.1	102.2	112.8	103.0	108.4	106.3	
2005	108.3	105.1	103.9	106.5	102.3	102.3	112.8	104.1	111.1	109.4	
2006	101.5	106.2	101.1	88.0	101.8	101.5	100.1	101.6	113.4	105.8	107.8
2007	107.7	104.9	108.2	144.5	102.7	101.7	103.4	101.4	105.3	103.4	109.7
2008	120.3	112.5	115.8	131.5	107.9	109.0	131.7	108.0	113.1	108.1	110.3
2009	97.5	103.1	102.4	82.7	101.5	100.9	93.7	100.1	94.4	102.5	107.9
2010	102.9	102.5	108.3	100.8	100.7	101.4	98.6	100.4	110.3	107.2	104.3
2011	111.3	105.3	107.6	137.3	103.6	104.6	113.3	102.6	110.8	108.1	108.3
2012	105.6	104.4	105.7	104.6	102.1	102.1	106.6	102.4	104.2	105.9	108.3

注：农业生产资料价格指数反映一定时期内农业生产资料价格变动趋势和程度的相对数。其编制目的是了解农业生产中物质资料投入价格的变动状况，服务于国民经济核算。1994 年以前，农业生产资料价格指数仅仅是商品零售价格指数的一个类别，此后，从商品零售价格指数中分离出来，单独编制。1994—2000 年农业生产资料价格分类指数包括小农具、饲料、幼禽家畜、半机械化农具、机械化农具、化学肥料、农药及农药械和农机用油 8 类；2000 年以后除幼禽家畜调整为产品畜外，增加了其他农业生产资料和农业生产服务。

数据来源：《中国统计年鉴》。

附表41　1978—2012年山东省水果生产者价格指数和零售价格指数

上一年＝100

年份	农产品生产价格总指数	水果生产者价格指数	干鲜瓜果零售价格指数
1978	101.0		
1979	129.1		
1980	109.0		
1981	104.5		
1982	101.1		
1983	107.2		
1984	101.0		
1985	106.1	121.0	
1986	102.7	116.5	
1987	108.9	111.6	
1988	125.8	173.5	
1989	112.4	74.3	
1990	99.0	106.4	
1991	99.3	110.1	
1992	106.0	91.1	
1993	111.0	95.0	
1994	148.7	97.1	
1995	112.8	111.4	
1996	105.8	104.4	
1997	91.4	100.7	
1998	90.8	84.1	
1999	87.0	102.8	104.4
2000	90.8	89.9	95.0
2001	103.8	99.8	100.1
2002	102.2	110.1	108.8
2003	108.5	87.7	95.8
2004	112.3	113.5	107.2
2005	102.9	113.9	107.5
2006	103.4	103.9	118.2
2007	114.0	110.6	109.8
2008	112.5	106.6	112.5
2009	101.2	107.7	106.7
2010	118.8	110.1	117.7
2011	109.7	119.2	119.1
2012	102.5	108.5	98.3

数据来源：《山东统计年鉴》。

附表 42　1994—2012 年山东省农业生产资料价格分类指数

上一年＝100

年份	总指数	农用手工工具	饲料	产品畜	半机械化农具	机械化农具	化学肥料	农药及农药械	农用机油	其他农业生产资料	农业生产服务
1994	124.1	115.4	127.6	151.0	117.7	117.3	129.4	109.6	120.5		
1995	133.3	122.0	173.0	121.6	117.6	121.3	142.5	120.6	102.0		
1996	105.5	113.0	107.7	101.7	108.7	102.1	106.3	107.9	103.8		
1997	96.6	107.8	90.4	131.1	100.8	96.4	85.7	96.1	113.0		
1998	96.2	101.1	106.7	85.6	99.7	95.5	93.2	96.6	95.0		
1999	95.1	98.9	93.9	88.3	98.4	94.9	94.0	93.8	102.5		
2000	98.7	100.2	92.6	113.5	99.2	96.5	92.6	94.6	123.4		
2001	101.8	99.8	108.0	101.1	99.2	97.1	103.5	97.3	102.4	97.7	
2002	100.3	99.7	100.2		99.0	96.6	103.8	98.4	96.7	104.8	
2003	102.4	100.7	104.6	104.1	101.0	98.8	101.9	100.7	111.4	97.2	
2004	110.2	103.0	114.3	118.4	101.6	100.3	117.1	103.1	108.0	109.5	
2005	106.2	103.4	102.0	103.2	100.3	100.9	110.0	105.8	109.1	109.9	
2006	103.0	106.2	104.3	90.1	103.1	103.1	100.2	105.4	112.0	101.9	116.2
2007	107.1	105.2	110.6	134.7	101.2	102.4	104.5	100.3	106.2	102.9	117.5
2008	119.3	114.6	115.3	126.4	108.1	108.1	131.1	108.8	112.1	107.5	112.8
2009	96.3	100.9	101.6	87.0	101.5	101.4	91.2	99.7	93.5	102.2	108.8
2010	103.0	103.2	106.1	113.4	101.0	101.8	99.0	101.4	110.7	103.7	105.0
2011	111.1	102.1	107.9	127.3	103.1	103.9	116.3	102.4	109.6	104.5	107.5
2012	105.9	100.8	105.4	105.0	100.7	101.7	108.3	102.7	106.9	103.8	105.8

数据来源：《中国农村统计年鉴》。

附表43　2011年中国各地区水果出口数量与金额

单位：吨，万美元

地区	水果出口数量	水果出口金额	水果进口数量	水果进口金额	橙、橘出口数量	橙、橘出口金额	鲜苹果出口数量	鲜苹果出口金额
全国	2 886 526	283 871.4	3 200 950	292 964.7	901 557	72 645.7	1 034 635	91 432.6
北京	3 473	615.5	30 117	6 367.1	237	24.2	57	7.0
天津	3 224	1 626.1	5 859	448.7			3 154	302.6
河北	129 926	11 320.5	89 057	5 417.4			503	41.5
山西	5 295	1 488.8	2 785	1 086.6				
内蒙古	49 954	1 629.5			14 437	449.5	26 877	887.5
辽宁	75 567	10 219.4	249 920	18 615.2	2 837	173.0	60 582	5 167.3
吉林	14 908	11 912.8	11 050	3 596.6	2 406	465.6	2 402	183.1
黑龙江	170 455	12 112.3	2 788	455.3	58 371	4 007.9	72 155	4 614.2
上海	12 823	2 097.3	396 486	41 352.7	3 338	278.7	5 073	540.3
江苏	6 557	821.5	5 434	805.1	213	16.8	312	31.2
浙江	19 225	1 669.8	6 928	854.0	18 655	1 458.9		
安徽	3 498	615.5	2 579	645.4				
福建	381 924	39 186.3	80 271	7 004.7	330 397	30 397.1	7 630	1 014.6
江西	25 870	2 409.2	68	8.3	25 669	2 348.8	91	7.1
山东	803 761	90 007.6	69 800	7 374.0	90 519	8 880.5	525 606	52 709.4
河南	25 300	2 058.3	335	91.7	42	7.6	21 103	1 363.2
湖北	5 091	1 006.6	60	20.9	2 063	412.0	114	11.0
湖南	2 650	428.0			2 075	166.6		
广东	303 402	24 234.8	1 081 486	153 834.6	102 186	8 452.8	40 470	2 593.6
广西	404 845	20 820.3	563 879	24 446.4	197 220	9 411.3	66 466	3 781.3
海南	452	149.8	197 973	10 566.2	6	0.4		
重庆	25	11.0						
四川	1 843	218.8	72	21.5	1112	110.5		
贵州	40	4.3						
云南	157 291	18 297.5	387 562	9 161.4	12 324	1 608.6	15 989	1 515.4
西藏	31 626	2 940.7					31 319	2 907.9
陕西	29 383	2 741.6	19	4.4	824	65.7	19 647	1 637.2
甘肃	39 702	4 067.5	91	71.6	1 869	156.1	31 402	3 353.0
青海								
宁夏	319	356.8						
新疆	178 096	18 817.3	16 333	715.3	34 754	3 752.7	103 681	8 764.2

注：水果包括鲜、干水果及坚果。

数据来源：《中国农业年鉴》。

附表 44　2002—2011 年世界水果主产国水果栽培面积

单位：千公顷

水果	国家	2002 年	2003 年	2004 年	2005 年	2006 年	2007 年	2008 年	2009 年	2010 年	2011 年
苹果	中国	1 939.1	1 901.1	1 877.3	1 890.9	1 899.4	1 962.4	1 992.7	2 049.5	2 056.2	2 052.2
	意大利	60.5	56.9	57.6	57.1	57.1	56.0	59.0	58.5	57.9	56.9
	美国	159.8	158.0	156.0	153.6	152.8	142.0	141.9	140.8	138.4	133.8
	法国	65.6	59.8	58.1	57.7	55.2	53.8	42.1	42.5	41.7	41.9
梨	中国	1 051.0	1 070.2	1 087.1	1 120.5	1 095.6	1 079.4	1 082.6	1 082.3	1 087.0	1 131.6
	阿根廷	18.0	17.0	19.6	25.0	25.8	24.4	24.2	27.3	26.7	26.0
	荷兰	6.3	6.4	6.5	6.7	6.9	7.3	7.5	7.8	8.0	8.2
	比利时	6.3	6.6	6.8	7.8	7.9	8.1	8.1	8.2	8.2	8.2
葡萄	中国	395.4	424.1	416.6	411.3	422.0	441.7	454.4	496.6	555.1	600.0
	智利	170.7	172.6	175.4	179.1	181.9	182.7	198.0	199.0	200.0	202.0
	美国	384.4	384.9	377.6	378.3	379.3	379.0	378.8	382.4	385.2	388.5
	意大利	836.3	835.6	787.0	793.0	786.0	782.0	788.1	801.9	777.5	725.4
桃	中国	549.8	609.8	665.6	679.8	672.2	699.6	697.8	705.8	732.4	767.4
	西班牙	77.7	78.5	78.5	79.1	80.3	80.6	75.4	76.7	82.7	81.4
	意大利	92.7	89.3	89.9	87.1	85.8	86.0	86.1	93.1	90.3	88.6
	美国	74.0	73.7	73.7	71.8	69.4	63.8	63.3	60.4	59.5	56.8
李子	中国	1 364.1	1 413.8	1 497.6	1 503.5	1 518.3	1 549.7	1 653.1	1 662.9	1 682.9	1 702.8
	智利	13.5	14.1	14.5	14.4	14.5	14.9	14.6	18.5	18.7	21.0
	西班牙	19.2	20.4	19.6	21.0	20.5	19.8	18.7	18.5	18.0	17.1
	美国	46.1	45.3	44.4	43.1	43.1	39.2	39.2	38.0	36.5	34.9
西瓜	中国	1 903.7	1 852.0	1 674.7	1 719.8	1 797.5	1 748.2	1 745.8	1 776.6	1 824.1	1 814.9
	西班牙	15.7	16.0	17.2	16.2	16.2	16.9	15.7	18.1	18.7	17.8
	墨西哥	38.4	42.6	41.9	42.0	43.3	47.0	50.9	40.5	44.0	41.3
	美国	61.7	60.5	57.3	55.9	57.9	52.2	50.8	50.1	54.4	49.1
柑橘	中国	283.6	298.7	339.5	359.8	364.9	402.1	389.6	398.4	431.3	463.9
	西班牙	121.5	136.8	135.7	138.8	140.0	145.9	153.4	152.8	153.6	153.2
	美国	321.9	320.4	308.8	298.5	227.3	274.1	268.4	265.6	260.1	254.5
	南非	55.4	50.0	45.0	41.0	37.6	40.0	43.0	41.0	41.7	42.0

数据来源：联合国粮农组织数据库 http：//fatstat. fao. org。

附表 45 2002—2011 年世界水果主产国水果产量

单位：万吨

水果	国家	2002 年	2003 年	2004 年	2005 年	2006 年	2007 年	2008 年	2009 年	2010 年	2011 年
苹果	中国	1 925.1	2 110.5	2 368.2	2 401.7	2 606.5	2 786.6	2 985.1	3 168.4	3 326.5	3 598.7
	意大利	219.9	195.4	213.6	219.2	213.1	223.0	221.0	232.6	220.5	241.1
	美国	386.6	394.8	473.6	440.9	456.9	412.3	437.0	440.2	421.5	427.5
	法国	243.2	213.7	220.4	224.1	208.1	214.4	170.2	180.3	178.8	185.7
梨	中国	943.2	992.1	1 072.4	1 143.7	1 211.3	1 304.5	1 367.7	1 441.6	1 523.2	1 594.5
	阿根廷	53.7	63.9	58.9	74.9	75.0	72.0	74.0	70.0	70.4	69.1
	荷兰	17.1	15.9	21.0	19.5	22.2	26.0	17.2	29.5	27.4	33.6
	比利时	17.1	17.6	23.1	22.9	26.8	28.7	17.1	28.1	30.7	28.5
葡萄	中国	456.4	526.8	577.1	586.6	637.3	678.7	723.6	803.9	865.2	917.4
	智利	175.0	198.5	190.0	225.0	230.0	235.0	240.0	260.0	290.4	314.9
	美国	665.8	588.7	566.1	708.8	575.7	640.2	664.0	662.9	677.8	675.6
	意大利	739.4	748.3	869.2	855.4	832.7	739.3	779.3	824.3	778.8	711.6
桃	中国	526.0	617.9	704.0	765.0	824.3	908.0	956.4	1 017.0	1 082.8	1 153.0
	西班牙	127.6	127.1	98.8	126.1	124.6	122.1	124.4	123.5	128.6	133.6
	意大利	158.7	117.6	171.0	169.3	166.5	163.0	158.9	169.2	159.1	163.7
	美国	142.2	134.1	143.0	130.2	113.3	127.9	130.4	120.1	125.5	117.7
李子	中国	439.7	443.5	483.5	522.9	532.6	482.6	522.3	537.3	566.5	587.4
	智利	21.5	25.5	25.0	25.0	24.4	25.0	23.4	29.6	29.8	29.3
	西班牙	21.1	23.0	14.6	25.2	17.9	19.1	19.9	23.3	21.9	23.1
	美国	66.8	72.8	29.5	43.2	64.5	36.7	49.3	56.8	25.7	28.2
西瓜	中国	6 204.2	5 833.8	5 783.0	6 010.6	6 285.0	6 225.7	6 302.5	6 500.2	6 840.7	6 914.0
	西班牙	62.3	73.3	81.6	72.0	73.1	79.1	72.3	85.2	78.2	76.6
	墨西哥	85.8	95.2	100.3	86.5	97.7	105.9	120.0	100.7	103.7	100.2
	美国	179.6	173.4	167.3	174.2	190.8	169.4	181.5	176.5	189.3	1.7
柑橘	中国	164.3	201.3	233.3	274.1	307.5	368.9	419.1	486.5	560.3	601.4
	西班牙	296.3	305.2	276.7	237.6	339.7	274.0	341.0	266.9	311.5	281.9
	美国	1 122.6	1 047.3	1 167.7	839.3	816.6	691.7	914.1	828.1	747.8	807.8
	南非	130.7	141.0	119.8	124.6	133.4	141.0	152.2	136.9	141.5	149.6

数据来源：联合国粮农组织数据库 http：//fatstat. fao. org。

图书在版编目（CIP）数据

山东水果产业经济研究/张吉国，史建民著．—北京：中国农业出版社，2014.5
ISBN 978-7-109-19098-6

Ⅰ.①山…　Ⅱ.①张…②史…　Ⅲ.①水果—产业经济—研究—山东省　Ⅳ.①F326.13

中国版本图书馆CIP数据核字（2014）第079755号

中国农业出版社出版
（北京市朝阳区农展馆北路2号）
（邮政编码 100125）
责任编辑　闫保荣

北京中科印刷有限公司印刷　　新华书店北京发行所发行
2014年5月第1版　　2014年5月北京第1次印刷

开本：700mm×1000mm　1/16　　印张：15.5
字数：280千字
定价：32.00元